学习障碍儿童的心理与教育

刘翔平　主编　　顾群　副主编

中国轻工业出版社

图书在版编目（CIP）数据

学习障碍儿童的心理与教育／刘翔平主编．—北京：中国轻工业出版社，2010.6（2023.8重印）

ISBN 978-7-5019-7600-3

Ⅰ．①学… Ⅱ．①刘… Ⅲ．①智力落后-儿童心理学 ②智力落后-儿童教育 Ⅳ．①G764

中国版本图书馆CIP数据核字（2010）第065068号

责任编辑：陈　珵
策划编辑：徐　玥　　　　责任终审：杜文勇
责任校对：刘志颖　　　　责任监印：吴维斌

出版发行：中国轻工业出版社（北京东长安街6号，邮编：100740）
印　　刷：三河市鑫金马印装有限公司
经　　销：各地新华书店
版　　次：2023年8月第1版第9次印刷
开　　本：720×1000　1/16　印张：20
字　　数：215千字
书　　号：ISBN 978-7-5019-7600-3　　定价：32.00元
读者热线：010-65181109，65262933
发行电话：010-85119832　传真：010-85113693
网　　址：http://www.chlip.com.cn　http://www.wqedu.com
电子信箱：1012305542@qq.com

如发现图书残缺请拨打读者热线联系调换

100044J6X101ZBW

前　言
科学视角下的学习障碍

　　学习障碍在西方国家几乎成为了一个家喻户晓的概念，如果一个孩子学习困难、注意力不集中，教师和家长首先会想到阅读障碍、注意力缺损多动障碍，甚至可能会很快地联想到学校心理学家、特殊教育专家、学习研究专家或儿科医生这些解决问题的人。然而，从事了十多年学习障碍研究后，我发现，我国的家长和教师在了解和接受学生学习障碍方面还仅仅停留于经验的阶段。与数十年前一样，仍然把学习障碍看作是学习习惯不好、不爱学习或者学习不用功。

　　改革开放三十年来，我们的生活方式和物质环境发生了巨大的改变，但在教育领域，尤其是特殊教育和心理领域，人们观念的发展和对科学理念的接受程度与物质文明的发展极不相称，与改革开放的步伐相比严重滞后。

　　学习障碍是一个特殊的概念，与学习成绩落后和不爱学习是不同的，虽然学习障碍作为科学概念还不能完全被揭示和了解，但经过了近一百年的研究，人们越来越多地了解了导致学习障碍发生的脑机制和认知过程，开始接受学习障碍儿童在大脑的功能和运作方式上与正常人有一定差异这一观念。人的大脑是千差万别的，譬如，有的人左脑特别发达，成为"专制的统治者"，无论什么信息只要进入大脑，就会得到左脑的加工，这种人语音能力和阅读能力超常，可能成为出色的诗人、文学家和历史学家，但在空间、逻辑和运算方面就可能会发展迟滞，或者叫作"障碍者"，因为超常的左脑抑制了右脑的发展。而另一些人刚好相反，右脑极度发达，成为"统治者"。右脑主要掌管空间、逻辑推理和抽象思维，这些人学习数学、物理、工程等知识毫无困难，可能成为优秀的工程师、程序设计师，但在阅读、写作方面可能表现出困难，出现所谓的阅读障碍。这类人进入大脑的信息几乎都是以图像的形式得到加工的，从不以语音的方式进行加工、储存和提取。还有的人，智力和认知过程正常，但大脑前额叶的功能受损，表现为自我控制和自我抑制功能落后，不能根据学习任务的时间、趣味性调节大脑的功能，注意力集中的时间短而不稳定，学习时易分心、效率低下。这种自我控制和自我管理能力落后的现象，被认为是注意力缺损多动障碍。

在不了解科学概念和研究时，人们就会错误地解释这些学习中出现的问题，如把阅读障碍解释为不用功、记忆力差，把数学学习困难理解为笨、智力落后，把注意力缺损多动障碍理解为淘气、不听话、任性、不服从管教。那些被称为懒惰和不用功的儿童，在错误的解释中沦为了错误教育方法的牺牲品，体罚、责骂成为对他们的主要教育方法。教育者没有看到，这些孩子也是受害者，是其大脑功能发展不平衡的受害者，他们不能改变自己的大脑功能，是无辜的。

记得一位教育专家说过，在教育过程中要遵循"不责备原则 (no blame)"，就是说不要责备任何人，教师不要责备家长，家长不要责备孩子，孩子不要抱怨教师，要接受现实，然后心平气和地评估问题和解决问题，不带有情绪化。要做到这一点，有一个前提，即从科学的角度来对待学习障碍，从认知心理学的角度而不是从习惯和教养方式的角度来解释和理解学习中的一切困难。要改变传统观念，改变受经验主义和环境决定论影响的简单教育理念。这需要智慧，同时也需要勇气。

教育中易犯经验主义的错误，不易接受科学的影响，教育与心理学的研究还有待深入和拓展，教育的成效不如科技方面那样显而易见，但除了接受科学的指导，难道我们还有别的出路吗？我们守着几十年甚至几百年的传统来理解学习过程，一成不变地把学习困难理解为不用功有助于问题的解决吗？

当我们尝试着从认知心理学角度来看待学习障碍后，将差生理解为在听、说、读、写、算和自我控制力方面有缺陷，也许不能一下子解决全部问题，但至少我们具有同情心了，我们心平气和了，我们会从儿童的角度想问题，我们会像对待一个感冒发烧的孩子那样更加体贴孩子，我们会像一个医生那样理解孩子学习困难时的心灵挣扎，会与孩子站在一起，共同应对学习的挑战，一起克服困难，走向成熟。我们不再是一个苛刻的挑剔者，而是去了解学习障碍这一神秘世界的探寻者。我们会成为潜能的开发者和引导者，帮助孩子战胜学习障碍，适应学校，适应学习。

作为一个学习障碍的研究者和实践者，十多年来我曾经为上千名儿童和家长提供过测评与咨询服务。每每接触这些为孩子的学习而筋疲力尽的家长，我都深切地感受到，只有爱和热心是不够的，竞争不相信眼泪。只有了解孩子的长处和短处，只有科学地分析与评价孩子的学习能力，按照科学的方法指导教育孩子，才能提升教育的效果。只有在正确的方向上努力，才能见到成效。如果方向错了，爱与关心有可能变成怨恨与失望，教育可能取得相反的效果。

本书是写给教师、家长和即将成为教师和家长的人们的。希望通过阅读本书，人们能够了解学习障碍的原理和教育方法，用正确的方法对待学习障碍。

本书是集体努力的结晶，参与此书写作的作者及具体分工如下：

第一章　刘翔平

第二章　钟姝、刘翔平

第三章　林敏

第四章　冉俐雯

第五章　吴洪郡

第六章　成吉祥

第七章　金颖

第八章　李燕

第九章　许菲

IV　学习障碍儿童的心理与教育

　　第十章　兰彦婷、李毅
　　第十一章　俞劼
　　第十二章　顾群
　　附录　　刘翔平

刘翔平博士
于 2009 年 2 月

目 录

第一章 学习障碍研究的起源与发展 ·· 1
　　第一节　学习障碍的内隐性 ·· 3
　　第二节　学习障碍研究的发展历程 ·· 4
　　第三节　我国学习障碍研究的现状 ······································ 17
　　本章主要概念 ·· 19
　　本章思考题 ··· 19

第二章 学习障碍的定义与测评 ··· 21
　　第一节　什么是学习障碍 ·· 21
　　第二节　学习障碍的测评 ·· 26
　　第三节　学习障碍的诊断与 IEP ·· 36
　　本章主要概念 ·· 44
　　本章思考题 ··· 45
　　参考文献 ·· 45

第三章 阅读障碍与解码困难 ·· 47
　　第一节　阅读障碍的定义 ·· 48
　　第二节　阅读障碍的认知加工机制研究 ································ 49
　　第三节　阅读障碍的理论解释 ·· 63
　　本章主要概念 ·· 67

　　　　本章思考题 …………………………………………………………… 69
　　　　参考文献 ………………………………………………………………… 70

第四章　阅读理解障碍 ……………………………………………………… 79
　　　　第一节　阅读理解障碍概述 ………………………………………… 79
　　　　第二节　阅读理解障碍成因 ………………………………………… 84
　　　　第三节　阅读理解障碍评估 ………………………………………… 90
　　　　第四节　阅读理解障碍干预 ………………………………………… 95
　　　　本章主要概念 ……………………………………………………… 103
　　　　本章思考题 ………………………………………………………… 104
　　　　参考文献 …………………………………………………………… 104

第五章　写作障碍 …………………………………………………………… 107
　　　　第一节　写作：人类特殊的语言能力 …………………………… 107
　　　　第二节　了解写作及写作障碍 …………………………………… 110
　　　　第三节　对写作障碍的干预与教学 ……………………………… 117
　　　　本章主要概念 ……………………………………………………… 122
　　　　本章思考题 ………………………………………………………… 123
　　　　参考文献 …………………………………………………………… 124

第六章　数学学习障碍 ……………………………………………………… 125
　　　　第一节　数学学习概论 …………………………………………… 125
　　　　第二节　数学学习障碍的内涵 …………………………………… 127
　　　　第三节　数学学习障碍的诊断 …………………………………… 132
　　　　第四节　数学学习障碍的成因 …………………………………… 135
　　　　第五节　数学学习障碍的矫正 …………………………………… 140
　　　　本章主要概念 ……………………………………………………… 146
　　　　本章思考题 ………………………………………………………… 146
　　　　参考文献 …………………………………………………………… 147

第七章　学习障碍与注意力缺损多动障碍 ……………………………… 149
　　　　第一节　注意力缺损多动障碍的定义 …………………………… 149
　　　　第二节　有关注意力缺损多动障碍的理论模型 ………………… 154

第三节　注意力缺损多动障碍的具体诊断步骤……………………157
　　　第四节　对注意力缺损多动障碍儿童的矫正……………………162
　　　本章主要概念……………………………………………………165
　　　本章思考题………………………………………………………165
　　　参考文献…………………………………………………………166

第八章　学习障碍儿童的元认知………………………………………169
　　　第一节　学习障碍儿童的元认知缺陷……………………………169
　　　第二节　如何提高学习障碍儿童的元认知能力…………………176
　　　本章主要概念……………………………………………………182
　　　本章思考题………………………………………………………183
　　　参考文献…………………………………………………………183

第九章　学习障碍儿童的动机与情绪…………………………………185
　　　第一节　学习障碍儿童的学习动机与情绪特点…………………185
　　　第二节　教师如何解决学习障碍儿童的人格与情绪问题………190
　　　第三节　指导家长创造良好的家庭环境…………………………196
　　　本章主要概念……………………………………………………198
　　　本章思考题………………………………………………………198
　　　参考文献…………………………………………………………199

第十章　学习障碍儿童的课堂问题行为及其行为矫正………………201
　　　第一节　学习障碍学生的课堂问题行为…………………………201
　　　第二节　学习障碍儿童课堂问题行为的矫正……………………208
　　　本章思考题………………………………………………………225
　　　参考文献…………………………………………………………226

第十一章　针对学习障碍儿童的个别化教育方案……………………229
　　　第一节　个别化教育方案概述……………………………………229
　　　第二节　个别化教育方案的设计…………………………………236
　　　第三节　学习障碍儿童资源教室的布置…………………………240
　　　第四节　教师与个别化教育方案…………………………………243
　　　本章主要概念……………………………………………………246

　　　　　本章思考题……………………………………………247
　　　　　参考文献………………………………………………247
第十二章　针对学习障碍儿童的计算机教学…………………249
　　　　　第一节　学习障碍儿童的计算机辅助教学…………250
　　　　　第二节　学习障碍儿童的教学材料…………………255
　　　　　本章主要概念…………………………………………261
　　　　　参考文献………………………………………………262
附录一　学习障碍儿童也能走向成功…………………………263
附录二　对一个阅读障碍儿童的评估报告……………………273
附录三　对一个注意力障碍儿童的评估报告…………………293
附录四　一些常见行为问题的教育对策………………………297
主编简介…………………………………………………………307

第一章
学习障碍研究的起源与发展

案例 1

王某，女，小学四年级。测验表明，该生智商123分，数学推理能力正常，书写与视知觉能力正常，运动能力非常好，经常参加学校的体育活动，但是在阅读方面存在严重的困难。尤其在识记汉字方面极差，学过的字很快就忘记，默写了数十次，第二天仍然不会写。她经常将同音字搞混，或将双字词中的字搞混，如把唐诗《静夜思》写成：麻前明月光，疑是地上双，举头希明月，低头细故乡。识字量测验表明，该生识字水平仅为1.9年级，识字量只有500多个汉字。由于认字过少，在阅读课文时，她结结巴巴，不能连贯、流畅地阅读。写作文更是困难重重。英语学习也非常落后。

案例 2

张某，男，小学二年级，他认字、记字能力正常。爱玩电脑，不爱运动。画画等精细运动能力落后。他上课非常爱举手发言，回答问题准确无误。但写作业非常困难，不仅拖拉，而且马虎。如将p写成d，f写成t，m写成w，23抄成32，将加号写成减号。数学题经常忘记写单位名称，或在草稿纸上写对了，但抄到卷子上时写错了。他的错误很少是理解方面的，大都是粗心和书写方面的。做作业时没有耐心，总想快点儿写完，然后去玩电脑。他虽然被认为是聪明的孩子，但学习成绩总是班里的后几名，自尊心受到极大的打击。

案例 3

刘某，男，小学三年级，阅读与书写正常，智商 105 分，他主要的问题是上课经常不听讲，小动作不断。写作业拖拉，不能按时完成作业。一年级时，有时即使是考试也不能按时完成，写到一半时，他就开始发呆，或盯着别人写，好像自己已经完成了，结果成绩不及格。老师找家长回家监督他再做一遍卷子。在家长的督促下，他很快地完成了卷子，并且得了 95 分。家长和老师感到非常困惑，这个孩子会写，为什么不写？

上述这三个案例典型地描述了在学习活动中出现的问题，这些问题被称为学习障碍。

学习障碍(learning disability)是一种极为复杂的大脑认知过程缺陷，同时也是全世界中小学教育面临的一个严峻问题。自20世纪60年代这一概念被提出之后，西方国家对这一问题的研究已走过了半个世纪的历程。相比之下，我国对这一问题的研究几乎是空白。据估计，中小学生中有学习障碍的人占到5%~10%。以美国为例，1987年至1988年有190万名学生被诊断为学习障碍，而同期被诊断为智力落后的儿童为60万，被诊断为情绪障碍的儿童仅为37万。

在我国这样一个青少年人口很庞大的国家，学习障碍儿童的总数更多，学习障碍造成了人力资源的巨大浪费。尤其在现代竞争激烈的社会，学习障碍儿童的学习落后将使其难以适应严峻的就业形势，并引起一系列的社会问题。所以，各省政府都开始投入大量人力和物力来研究并解决学习障碍问题。

第一节　学习障碍的内隐性

学习障碍之所以复杂主要是因为它是一个内隐的过程，是大脑的某些基本学习功能出现发展性落后引起的。内隐性的含义是指：①它不直接以易观察的指标表现出来，而是存在于各种学习现象背后，间接地妨碍学习过程。②它是大脑的功能性落后，是大脑各学习机能之间的不平衡，或者是大脑出现功能性缺损，而大脑是我们不易直接观察的。③大脑的功能性落后通常对应的是某一症候群，即一组具有高度相关的行为表现。所以，诊断与评估学习障碍是一个复杂而困难的过程。

这种内隐性使教育者不易把握学习障碍的特点和症状，在对学习障碍的认识方面经常出现偏差。这种偏差可概括为以下几种：

第一，错误地将学习障碍理解为学习习惯不好。教育者经常错误地认为，这些障碍儿童在天性上或学习能力上与其他儿童无异，学习障碍的主要归结为非智力因素，即这些儿童不能吃苦、懒惰、缺少意志品质或克服困难的决心。他们不能按时完成作业，就是因为害怕困难，逃避难题，只要严加管教，就能解决问题。

第二，错误地认为学习障碍的原因是学习兴趣问题。有家长和教师认为，学习障碍儿童在价值观和兴趣方面与正常儿童不一样。他们对于一切与智力和记忆有关的活动不感兴趣，缺少学习的好奇心，只是对玩感兴趣。而事实上，造成孩子学习兴趣低下的根源是家长的教养方式和行为示范，然而这并不是学习障碍的原因。

第三，错误地认为学习障碍的原因是学习动机问题。一些家长和教师从经验出发，认为学习障碍儿童最本质的问题是缺少进取心，不像其他孩子那样争强好胜，如果提升他们的动机水平，学习成绩就会进步。

第四，个别家长和教师甚至认为，学习障碍儿童的主要问题是智商低，脑子笨。这一错误在于混淆了智力落后与学习障碍，没有发现学习障碍儿童中绝大部分智力水平接近平均值，有的甚至超过了平均值。

第五，不承认学习障碍的存在。一些教师认为，在任何时候、任何班级都存在着一些学习落后者，有人群就有好、中、差，所以，学习落后不值得研究，更不必用大脑的认知功能落后来解释学习落后。人与人的差别永远消除不了，所以，对于学习障碍不必大惊小怪。

上述观点与教师的经验主义有关，经验并不等于科学，有时经验甚至与科学相反，科学正是从对经验的背离开始的。也正是在这个意义上，学习障碍的研究并不起源于学校的教学与教研，与教师的教学经验无直接关系，而是起源于医学实践。

第二节 学习障碍研究的发展历程

一、临床医学个案报告阶段（19世纪中叶—20世纪20年代）

临床医学阶段是指学习障碍研究被医学工作者发现并命名的阶段。学习障碍的研究虽然只有短暂的历史，却有着悠久的过去。在临床医学研究阶段，学习障碍概念并没有被中小学所了解和接受，也没有出现专门诊治和矫正学习障碍的教育措施。最先报告有关学习障碍案例的是儿科医生。

早期学习障碍的个案报告与研究基本上是围绕着两个主题展开的，一个是语言与阅读障碍的理论，另一个是视知觉理论。

在以拼音文字为代表的西方社会中，语言与阅读过程一直是学习中的一个难点。研究表明，拼音文字的国家中，阅读障碍的发生率高达10%～30%，成为学习障碍的一个最主要的类型。

19世纪中叶，法国医生布罗卡（Broca）解剖了一个患多年失语症老人的大脑，发现言语运动中枢位于左脑额叶的第三个沟回。

1872年，英国医生布罗德本特（Broadbent）报告了一个无法阅读的病例。1892年德杰林（Dejerine）则发现了一位不会阅读却会写字的病人，他解剖病人的大脑时发现，病人的左右脑之间的神经连接有障碍。

1895年，苏格兰的眼科医生欣谢尔伍德（J. Hinshelwood）报告了一个不会认字的小男孩的个案。该男孩数学能力正常，音乐方面极富才华，然而学习单词能力却极为落后,几乎不会拼读任何单词,欣谢尔伍德称之为"字盲"。他用脑损伤、胚胎早期发育落后来解释该问题。他指出,在诊断此问题上需要医学,但矫正该问题只能依赖教育。他倡导以字母法,即利用触觉和动作联合来教育这样的特殊儿童。1917年,他发表文章描述了如何矫治字盲的方法。包括:①利用大脑的视知觉记忆功能来识记和储存个别生疏的字母;②教学生通过听觉记忆大声地拼读整个单词,记住单词的发音;③将这个听觉记忆转移到大脑的视觉记忆中。虽然他的理论今天看来并不十分正确,但他倡导的教学与治疗理念是十分有价值的。他认识到,学生虽然有严重的阅读困难,但仍然具有学习的潜能,要设计特殊的教学方案改变学生的阅读困难。这是人类历史上首次提出有关矫正学习障碍的教学方案,欣谢尔伍德被誉为研究学习障碍的先驱。

二、过渡期(20世纪20年代—50年代)

过渡期是指学习障碍的概念还没有正式提出,但学习障碍的理念与理论已经开始形成的时期。此时出现了较为系统的证据证明了学习障碍的存在,并形成了有关学习障碍的理论解释。

1920年,美国精神病学教授奥顿(S. Orton)报告了一位16岁男生学习障碍的个案,该学生智商分数正常,但不会阅读。不久,奥顿及其研究小组又发现了几例类似的个案。同时,还发现这些学生经常出现"镜像字"的现象,即把字母p看成q,将was读成saw。他同时还负责研究言语损伤的成年人,在解剖死亡病人的大脑后,他将大脑损伤与儿童的阅读障碍联系起来。他超前地认为,之所以会产生诸如把字母看错之类的现象,是由于大脑左半球言语优势建立迟缓引起的。他提出了矫正阅读障碍的教育计划。奥顿等人建立的教育治疗学校采用了"多重感觉"的学习方法,即通过视、听、动、触等多种感觉通道来教授儿童学习拼写和阅读。奥顿认为,认字主要是发音和字形的结合,所以要加强视觉通道和听觉通道的联合。这种方法的主要功效在于认字,这种训练对于那些单词解码能力落后的儿童矫正效果很好,但对于提高阅读理解水平的效果欠佳。

这之后,研究者弗纳德(G. Fernald)于1921年在美国加州大学的培训学校提出了训练阅读和书写的计划。该计划以多重感觉法为基础，让学生运用视觉、听觉和动作的刺激来学习，将看到和听到的字母和单词用动作表达出来。

尽管有几个特殊教育学校采纳了奥顿的教学计划，但在这个阶段大多数学校的教育工作者和心理学家仍持有传统的观念，把阅读障碍归结为一般的成绩落后，认为是环境、学习态度和教育问题导致了阅读障碍，而不是特殊的认知能力缺陷。大多数人并没有接受学习障碍与大脑损伤相联系这样一种观念。此外，由于报告的个案都有着十分严重的阅读障碍，只有在医院中才出现，所以与学校的教学实践有很大的距离。在学校中，大部分学生阅读障碍症状并不十分典型，只是经常出现不会读单词、记不住句子、注意力不集中等学习问题。因此学校的教育工作者一般并不认同医生提出的概念，而是将这些学习障碍学生称为不专心的、对学习不感兴趣或懒惰的学习者。

视知觉理论有时也称视-动统合理论。这一理论认为，视知觉能力和动作能力的发展性落后是学习障碍的真正原因。视知觉，特别是视-动统合的落后会导致精细动作和书写的落后，影响阅读、写字、计算，而这些能力的发展独立于智力的发展，具有自己独特的规律。一个儿童智力水平可能是正常的，但如果大脑对手的控制和对眼睛的调节能力出现落后，在写作业的能力上就会受到妨碍。他的正常智力并不能保证他获得良好的学习成绩。

视知觉能力落后与大脑和中枢神经系统的缺陷有关，这个缺陷是先天的生物学上的，可能的原因是大脑出现轻微的损伤。所以，在这个理论中，学习障碍经常被命名为脑损伤，中枢神经系统的失调或者叫作轻微脑功能损伤。

脑研究专家戈德斯坦（K. Goldstein）是这个领域的代表人物。第一次世界大战后，他研究了战争中大脑受到损伤的战士，主要考察他们的知觉能力。研究发现，这些大脑损伤的病人不能分辨图形与背景的区别，或失去了阅读能力，经常出现镜像字，如将字母左右方向颠倒，并经常表现出多动、注意力不集中、易分心等特点。这些特点与学习障碍儿童的表现如出一辙。所以，戈德斯坦把这些学习障碍儿童称为大脑损伤的孩子。20世纪20年代到50年代间，视知觉理论一直是统辖学习障碍研究的主要理论。

戈德斯坦的研究影响了一位特殊教育家施特劳斯（A. Strauss），后者一直致力于智力落后儿童的研究。施特劳斯最先提出，智力落后可分为外源性和内源性。内源性的智力落后是由先天的基因变异引起的严重智力发展落后，又可称为先天愚。外源性智力落后不是遗传的，一般没有家族的遗传病史，但可以找到脑损伤的病史或特征，如产前、产中或产后的脑损伤。这些儿童表现出注意力不集中，对学习刺激产生错误反应，学习方面的问题是较为严重和不易纠正的。这些儿童有共同的行为表现，即知觉障碍、思维障碍、行为障碍。施特劳斯认为，个体的听、说、读、写及动作功能的障碍都是脑功能失调的结果。它影响个体的阅读、写作、算术等有关课业的活动，中度脑损伤患者的一般学习过程会受到妨碍，加工信息的能力受到限制，可表现为如分心、多动、知觉能力缺陷、言语能力落后等。

大脑损伤学说为从内部基本认知功能来解释学习障碍，为今后的研究开辟了道路。施特劳斯的外源性智力障碍的提出，标志着划分了一个新领域，即存在着不同于由基因变异等遗传因素引起的智力落后。外源性智力落后者指的就是后来的学习障碍儿童。1947年，他出版了《大脑损伤儿童的心理病理学和教育》一书，算是对自己理论的一种总结。

那么视知觉落后的具体机制又是什么呢？在大脑损伤和视知觉理论基础上，弗洛斯提格（Frosting）等人提出了感觉统合失调理论。他们认为如果儿童不能正确地仿绘几何图形，说明他们内部各感觉之间的统合出现了障碍，即输入的感觉信息与输出的动作系统不能统合起来。感觉统合理论也可以解释为什么一些学习障碍儿童不能正确地抄写黑板上的文字，不能辨别隐藏的图形，这些活动都涉及将信息准确地输入并将之与精细动作统合起来这样一种特殊能力。

综上所述，在这一阶段，学习障碍理论的三个基石奠定下来：

（1）学习的个体差异应当根据个体内部与学习有关的基本神经心理过程的特点来考察，学习活动是表面的行为，支持它们的是大脑神经活动。

（2）教育过程应当适应儿童的学习活动。每个儿童都有其能力的长处和短处，应当改造教育过程，使之适合个体的学习特点。这也是个性化教学的雏形。

(3) 如果这些基本的神经、心理过程得到训练或强化，或者实施发挥儿童特长的教学过程，具有缺陷的儿童就会在教育者的帮助下变得正常。

正是这三个观念，使学习障碍即将成为有别于其他教育领域的特殊研究领域。

但也应当指出，在这一阶段，智力落后、情绪障碍和学习障碍这些术语仍然是交替使用的，广大家长和教师对学习障碍的特殊性质和特殊的训练方法还不是很了解。尤其是智力落后与学习障碍并没有得到严格的区分，例如，施特劳斯等提出的教育对策主要是针对内源性智力落后儿童的，概念界定不清楚。在这一阶段，还没有教育立法支持学习障碍的诊断与矫正，多数教育计划仍然在封闭的特殊教育学校和医院进行，普通中小学并没有出现学习障碍的矫正方案。除了"奥顿阅读障碍学社"外，也没有其他针对学习障碍的专业组织的存在。

三、学习障碍概念的提出及其在学校中的引进（20世纪60年代—70年代）

在过渡期，主要有三个学术问题没有得到解决：第一，智力落后一直得到特殊教育法规的保护，被诊断为智力落后的儿童可以免费享有特殊教育服务。但智力并不落后的注意力或阅读障碍者就没有得到相关特殊教育法的保护。在义务教育阶段，这类学习障碍儿童既不能适应正常的教学，却无法享有特殊教育服务。因此，为学习障碍儿童立法就显得迫切而必要。第二，大脑损伤假设太医学化，而且难以得到证明。许多学习障碍学生，没有被发现脑损伤的经历，生理检查又查不出任何毛病。家长对于孩子学习成绩落后是由于大脑损伤导致的这一观点无法接受，无论是脑损伤还是轻微脑功能损伤的说法都缺少直接的科学证据。第三，普通中小学中缺少矫正学习障碍的机构和方案，学习障碍儿童一般只能去医院进行诊断，并在医学环境中得到治疗。显然，对于较为轻微的学习障碍儿童，在这种医学环境中处置是不当的，易引起家长的反感。

另一方面，随着社会经济的发展，知识和技能在现代社会中越来越重要，人才的培养日益受到重视。尤其是中产阶级的兴起及其对子女教育的重视，家长和教师也迫切需要有关机构对学习障碍进行相关的研究、鉴别和矫正。社会的发展与变化要求学习障碍的研究走向深入，服务尽快普及。

1. 学习障碍概念的提出

随着学习障碍逐渐成为一个相对独立的研究领域和特殊教育的服务领域，学习障碍儿童的家长们开始呼吁政府重视这个问题。过去，智力落后和其他身体残疾儿童的教育权益已经以立法的形式受到维护，现在学习障碍儿童的权益也必须得到教育立法的维护。学习过程中的知觉落后问题、阅读落后或者记忆缺陷都与智力落后无关，也与教育环境无直接的因果关系，是由于儿童大脑的信息加工能力落后导致的。然而，对于这个现象的命名缺少统一性，教育专家往往称之为阅读障碍、知觉障碍，而医生们一直称之为大脑损伤或中枢神经系统功能失调。

1963年4月6日在美国芝加哥召开了"知觉障碍儿童基金会"的研讨会，著名心理学家柯克（Kirk）在研讨会上受邀发表演说。他建议使用其著作中曾提出的"学习障碍"一词来称谓所有这些阅读能力落后、知觉落后及注意力不集中的学习行为。他还对学习障碍下了一个著名定义，他说："最近，我使用学习障碍术语来描述那些在言语发展、说话表达、阅读、拼写、写作和数学等方面有障碍的儿童。这些人不包括有感官残疾的群体，如聋、盲，因为我们对管理和训练他们已有了方法；也不包括一般的智力落后儿童。"这是一个学习障碍的宣言，这一定义标志着学习障碍成为一个独立的研究领域。

这个定义具有开拓性意义。

首先，这一定义区分了学习障碍与智力落后，把学习障碍者当作一个特殊的对象。在学校中，许多智力正常甚至是智力水平优等的学生表现出学业方面的落后，其学习成绩与其智力水平不匹配。主要原因是与学习有关的认知过程受到了妨碍，体现的是学习能力的缺损。这些缺陷是内部固有的，可能是遗传的个体差异，也可能是发展过程中的中枢神经系统损伤。但这不是儿童本人的错，也不是家长和教师的错，可以通过特殊的训练来减少这一缺损造成的损失。科克的定义明确指出了这一点，为家长和教师带来了新的希望。

其次，这一定义区分了生理残疾和学习障碍。它将那些因生理残疾而导致学习落后的儿童从学习障碍中划分出去，规定了学习障碍的问题主要是与学习有关的基本心理过程的缺损或失调。这有利于使学习障碍的研究模式摆脱脑损伤模式的医学束缚，走向更宽泛的教育领域。

第三，这个定义为相关的立法奠定了基础。美国政府对于智力落后和身体残障的儿童都制定了相关的法规，来保障他们受教育的权益。政府为这些特殊儿童提供特殊的教育基金，用于特殊教育服务。现在，学习障碍作为大脑中枢神经系统的功能缺陷，也理应要受到政府相关教育立法的涵盖和资金的支持。这意味着特殊教育的范围要扩大，要包括这些被诊断为学习障碍的儿童。政府有义务投入大量的人力和物力来帮助学习障碍儿童。这个定义的意义与影响已经远远超出了学术范畴，转化成为了社会政治力量和行政行为。在这个定义影响下，学习障碍的特殊教育服务终于被正式写入了特殊教育法规。

就在该定义提出的当晚，与会人士决定成立"儿童学习障碍学会"（ACLD）。

该学会的任务有三个：①研究学习障碍的教育与现存的特殊教育之间的差异；②争取更多人士的支持，以推动政府制定有关的法规和政策；③是推动教育部门培养有关学习障碍的研究型人才，以进一步推动该领域研究的深入发展。

不久，政府开始介入学习障碍领域。美国公共卫生部颁布了有关学习障碍的特殊教育法案，联邦政府辅助五个大学成立了学习障碍研究中心。

2. 教育立法

1972 年，美国通过了教育法案 94－142，即"全体残障儿童教育法"，此法规将"学习障碍"儿童列为十类特殊教育服务对象之一，受到政府的资助。从此，各学校开始设立针对学习障碍儿童的特殊教育计划，成立了很多资源教室并开展小班训练，逐步从小学扩展到中学，使接受学习障碍训练的人数大增。政府规定学校每诊断出一个学习障碍儿童，就会得到 3 万美元的资助，用于特殊教育的开支。而在此之前，每个弱智儿童有权享受 5 万美元的特殊教育资助。

3. 学术团体的扩大

除了成立于 1963 年的"儿童学习障碍学会"之外，1975 年美国"学习障碍全国委员会"宣告成立；1982 年美国特殊教育委员会下的学习障碍分会也宣告成立。这些学会出版了《学习障碍》《学习障碍季刊》《学习障碍焦点》等杂志。

4. 教育模式

这一阶段，虽然有关学习障碍的概念和学术研究形成了空前热潮，但盛行的教育训练仍然是前一阶段提出的知觉-动作论，即神经心理过程训练。视知觉理论仍然是学习障碍的主要理论，研究者关注的重点仍然在引起学习障碍者缺陷的心理过程上。如麦克尔布斯特（H. Myklebust）通过研究听障碍儿童得出结论，言语功能失调和听过程受损是学习障碍的主要原因。训练是要强化这两个能力的刺激，尤其是听觉刺激。柯法特（N. Kephart）等人提出了"教室中慢的学习者"概念，认为学生天生就可以分为慢的学习者和快的学习者，学习落后者只是在知觉速度和动作的精确性方面比别人慢，从而影响了他们的书写和阅读。训练的重点是提高知觉速度。他提出了一套相对完整的知觉-动作论的教学计划。

以上述理论指导下的各种训练，强调学习行为后面的心理过程，如视、听、动作和记忆等基本能力。一时，各种知觉-动作训练、视觉训练、语言能力训练等都被引入中小学和各种辅导机构中。除了改变学生的学习环境外，人们假定，只要影响学习能力的基本心理过程或神经过程得到了训练，学生的学习能力和学习成绩就能得到提升。

在这一阶段，学习障碍也被广大民众所了解并接受，形成了一个社会运动。家长和社会各界力量都介入学习障碍的研究，各种学习障碍的刊物和书籍先后出版。由于政府对学习障碍的定义及其特殊教育立法，规定了学习障碍学生的受教育权利和对其的训练内容，这些儿童开始被当作一个特殊群体来对待。

四、行为主义理论统治阶段（20世纪70年代—90年代）

从 1970 年开始，行为主义理论占据了学习研究的统治地位，开始对知觉－动作和语言心理理论的训练效果提出质疑。20 世纪 70 年代中期，年轻一代的研究者对过去的学习障碍研究进行了反省。1972 年以曼尼（L.Mann）为代表的学者，总结了一个阶段以来的有关学习障碍的实证研究。对盛行的神经心理过程训练提出质疑，对柯法特、奥顿等人的知觉－动作论和科克的伊利诺心理语言测验提出了批评，他们的观点主要有：第一，以心理过程来诊断学生，容易忽略学生学习行为的完整性，如学习过程中的情绪、动机和教师的作用；第二，心理过程的评估项目与学习表现无关，心理过程的训练不能有效地迁移到学校学习中。如果一个学生将 P 和 q 搞混，我们因此训练学生去仿绘几何图形，而不是去训练字母的书写，这岂不是南辕北辙吗？第三，心理过程训练的效果有限，有关测验缺少令人满意的效度。一些对知觉－动作训练效果的研究发现，这种训练对学生的数学、语文等学业成绩并没有直接的促进作用。没有足够的证据证明知觉－动作训练、心理语言训练对提高学业技能和成绩有直接影响。

行为主义理论认为，学习障碍主要表现在学业方面，它是由学习技能落后导致的，所以诊断、测评和训练都应当围绕学业本身。由于行为主义深受操作主义的影响，有关学者开始了课业技能的评估与矫正训练。一些人从以课程为中心的立场上来理解学习障碍，认为用间接的学习能力来解释学习成绩，不如用直接的学习技能那样操作简单，方便可行。

行为主义倾向的测评与训练的重点放在了语文和数学的错误分析上，考查学生的错误类型和规律。例如，如果是计算技能落后，要考查其未能掌握的计算技能是加还是减，是进位还是错位，学生计算技能存在什么缺陷。行为主义理论取向的学习障碍研究者一般都熟悉课业知识，而不是心理学知识，他们设计一些课业卷子，将每个单元的学习分解成若干知识点或技能点，考查学生掌握的程度。通过试卷的回答过程和成绩往往就能发现学生在什么知识点和技能上存在漏洞，教师可以据此帮助这些儿童查漏补缺。因此，特殊教育的教师要设计一些试卷来进行诊断。非标准化的诊断测验开始流行，如将词汇分成若干类型，让孩子再认，如果是介词或副词掌握得不好，则重点训练这些项目。

行为主义的学习障碍理论非常重视学习行为和技能的训练与矫正，尤其是重视教育方案的细节和可操作性，对于个别化教育方案（IEP）的制定具有极大的指导性和促进作用。如今的个别化教育方案都多少具有行为主义的色彩。如在教育方案中不仅要指明学生落后的学业技能是什么，其具体的操作定义和表现是什么，而且要标明每个月、每周、每天、每节课的任务和教学目标，以及如何实现这些目标，指出对儿童进行行为矫正的技术是什么。学习障碍儿童的每一项技能落后都对应着一个具体可操作的技能训练，这就大大地提高了训练的效果，使训练计划与学生在学校的学习内容一一对应起来。

对于相信能力缺损理论的人来说，如果面对一个书写落后的学生，他首先要检查其基本的心理功能，若结果表明是知觉－动作统合能力低下，就要训练他的精细动作能力，如进行临摹图画的练习。而持技能缺陷观点的人则针对书写落后儿童的写字活动进行直接辅导，帮助他提高书写技巧，学会字母和单词的书写。而诸如智力测验、认知能力评估、神经检查等被认为是与学业成绩无关的，不予采用。

这种以课业为基础的评估和训练，在矫正学习障碍方面取得了良好的成效，并且易为学校特殊教师掌握与应用。然而，仍有许多学者不同意这种观点。批评者的主要观点是：

（1）这种对课业辅导缺少对学习障碍者认知过程的评定与假设，混淆了学习障碍与一般意义上成绩落后的区别。实际上，课业辅导的方法可以适应于任何一个学生。重视课业技能的行为主义学者甚至没有形成规范的学习障碍的定义，他们只是将学习障碍等同于成绩落后。

（2）在技术与内容上，这类辅导是从小学教学中借用来的，与一般的课业辅导没有什么不同，一般的教师就能胜任这项工作。这就失去了特殊教育的特点。

（3）该方法忽视了不同类型的学习障碍学生的差异性，如注意力障碍和阅读障碍儿童的各自心理过程和规律是什么？他们在认知过程上有什么不同？需要训练的特殊内容是什么？

（4）行为主义的理论不能解决较为严重的学习障碍者的问题。例如，对于一个较为严重的阅读障碍儿童，在学校已经接受了大量的阅读与语言教学，可仍然掌握不了最基本的读写技能，难道我们把这些技能分析和抽象出来，在课后多教几遍或多练习几遍就可以解决问题了吗？显然阅读障碍的背后涉及复杂的大脑机制和特殊的语言加工过程。不解决认知机制的问题，训练便是盲目的、缺少针对性的。

五、综合研究阶段（20 世纪 90 年代—当代）

现代的学习障碍理论中，认知理论研究占主导地位，但也不排斥行为主义的课业技能理论，认知和行为的理论在学校的特殊教育实践中相互补充。研究者公认，学习障碍是一个十分复杂的现象，涉及不同的亚类型及不同的心理过程和行为特点，用某一个单一的理论难以统一如此复杂的领域。因此目前出现多种理论并存的局面。

（一）脑科学与神经心理过程缺陷的理论取向

这一研究取向是传统知觉理论的延续和发展。脑科学与认知心理学于 1990 年后取得了技术和方法上的长足进步。脑电技术（ERP）和脑成像技术（fMRI）的发展使大脑不再是一个不能看清楚的黑箱，而是可以直接观察的对象。研究者可以直接观察学习障碍者学习时的大脑活动状况。伴随着学习时的脑电活动和生化活动，学习障碍者的大脑缺陷假设得到了直接的科学检验，这一证据比过去更加客观、可靠。

脑科学研究发现，注意力障碍者的前额叶功能确实与正常人不同，他们不仅左侧额叶的面积比正常人小，而且血液和脑电活动出现异常。认知心理学研究还证明，在短时记忆和长时记忆之间存在一个工作记忆，负责将短时记忆的内容转化为长时记忆，而学习障碍者正是工作记忆存在缺陷。

研究者运用脑科学与认知心理学的知识指导教学。如信息的加工需要一定时间，当教师讲述概念或要求学生解答问题时，一定要给学生一段安静思考的时间，而不是马上要求学生做出回答。

（二）元认知研究

这是早期被动学习者研究取向的深入发展。人们发现，学习障碍所包括的群体是异质的，有的人是基本的感知觉加工过程出了问题，有的人是言语能力出了问题，还有的人是不能掌握适当的学习策略。陶金森 (J.Torgesen) 认为，完成复杂的思考需要具备对思维的监控和执行能力。学习障碍儿童没有形成或发展出教育所要求的学习策略，没有学习的计划和执行能力。由于认知和情绪方面的落后，学习障碍学生没能形成有效的自我指导策略，不善于将复杂的学习过程分解为更加简单的步骤。每个人在完成学习任务时都使用自己的策略，即对我们的思维过程进行思考（元认知）。在学习时，我们要对自己说话，对如何完成任务进行复述。研究表明，学习障碍的儿童不能像其他儿童那样有效地进行自我指导，他们所使用的学习策略在准确性和经常性方面都不如正常儿童。此外，这些儿童的自我概念和自我评价也比其他儿童低，这导致他们不能成功地完成学习计划，或把学习效果的不理想归咎于外界因素。基于这些观点出现了一些学习策略的训练计划，如告诉儿童使用有效的策略进行阅读，或教给儿童特殊的解题策略。还有人针对注意力缺陷儿童提出了自我监控策略，如训练儿童上课时，经常问自己"我正在集中注意力吗？"以提高他们的专注能力。这种旨在发挥学生积极性与能力的观点和行为主义倡导的技能观点相一致。它是通过改进学生对自己行为的控制、提高他们的自我指导能力来达到提高学习成绩的目的。

然而，元认知理论也遭到了一些批评。首先，与行为主义的课业理论一样，它也缺少对学习障碍的特殊认知能力的概念。学习策略落后不仅是学习障碍儿童的特点，也是所有学习落后者，甚至是智力落后者的特点，有些成绩中等的学生可能也存在着元认知的落后。因此，用元认知来解释学习障碍显得过于宽泛。第二，元认知是不可测量的，目前所使用的问卷技术一般都缺少测验的效度。第三，训练元认知通常过于抽象，难以与具体的学习内容联系起来，而这种抽象的元认知训练一般不适合那些动机不强的儿童。

(三) 平衡的模式

目前，综合的诊断与多元的训练方法已经得到了大家的公认。由于学习障碍的复杂性和多元性，诊断和矫正也应当是多元的，既要包括学习策略及元认知方面的考察，也要从脑科学角度进行评估和诊断，还要从课业角度进行测评与矫正。

平衡的模式较为全面和系统，即在基本的认知过程与课业技能之间采取一种平衡的策略，同时兼顾两个方面。一方面进行智力评估和认知加工能力评估，如记忆力、语音意识和加工速度等能力的测评，并针对这些基本的认知能力进行训练，以弥补认知能力的不足；另一方面，不能忽视学生的课业技能诊断，要对学习障碍儿童的识字水平、阅读理解水平、写作水平和计算水平进行测评，同时针对这些课业的缺陷进行补救性教学，通过直接指导来提高学生的课业技能。

两者的关系如同运动员的基本体能素质和专业技能之间的关系。如果一个足球运动员出现能力落后，很可能表现为两个不同的水平。一个是基本的体能素质落后，如肺活量、肌肉力量和速度落后，这就需要进行体能训练；另一方面，这些体能素质的落后可能妨碍具体的技术性动作和技巧，如射门的力量和准确性，传球的准确性和断球的技术。虽然基本的认知过程与课业技能之间不完全是因果关系，但还是有着一定联系，因此要想有效地提高学习障碍儿童的成绩，就要对两个方面进行全面诊断，同时训练基本的认知过程和课业技能。这两个方面的训练可以相互促进，相得益彰。

(四) 认知过程和认知机制的研究

有关学习的认知研究是当代学习障碍领域取得的最主要成果。从认知过程和认知机制的角度看问题，学习障碍这一概念显得过于宽泛。如果以认知缺陷来划分学习障碍，我们的视野中就只有特殊类型的学习障碍，如书写障碍、阅读障碍或注意力缺损多动障碍。每一种障碍涉及的认知加工过程不一样，评估和干预的过程都有所不同。因此，需要研究不同类型学习障碍的认知规律，发现其特殊机制。在这方面目前已取得了一些令人鼓舞的成果。如拼音文字的阅读障碍研究证明，语音加工缺陷，尤其是语音的分解、编码、储存和提取过程的落后是造成阅读困难的原因，这一成果标志着学习障碍领域走向了成熟。阅读障碍可以归于语音能力落后之中，用一个规律来解释众多的症状。如果我们能用这样有说服力的认知缺陷来统一数学障碍、读写障碍和注意力缺损多动障碍的话，我们就可以将学习障碍领域纳入真正的科学王国。

这种统一的尝试也为学习障碍的矫正与干预提供了扎实的理论基础。学习障碍既然是由不同类型的障碍组成的，我们就应针对每个学习障碍学生的不同特点及其原因采取不同的训练方式，设计不同的训练计划。这对学习障碍的诊断提出了更高的要求，必须使用能对学习障碍详细分类的测验和评估手段。

第三节　我国学习障碍研究的现状

我国对于学习障碍的研究刚刚起步。目前，绝大多数教育工作者仍然不了解学习障碍的概念，认为学习成绩不好的主要原因是家庭教育不良，或者是品行出了问题，或者是学习习惯和行为习惯问题，只要提高他们的自觉性就一定能提高学习成绩。学校没有对这些孩子的学习能力进行评估，没能发现他们的某些跟学习有关的认知能力存在缺损，而是把问题简单化为思想教育跟不上，因而难以取得良好的效果。西方国家对学习障碍的研究历程，应当引起我们对学习障碍问题的重视，尽快开始有关学习障碍研究成果的积累。

我国以北京为首的大城市，经由中国台湾学者介绍，于20世纪90年代初开始引入感觉统合训练法，医院和社会机构开始建立感觉统合失调训练室。在北京，感觉统合最盛行时曾出现过十几家训练室。最初引入感觉统合训练的是医生，但随后很快开始了商业化，变成挣钱的手段。由于这种引进不是建立在对感觉统合的效果和原理科学研究的基础上，训练效果大打折扣。不久这个风潮就衰退了。感觉统合是20世纪60年代学习障碍的神经心理过程理论的一个研究分支,认知心理学兴起后,它已经不是学习障碍研究的主流。显然,引入这种训练需要格外慎重,应当对其科学性和有效性进行深入的研究。

目前,国内的学习障碍训练也已经有所开展,其中北京翔平中小学生心理教育培训学校一直开展有关学习障碍的研究,并创立了一家专业网站——中国学习障碍网。该校运用认知心理学的技术从阅读过程、视知觉能力、听觉工作记忆、阅读广度、心算工作记忆和连续性加工方面综合诊断与干预学习障碍儿童,取得了良好的社会效益。目前,该学校专家与北京师范大学心理学院一起,承担着国家社会科学基金项目"阅读障碍的形音联结研究"及教育部支持的十五教育规划项目——学习障碍的认知机制、诊断与矫正研究,取得了多项研究成果。

目前我国学习障碍领域存在的主要问题有:

(1) 政府缺少相关特殊教育法规。各级教育部门规定的特殊教育服务项目中,缺少有关学习障碍的内容。我们的特殊教育服务只涵盖聋、盲、智障等严重残疾的群体,教育理念中缺少人人平等、人人都有受教育权的意识。政府应重视特殊儿童的学习和适应问题,加大投入。

(2) 家长缺乏有关学习障碍的知识。许多家长和教师都把学习障碍与学习不努力等同起来。他们不认可学习障碍的说法,对学习障碍进行经验化的解释,认为孩子学习成绩落后仅仅是因为不用功。因此,应大力宣传和普及有关学习障碍的科学知识。

(3) 研究成果不系统,研究人才奇缺。目前,只有北京师范大学的舒华教授、彭聃龄教授和刘翔平教授研究儿童阅读障碍,北京大学医学部的王玉凤教授和北京师范大学刘翔平教授研究儿童注意力缺损多动障碍。据统计,我国专门研究学习障碍的专家学者不足 10 人,专门指导学习障碍儿童的特殊教师基本没有。而美国研究学习障碍的学者教授近 2000 人。

也正是因为这种空缺,使我们相信,学习障碍研究在我国是一个极有发展前景和应用前景的领域。

本章主要概念

学习障碍的内隐性：内隐性的含义是指：①它不是直接的、以易观察的指标所表现出来，而是存在于各种学习现象背后，间接地妨碍学习过程；②它是大脑的功能性落后，是大脑各学习机能之间出现了不平衡，或者是大脑出现功能性缺损，而大脑是我们不易直接观察的。③大脑的功能性落后通常指某一症候群，即一组具有高度相关的外显行为表现，但这些表现对应着不同的内隐原因。

失语症：指各项语言检查指标和发音器官正常，但不会说话的现象。主要是由大脑的语言运动中枢损伤导致。

平衡模式：强调在基本的认知过程与课业技能之间采取一种平衡的教育策略。一方面要进行智力和认知加工能力的评估，如记忆力、语音意识和加工速度等，并针对这些基本的认知能力进行训练，弥补认知能力的不足；另一方面，不能忽视学生的课业技能诊断，要对学习障碍儿童的识字水平、阅读理解水平、写作水平和计算水平进行测评，针对课业的缺陷进行补救性教学，通过直接指导来提高学生的课业技能。

感觉统合失调：学习障碍早期出现的理论与教学模式。感觉统合理论认为，学习障碍主要是由于大脑的前庭功能出现落后，而前庭则主要负责各类感觉信息的统合，此种落后导致信息的统合发生紊乱。基于该理论，感觉统合强调身体平衡能力对学习的重要作用，如爬、跳绳等身体协调性的训练。目前，该理论已经被认知理论所取代。

本章思考题

1. 什么是学习障碍的内隐性？这种内隐性与教育者对学习障碍的误解有什么关系？

2. 学习障碍研究的发展可以分为哪几个阶段，每个阶段的特点是什么？
3. 柯克对学习障碍的特殊贡献是什么？
4. 如何理解学习能力与课业学习的关系？平衡模式的要点是什么？
5. 为什么说语音意识的研究标志着学习障碍领域的成熟？
6. 我国学习障碍研究与应用中存在的主要问题是什么？

第二章
学习障碍的定义与测评

第一节 什么是学习障碍

> 一位家长就孩子写作业马虎问题前来心理咨询，家长的话令人非常吃惊，他说："老师认为，这孩子没有问题，就是欠打"，结果家长把孩子狠狠地打了一顿。但孩子只表现好了一两天，又回到了原来的样子。为什么会发生这种事情？实际上是因为家长不了解学习障碍。提起学习障碍似乎人人都知道一些，但深入考究，却又难以说清楚。人们一般把那些学习成绩落后的学生笼统地称为学习障碍者，这是个极大的误解。

一、学习障碍的定义

学习障碍在特殊教育中是一个特定的概念，它与一般的学习成绩落后完全不同。学习障碍主要是指由于某种大脑功能的落后而产生的学习困难现象。那么什么是学习障碍呢？关于学习障碍有十多个定义，综合各种定义，我们可以概括如下：

所谓学习障碍是指某一个或某些基本的认知加工过程的障碍，这些障碍妨碍了语言的表达、书写和应用，影响学习者的听、说、读、写、推理或数学计算。学习障碍包括一群不同性质的学习异常症状，这些异常现象是个人内在的，一般认为是中枢神经系统功能的失常。学习障碍也被称为知觉障碍、轻微脑功能损伤、失读症。虽然学习障碍可伴随其他障碍（智力落后、感官损伤或情绪障碍），并受到环境影响（如文化差异，不良的家庭，不当的教学和心理因素），但学习障碍并不是由这些因素直接造成的。也就是说，我们不把因智力落后和家庭环境不良所导致的学习成绩落后者当作是学习障碍者；对于这些障碍，我们采取其他的处理方法。

理解这一定义，要注意以下几个问题：

第一，学习障碍是一个十分特殊的现象。它主要是个体内在的、固有的中枢神经系统失常而导致的较为显著的学习困难。它与大脑的神经结构和功能有关，与大脑的成长与发育有关，与中枢神经发展的不平衡有关。学习障碍是一种慢性病，是一个缓慢发展的过程。它与我们平时所说的不用功或没有良好的学习习惯和兴趣并不是一回事。由于我们目前对学习障碍缺少足够的了解，所以，常常把那些学习不好的学生或上课不注意听讲的学生，当作是存心不爱学习的人，认为他们是淘气、不守纪律、不求上进和没有教养的。从学习障碍的角度来看，这是对他们的误解。学习障碍只是某一种或多种特定学习能力和认知加工能力发展迟滞而导致的学习困难。这不是学生的过错，也不是他们的家庭和父母的过错。

第二，学习障碍者虽然有些是智力低下，但智力落后并不是学习障碍的标准。许多学习障碍者可能是智力正常甚至是优等的学生，这些智力正常者可能在阅读、计算或听力理解能力方面存在缺陷，因而不能像正常学生那样学习。而另一些智力落后的儿童可能并不具有听、说、读、写、算的问题，只是在逻辑思维和抽象思维方面发展迟滞。

智力落后与学习障碍在特殊教育中是两个不同的概念。如果一个儿童的智商在 75 分以下，通常会得到专门针对智力落后儿童的特殊教育服务。国内一般是去公立的培智学校，而西方国家则主要通过中小学中设立的特殊资源教室进行干预。而那些教师认为很聪明，但就是功课学不好的学生，主要是学习能力的缺损而非智力落后导致的。

第三，学习障碍儿童虽然可能成长于不健康的家庭或不利于成长的学校环境，但学习障碍不应当是由环境因素引起的。有时家庭破裂或教师教育方法不当，使孩子变得情绪焦虑，无法安心学习或者缺少学习动机，但这些条件消失之后，孩子的学习成绩又恢复了正常。这种由环境因素导致的学习困难并不是由学习能力缺损引起的，所以不能称为学习障碍。

第四，学习障碍不是因情绪原因导致的学习成绩下降。有些儿童在成长过程中，会出现人格问题或情绪障碍，如抑郁，精神分裂或上学恐惧等，这些情绪问题可能也会妨碍学习成绩。对于这些情绪或行为问题，我们主要采用其他方法进行矫正，而不是采用提升学习能力的方法。

第五，学习障碍由一群不同性质的亚类型组成，具有多种行为表现，存在着各种各样的学习障碍者。

第六，学习障碍者可能伴随着人际关系、行为问题和情绪困扰，这些人同时也可能是社会技能低下者。

由此可见，学习障碍实质是与学习能力有关的心理过程的缺损和失调，即认知加工过程的缺陷。

一旦我们了解了上述定义，学习障碍与学习成绩落后的区别也就清楚了。学习落后是一个很广泛的概念，它主要包括三种情形：一是因智力落后而导致的成绩落后，这些儿童一般要去特殊学校接受专门的教育；另一类是因不良的家庭环境和情绪障碍及人格障碍所导致的成绩落后，这类学生要解决的问题是心理健康和家庭环境的改变；第三类学习成绩落后是因为学习障碍造成的，这些学生智力正常，家庭也没有大的危机，主要因为听、说、读、写、算方面的能力问题而导致学习成绩的不良。这部分人是学习障碍的研究对象。例如，一个班级中，有3名各科平均成绩为不及格的学生，第一个学生的智商为60，他的智商很低，自然不能考试得高分；第二个学生智力正常，但父母正在闹离婚，他整天焦虑不安，无心学习，无法专心考试；第三个学生智力无问题，家庭也很好，人际关系也十分融洽，但就是不能很好地完成作业，每次考试都很马虎，经常丢三落四，经测查，他的视－动统合能力低于同年龄人的水平。只有第三个学生是真正的学习障碍者，他的内在学习能力落后是学习成绩上不去的直接原因。这一障碍使他不能有效而快速地掌握学习材料。

二、学习障碍的原发症状与继发症状

学习障碍的原发症状是指原初的、基本的大脑中枢神经系统的失常，如语音能力的落后，视知觉加工能力的落后，这些落后一般在学前阶段就已经存在了。幼儿园的孩子就可能存在口语表达能力落后、画画能力落后或精细动作落后。这些会导致正式学习开始后的其他问题，这些由于基本的学习能力或认知过程失常而产生的后续的学习问题，叫继发性的问题。

当一个具有原发性的学习能力落后的儿童在学习遇到困难后，会产生其他的问题，如一个原本在阅读或书写方面有困难的儿童，因为总也记不住单词，而受到家长和教师的责备与批评，丧失了学习动机与兴趣，频繁的学习困难易诱发习得性无助，产生对学习的绝望，或者产生自卑心理，出现对学习活动的逃避与恐惧。屡屡在学习上受挫也会妨碍学习者的人际关系，使之对集体、同伴或教师产生敌意，出现逆反心理或品行障碍。一个小学的数学学习障碍者，因为成绩落后而产生厌学情绪，升初中后可能会沦为网络成瘾者、早恋者甚至少年罪犯。所以，能力落后会成为动机落后的原因，造成不健康的自我概念和不良情绪。这种不良的动机与情绪反过来又加重了学习困难，从而形成一个恶性循环。

三、学习障碍经常伴随的其他障碍

学习障碍者同时也有可能伴随其他与大脑发育有关的障碍或心理障碍。主要有以下三类：

1. 注意缺损多动障碍（ADHD）

该障碍过去也叫作多动症。学习障碍儿童中约有30%~50%的人同时也具有注意力不集中、自我控制能力差、学习不兴奋、缺少学习的计划性和时间感，不能听从指令、延迟满足能力差等。可能的原因是大脑的中枢神经功能失常涉及多个脑区，影响了不同功能的大脑皮层。

2. 抽动症（TS）

学习障碍儿童中有部分患有抽动症，即经常不由自主地摇头晃脑、挤眉弄眼、抓耳挠腮。抽动不同于多动，抽动是不由自主的、强迫的，是由脑神经异常放电引起的，常伴随着说脏话、自言自语或怪异的表情。而注意缺损多动障碍的儿童仅是注意力分散，自我控制能力差，但不出现强迫行为和肌肉抽搐行为。

3. 品行障碍（CD）

品行障碍的主要表现是不尊重其他儿童的权利，凶残地虐待动物、说谎、偷窃、破坏规则、纵火、对自己的行为不负责任等。这些儿童通常具有极不健康的童年家庭环境，受到忽视或虐待，缺少家长的关爱与社会支持。

四、学习障碍的分类

学习障碍是异质的，在学习过程中任何一个环节上出现异常都有可能导致学习成绩落后。

1. 心理历程与语言问题

有人将学习障碍分为心理历程问题和语言问题两大类。心理历程问题指的是个体在操作能力与抑制功能上出现了问题。抑制功能负责对个体行为动作的控制，以便使其对外界刺激做出适当的反应。抑制功能异常的儿童，其常见的症状包括分心、多动、挫折耐受力较低、行为固执等。而操作能力问题则包括知觉、记忆、概念化、思考等方面的困难。至于语言问题则并不限于视觉与听觉性言语符号的听、说、读、写，还包括数量与几何等数学符号在内。语言问题即是说儿童在理解和运用这些符号方面出现了困难，以致在听、说、读、写、算中的一项或多项出现了障碍。

2. 发展性学习障碍与学业性学习障碍

柯克等人将学习障碍分为发展性与学业性两种，这两个类型又可分成若干亚类型：

（1）发展性学习障碍包括：

- 发展性学习障碍：注意力缺陷，记忆力缺陷，思维能力异常，知觉能力缺陷。
- 衍生性缺陷：语言能力异常，数学推理能力缺陷。

（2）学业性学习障碍包括：

- 阅读缺陷
- 算术缺陷
- 书写缺陷

柯克的所谓发展性的缺陷类似于心理历程缺陷，而学业性障碍则与语言性障碍相仿。

3. 学科分类

按照学习障碍所涉及的学科来划分，我们可以把学习障碍分为数学学习障碍、阅读学习障碍、写作学习障碍、外语学习障碍等。每一门学科都要求某种特殊的学习能力，若这一能力受到损害，就会造成学习成绩的落后。学习障碍者一般都是在某种科目上特别落后，并不是所有的科目都落后，一旦在所有科目上落后，就很可能是智力的问题，而不是特殊学习能力的问题了。

需要注意的是，上述不同的类型只是相对而言的，实际上很少有儿童是某一典型。绝大多数儿童可能同时具有几种相同的症状，比如，一个患有注意力障碍的人，通常视知觉记忆和分辨能力也落后，而一个听知觉和记忆能力落后的人，通常也有阅读方面的问题。这些孩子一般需要多重训练。总体上说，学习障碍者的能力落后通常是多方面的，而不是单一的。

第二节 学习障碍的测评

一、测评的目的

在特殊教育中，测评得到广泛的应用。历史上，测评主要应用于三个方面：

第一，保护儿童的权利。例如，在美国早期的学校里，有专门给反应迟缓的儿童设置的课堂。如果在正常课堂中，一个小孩特别捣乱，不能完成作业，教师可能就简单地把他送到特教课堂，即使他可能没有反应迟缓的问题。为了避免这种情况的发生，就发展出了个体智力测验。

第二，学校需要判断哪些学生需要特殊帮助。有很多学生可能会在半个学期或是一个学期都表现不好，但是这并不能说明他有学习障碍。很多原因可能导致学生成绩不好，上课不好好听讲、回家不按时完成作业等。因此，学校需要测评工具判断谁需要接受特殊教育。

第三，为个别化教育计划（IEP）提供材料。个别化教育计划需要评估在不同课堂上儿童行为表现的准确水平。因此就产生了现在常用的"基于课程的测评"。现在的很多研究关注测评对教师指导的作用，同时发现将儿童的表现与一系列标准的行为指标做对比看是否达到年龄应该达到的层次，要比将测出的分数与常模参照分数比较更准确。

在学习障碍领域，测评方法得到了广泛的应用。但总的说来，测评的目的是为了收集和分析信息，为后期的教育和干预提供指导。常用到测评方法的领域主要有四个：

（1）筛选：确定哪些儿童可能有学习障碍，以便对怀疑对象进行更精确的诊断。

（2）诊断：由专家组织，通过一系列标准化测验判断儿童是否有学习障碍。经过确诊的儿童，要接受特殊的教育服务。

（3）教育计划：分析儿童的测验数据，得出各项指标在正常儿童中所处位置，制定教育计划（教什么，如何施教）。

（4）评估：评估包括两部分，一是短期评估，包括记录、监控学生每日和每周的进步；二是长期评估，即评估对此学生实施的整个教育计划的有效性。

二、美国教育公法 94-142 对测评的影响

教育法律法规的颁布和修改对测评和实践的发展影响巨大。在学习障碍测评的发展中，我们必须提到一部具有重要意义的法律，即 1975 年 11 月由美国国会颁布实施的美国教育公法 94-142，又名学习障碍儿童教育法案（1990 年此法案更名为残障人教育法案）。这项法律保证所有的障碍儿童接受免费的、恰当的公共教育。公法明确提出，每个儿童都享有以下权利：

- 接受无歧视的，对自身情况和障碍等级全面的测评，并且测评者不能据单一标准做出障碍的结论；

- 接受根据自己个体条件制定的恰当、免费的教育;
- 最大程度地保证障碍儿童与非障碍儿童在"最少限制的环境"中同时接受教学;
- 提供各项辅助服务,确保障碍儿童的个别化教育计划(IEP)取得成功。

法律同时强调有效收集、解释、使用数据。这个法律条款从立法角度对障碍儿童的教育权利进行了保障,对测评的发展也产生了重大的影响(见表2.1)。在这部法律里,第一次提出了要求为每一名障碍儿童制定IEP,同时提出了若干对障碍儿童权益的保障(例如,在实施IEP之前,必须得到父母的知情和认可)。表2.1是美国教育公法94-142列出的学习障碍儿童测评过程表。

表2.1 美国教育公法94-142中学习障碍儿童测评

筛选
筛选出可能有学习障碍的儿童。

提名
提名可能有学习障碍的儿童。

父母同意测验
测验的过程和安全性都要得到父母的同意和认可。

诊断测验
诊断测验必须是无歧视的,测试语言为儿童的母语,高信度、高效度、适合于儿童的测验。不能仅仅根据一个测验的结果做出结论。学生将在学习障碍的所有可能领域都接受测验。专业人员施测。测验结论由一个综合团队或专家团队做出。

有资格的人员
在测验团队里,必须包括教师或其他专家。

制定教育计划和安置
制定个别化教育计划(IEP)。IEP会议必须在诊断后30个工作日里召开。学生必须安置到最低限制的环境里(尽量多的时间和其他无障碍学生一起学习)。

父母同意安置
父母必须参与到IEP的制定中,并且同意最终的安置决定。

实施干预
在IEP制定后,尽快开始实施。

评估
至少每年对IEP的有效性进行一次评估。

三、两种基本的测评取向

在测评领域，能力培训模型和技能培训模型是两种基础不同的测评取向。

能力模型的提出基于如下前提：学生学习出现问题的核心缘于学生自身。因此，该理论强调学习障碍学生不能很好地加工信息，包括视知觉、听觉加工以及注意力维持；认为这些加工机制的缺陷导致了学习障碍，并且这些缺陷能够得到测量和改善（Daniel 等，2005）。在能力模型下，经常使用的测验包括：

- 伊利诺伊州心理语言能力测验
- 底特律学习能力测验
- 视知觉整合发展测验
- 南加利福尼亚州感觉综合测验

技能培训模型关注学业能力的测评，强调对学业行为进行直接干预。在实际测评中，技能培训模型经常关注学生一系列的技能表现。例如，我们对一名学生的多项学业技能进行了测评，然后，从他未掌握技能的最低层次开始进行教育。技能培训模型认为，学习障碍的原因来自学生外部（例如，经验不足等），所以对学业技能开展直接的干预可以治愈学习障碍。

虽然技能培训模型使用了标准化的学业成就测验，但其主要使用的还是非正式测验。通过最初对学生的测评制定干预计划，在干预过程中，教师根据学生的表现和发展，对干预计划进行调整。

两种模型在实际操作过程中都得到了广泛的应用，但关于哪个模型价值更高、更接近实际情况的争论依然存在。目前，两者在学习障碍领域的不同应用反映了它们之间的差异。技能培训取向认为，测评信息应直接用于制定修改每日的干预计划。安置测验、标准参照测验、探测测验等方法都可直接应用于此目的。技能培训模型强调测评为每日实际的指导服务，忽视了前期的诊断过程。另一方面，虽然能力模型也重视指导，但其强调指导前对学习障碍儿童的诊断和分类要准确。因此，能力培训模型更适合应用到诊断中。

综上可知，要完成诊断和指导工作，综合能力和技能培训模型才能取得良好的效果。

四、测验的选择

要完成有效可信的测评，测验的选择非常重要。从大的方面来说，测验可以分为正式和非正式两类，两种测验在学校都有广泛的应用。正式测验使用标准化的测验工具，主要用于确诊学习障碍。非正式测验通过非标准化的过程来评估，主要用于直接对教育计划提供建议。非正式测验常用于制定每日教育计划。

（一）正式评估

大多数正式评估都由学校心理学家、语言学临床工作者、特殊教育者在课堂外进行（需要进行课堂观察的社会性评估除外），偶尔也会有医疗保健人员参与。正式评估经常在严格的测验条件下开展（例如，安静的房间，单独施测）。标准化测验可以用来测量智力、学业成就、知觉能力、自动化加工技能、言语能力以及社会性发展等。标准化测验通常使用常模参照，据测验结果就可得到儿童与同层次其他个体的相对位置。标准化测验的结果可以量化表示，例如，所处年龄水平、年级水平、百分位等。

在学习障碍儿童测评中，经常使用的是成就测验和诊断测验。成就测验，目的在于考查学生目前掌握的知识水平。成就测验通常是集体施测，常模往往取自一个地区或多个地区的儿童（例如数学、阅读、拼写）。这些测验结果可用于前期筛选。

诊断测验，通常是个体施测，主要是对一个或多个特殊技能和能力进行评估（Tina，2004）。例如，诊断性的数学测验可能包括多个特殊的子测验，加法、减法、乘法、除法、分数、货币、尺寸、时间等。诊断测验的目的是了解被试在某个特定领域的优势和缺陷。大多数诊断测验是常模参照测验，结果为量化数据（例如，所处年级或是年龄水平）。诊断测验主要用于诊断障碍儿童以及制定教育计划。在实际使用中，根据两种测验特点和不同用途，综合使用能达到更好的效果。

在教育指导过程中，标准化测验的使用常受到一些尖锐的批评。但是，学习障碍的许多过程都需要它们（例如筛选、诊断、评估）。因此教育者有必要了解正式测验的优缺点，以便能够正确地运用。

优点：

- 初步筛选出需要进一步测验和干预的儿童
- 通过子测验诊断出儿童的主要优势和缺陷，为特定领域的进一步干预提供信息
- 能把儿童的测验成绩与其相应能力对应，判断儿童在学业上的表现是尚有潜力未发挥，还是超过预期能力
- 在标准化测验中，可以将儿童的行为表现与他的同伴进行比较
- 测验方便，为非正式测验提供了有用的参考信息
- 在一段时间的干预后，可用于评估儿童的进步程度

缺点：

- 通常情况下，正式测验的结果与课堂要求的行为无关
- 测验结果受测者和儿童的情绪影响较大。注意力、疲劳、态度都可能在很大程度上影响测验结果。由于测验结果受太多其他因素影响，测验所得结果很可能并未真实反映儿童的学业成就或是能力水平
- 制定个人化的教育计划需要充分考虑学生的特异性。大多数正式测验（成就测验和诊断测验）只能提供量化数据，缺少对学生特异性行为的描述。虽然有时正式测验也可进行个案分析，收集特异性的数据。但是对大多数正式测验来说，在某个特定技能上的个案分析非常有限，据此不足以制定每日教育计划
- 通常情况下，常模并非选取所有学生，尤其是一些学习障碍的儿童。常模取样的局限也极大限制了正式测验的代表性
- 很多标准化测验结构不良好，信效度不高
- 标准化测验严格的施测程序阻止了教师收集有效信息。例如，儿童可能因为对指导语理解错误而导致反应错误。标准化程序不允许施测者过多向儿童解释测验程序。但是在施测中，施测者必须要保证的一点是，儿童开始测验时对指导语完全清楚。

（二）非正式评估

教师使用非正式评估直接为每日的教育计划提供信息。非正式评估的目的在于了解儿童优势和缺陷所在，对正式测验的结论和建议进行核实、查证，并根据儿童的发展需要，制定个性化的教育计划。

2002年，在一个针对美国多城市学习障碍测验使用情况的调查研究中发现，在制定教育计划的过程中，最常使用的是非正式测验（Janet W, 2006）。非正式测验得到如此广泛的应用，主要是由于它们能够帮助教师决定向儿童传授什么内容以及如何施教。非正式测验主要由教师执行和使用，与真实的课堂指导相关很大。

非正式测验有以下优缺点：

优点：
- 可以根据课程内容或是技能安排测验结构，测验简单易懂
- 在非正式测验环境中，可以减少学生的紧张和焦虑
- 非正式测验虽然由权威编制，但可由教师实施。通过测验结果可以得出客观的结果，监控学生的进步
- 相比正式测验，省时省力
- 操作主要由教师进行，而教师是学生行为最佳的观察者
- 可以用来评估正式测验的效度
- 可关注任何领域，可经常施测

缺点：
- 编制测验耗时
- 要求对测验技能有较高的熟悉度
- 可能过分依靠非正式测验的结果，忽略了其他必要的诊断信息
- 要求较客观地判断，不能完全避免测验者的偏见

非正式测验几乎能提供所有诊断测验能提供的信息，同时得到的信息也正是教师希望了解的。正式测验的结果在最初能给教师很好的指导作用，但一旦教师熟悉观察技巧、了解所测技能，正式测验的作用就大大减小了。下面介绍几种非正式的测验。

1. 标准参照测验

测验的结果是依据固定的标准来进行解释。测验关注儿童真实技能和完成任务时的表现，将其与固定标准相比，看其行为是否达到标准。在标准参照测验里，不是将儿童的行为和其他儿童进行对比，而是与固定的标准进行比较。例如在某拼写测验中，正确率为80%即达到标准。

2. 探测测验

探测测验（probes）来自应用行为分析，特别是精准教学法。探测测验经常关注学业任务，描述学生在一段特定时间的行为表现（Stephen等，2002）。典型的例子是学生在探测测验上工作一分钟，教师记录下测验结果的正确率和错误率，并记录错误类型。探测测验主要记录学生反应的正确率，而标准参照测验是将学生行为和固定标准相比，这就是两者的主要区别。探测测验的观察指标是学生的错误类型、正确率和错误率。

探测测验主要用于每日的指导，观察学生在目标技能上是否有进步。通过探测测验所得数据，教师可以制订教学计划（例如，是传授新技能，重复干预，还是降低到低一层的技能等）。教师每天记录儿童的测验表现。

3. 安置测验

安置测验选用规定材料中筛选出的项目来施测，如果这些材料严格按一定顺序排列，那么通过学生在其上的表现就能确定学生从什么地方开始出现困难，教学也应该由此开始。

例如，教师想设计一个阅读的安置测验，教师可能从一篇课文的每个故事中间抽取一段内容，或是在阅读材料的开始、中间、末尾选择阅读材料。在安置测验中，学生从最低层次的阅读材料开始答题，直到达到他的真实水平。通过考查学生在安置测验上的阅读表现，教师可以确定他的阅读水平。

4. 检查单

检查单（checklists）包括一系列的陈述，测试者将学生行为与其对照，可推断出学生的表现或学习特征。检查单的项目举例如下：

- 学生能快速准确地完成10以内加减法
- 学生能正确阅读四年级单词，包括其中的双元音词

- 学生能理解4级基本阅读的大意
- 学生经常要求重复指导语
- 学生经常在课堂练习时分心

在实际应用中，检查单可以运用到学习的任何领域，同时也非常具有弹性。例如，当使用检查单考查学生进步程度时，检查单可以包括固定的某一课程的材料和技能要求，但当教师观察到学生已经达到某些要求时，教师就可把这项技能划掉，不用按次序逐条进行。在社会技能领域，教师可以通过检查单记录学生是否在游戏中遵守秩序、在自由活动时间是否参与集体活动等。通过收集到的信息，教师可以决定教授的内容和合适的教授时间。在某些情况下，检查单也可展示给儿童，让其了解自己的进步。同时，检查单还可以作为向家长报告的内容之一。

5. 直接观察

在课堂环境中对学生进行详细观察是非常有效的数据收集方式。当教师在教室巡查的时候，可能会发现一名学生在计算时犯了错误，这个直接观察的结果告诉教师，学生遇到了困难，需要帮助。此外，在观察时，教师需要对学生行为非常敏感。例如，在完成课堂练习时，教师可能观察到一名学生变得非常紧张和焦虑。他可能在根本未掌握知识点前就试图快速地完成练习。此时，需要教师及时打断他，避免出现不必要的失败。但直接观察法也有自身的缺陷，大多数教师在课堂上并没有足够的时间和精力对学生进行系统的观察，记录下他们的重要行为。

6. 其他

其他非正式测验方式包括访谈（例如，访谈家长或是同学），轶事记录以及各种各样的学生自陈报告等。

五、测评重要发展趋势

测评领域的发展大大促进了学习障碍研究的发展，诊断、安置、教师责任等都和测评的发展直接相关。自从美国教育公法94-142颁布之后，人们要求更有效、更敏感的测评手段，人们对测评领域的日益关注也促进了此领域更快的发展。在测评发展史上，一些具有重大意义的发展包括以下几个方面：

1. 测验信度和效度的发展

如果没有好的信度和效度，花费大量的时间收集到的数据未必有用。例如，有些测验的理论基础有所偏误，这样的测验测不到我们所关注的变量，效度不高。虽然目前出现了大量标准化测验，但人们对高信度、高效度的追求从未停止过。

2. 无歧视测验的发展

立法、父母、少数群体等对无歧视测验的要求驱动特殊教育者发展出重视文化差异的测验。测验应该适用于来自不同文化的群体。如果在测验使用上不加区分，可能得到的结果看似一致，但实际上在语言、价值观、信息和学习策略等方面都存在巨大差异。测评手段必须在性别、民族、文化和语言上都不存在歧视。目前已经发展出一系列可用于少数民族青少年和成人的测验，无歧视测评发展出现了良好的趋势：

- 测验被翻译成多种语言
- 研究者不断发展少数民族的常模，让少数民族参加常模参照测验的解释更精确
- 有一些专家专门给少数民族的学生提供测评

3. 教师评估的能力水平

指导和评估是密不可分的两个过程，因此，教师也需要参与到评估中来。教师必须成为有能力的评估者。他们必须接受培训，学习如何选择合适的目标行为、设计和选择高效度的工具、记录学生的进步，同时根据学生的发展不断调整指导策略。

4. 学习障碍定义的精确化

由于学习障碍基于的理论模型比较含糊（例如，如何度量学习潜力和学业成就间的差异），因此，给学习障碍下一个精确的定义仍是一件比较困难的工作。要达到定义的精确性也是非常复杂的，它需要发展出更精确的理论模型和测评工具。

第三节 学习障碍的诊断与IEP

测评在学习障碍中的应用，最关键的阶段就是诊断和制定IEP，因此，下面对测评在这两个阶段的运用做一个介绍。

一、学习障碍的诊断

学习障碍的诊断与定义一样，是一个充满歧义和纷争的领域，虽然其他心理障碍，如智力落后，也是一个具有争议的问题（如什么是智力，如何确定智力落后的确切分数或操作定义），但唯有学习障碍的诊断及其评估最具争议性，并且这种争议也直接影响了特殊教育的实践。例如，自1975年美国的教育公法94－142颁布了学习障碍定义以来，被诊断为学习障碍儿童的人数增加了150%，占到了所在有障碍学生的一半以上，学习障碍的学生人数超过了在校儿童的5%，而被诊断为智力落后的人数则相对稳定，一直占在校儿童的1%，被诊断为严重情绪障碍的儿童为在校人数的0.75%左右。

学习障碍的定义是与听、说、读、算和推理有关的基本心理加工过程出现问题。但是如何对这种基本的心理过程进行评估呢？心理过程的缺损表现为哪些具体的评估指标？心理过程落后到什么程度即可被诊断为学习障碍？这些更为细致的问题，要求对学习障碍进行精确和可操作的定义。

（一）诊断模型

1. 智商分数与成绩分数的不匹配

根据操作主义的观点，一个概念必须还原为一组相应的操作才具有真实性。早在1976年，全美教育办公室（USOE）就为学习障碍界定了一个操作定义。"如果一个儿童在下列一个或若干领域具有成绩和智力能力的显著差异，如口语表达、书写表达、听理解或阅读理解、基本阅读技能、数学计算、数学推理或拼写，就可认为他有特殊性的学习障碍。显著差异可定义为,在充分考虑年龄和先前的教育经验的情况下,一个或若干学习领域的成绩低于根据其智力预期成绩的 50% 以下。"这一定义开辟了以智力和成绩不匹配作为规定学习障碍实质性标准的先河。这样,凡是被诊断为学习障碍的儿童,必须要确定两个分数:一个是智力分数;另一个是学习成绩。如果某儿童没有达到根据其智力预测的成绩水平,并且排除了躯体或环境等因素,就可被诊断为学习障碍。确定智力是否与成绩相匹配大致有两种方法:一是相关法,即计算智力分数与成绩分数的相关,然后寻找智力分数高而成绩测验分数低的儿童。一般可以确定一个节点,或以一个或者两个以上的标准差作为成绩落后的指标。第二个是预期法,即计算儿童的智力年龄和阅读年龄,两者相差大则构成学习障碍。比如,某儿童的智力年龄是 12 岁,可其阅读年龄才 9 岁,即可被诊断为阅读障碍。这种观点具有操作性强、直观的优点,且看上去易接受。我国的大多数学者也认可了这一规定。如我们在学习障碍的诊断实践中就是先测智商,然后再考察儿童的期中或期末学习成绩。由于我国一般不采用标准化的成绩测验作为衡量学习进步的指标,所以只能根据考试的分数。一般把智商高而考试分数低作为衡量与诊断学习障碍的一个基本标准。如某一儿童智商 120,据此预测他应在班上学习成绩属于中上水平,可实际上他仅排后三名,当排除了家庭文化的不利因素和身体残疾因素后,就可断定他是一个学习障碍儿童。

2. 认知过程缺损诊断法

智力与学习成绩不匹配虽然直观有效,但它的缺点是不能确定受损的基本心理过程有什么特征,不同类型学习障碍者的具体认知加工模式是什么?随着认知心理学的研究进展,尤其是对阅读障碍研究的新突破,人们不再满足于这一差异性的定义了。

有人指出,差异性的定义是一个资格性(eligibility)的诊断,只能粗略地判断谁够资格得到特殊教育服务,与如何矫正与干预无关。学校心理学家努力地测量智力与成绩的差异,但这种方法不能确定是哪些心理过程缺陷导致了学习障碍。与其测量智商,不如重视造成具体学习障碍(如阅读障碍)差异的因素评估,重视障碍后面的认知过程的评估。这种评估能揭示干预的方向,有助于矫正计划的制定。

学习障碍的认知过程研究，主要考察导致不同类型学习障碍的认知成分和因素。其中西方拼音文字中已经发现语音意识落后的具体成分和指标。在以字词识别和阅读理解为症状的阅读障碍研究中，发现了各种阅读障碍的共同实质，即语音意识落后。语音意识指对词是由音节构成的理解，是区分构成语句的语音单位的能力，它可由语音意识测验来进行诊断。

语音意识的重要性不在于它的科学性和真实性，因为有不同的理论证明语音意识之外的因素也影响阅读。但是语音意识的提出使人们学会了从障碍本身的机制来思考和解决问题，表明了用某个统一的系统来说明和归纳众多表现的趋势。科学的宗旨之一是发现表面现象背后的具有普遍性和共同性的规律。语音意识的提出终于使人们在实践上摆脱智商的羁绊，对阅读障碍的诊断开始从阅读本身的规律出发，而不是借助它本身以外的概念。

3. 环境评估与干预的需要

传统学习障碍评估方法将不利的家庭、文化和教育环境当作学习障碍的排除条件。没有考虑环境对于学习障碍的实际影响，存在着生物学化的倾向。即便我们承认学习障碍不是由于家庭、文化的不利因素直接造成的，但是否学习障碍儿童也同时伴随着家庭教育和文化上的不利影响呢？有缺陷的认知加工过程和不利的教育环境是否可以同时并存呢？一个学习障碍儿童一定生活在家庭环境中，他的学习障碍必然决定了环境（家长和教师）对其的反应，而这一反应又反过来影响着他的学习成绩和努力。更为重要的是，通过对家庭文化及教育的评估，我们可以发现这些因素中可以利用的改变学习障碍的资源；通过激发学习动机、学习的积极情绪和家长的期望值，我们可以重塑学习障碍儿童学习的信心，为他们提供良好的教育环境。而这种家庭教育的信息是智商与成绩的差异评估法无法得到的。

目前，研究者普遍承认学习障碍的诊断与评估是多层次的。美国学者舍维尔（Cheval, 2000）等人总结了各种学习障碍的概念之后，提出了一个可操作解释的多层次综合模式（见图2.1）。在这个模式中，评估的重点应当集中于二层至四层。重要贡献是发现了将学习困难的表现与认知过程的评估联系起来的纽带。

而弗莱彻（Fletcher, 2002）等人提出的评估模式则代表了否定智商与

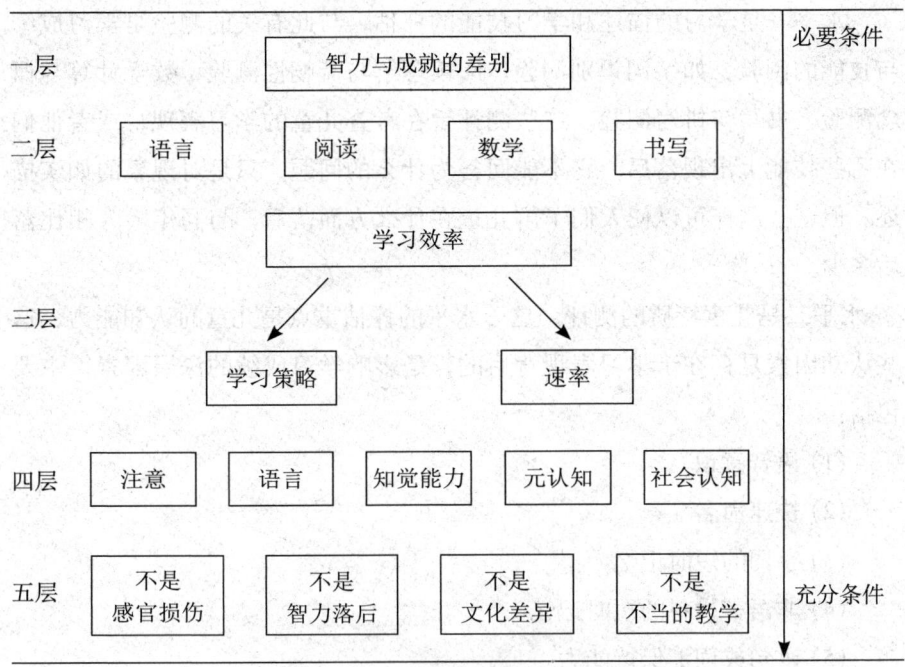

图 2.1 Kavale 等人的分层模型

成绩差异的新取向。他们认为特殊领域的测评（如学习技能和语音意识的测评）是更为直接有效的测评，可以不用智力与成绩的差异作为必要条件，并据此提出了一个生物行为的评估模式，见图 2.2。

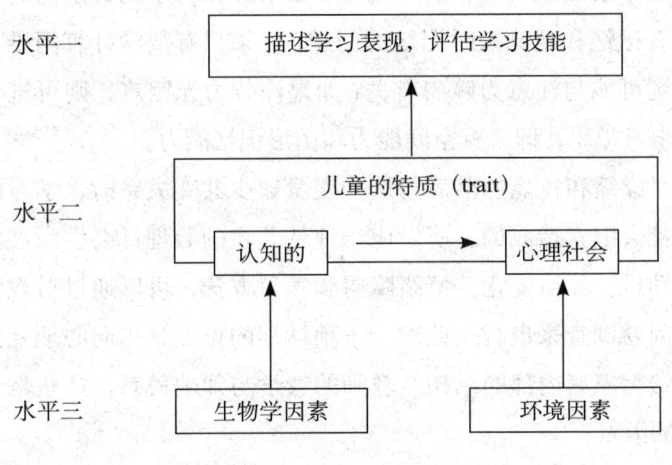

图 2.2 生物行为的评估模式

水平一是学习的描述和学习技能的评估，与此有关的测验是学习成绩与技能的测验。如字词识别测验，阅读理解与流畅性测验，数学计算与概念测验，书写与拼写测验。这些测评旨在考查儿童的学习表现，或者他们在哪些技能上出现落后。它不能回答为什么的问题，只是对现象的如实描述。但这些测评可以使人们了解儿童在什么方面落后，与同年龄人相比落后多少。

水平二是儿童特质的测评，这一水平的评估重点是儿童的认知能力，这些认知因素是存在于学习表现背后的，是影响学习成绩的深层因素，主要包括：

（1）语音意识

（2）快速命名

（3）字词的短时记忆

（4）非语言材料的短时记忆

（5）语句或词汇保持能力

（6）知觉－动作统合能力

（7）视觉注意力

如果某一学习技能的落后与某一或某几个认知因素的缺陷相对应发生，就可以诊断为学习障碍。举例来说，如果只有书写有问题，其他方面无问题，则重点考察知觉－动作统合功能；如果计算与字词识别同时困难，则可能是语音记忆和视觉短时记忆的问题；如果只有数学计算困难，而字词不困难，则可能与注意力障碍有关；如果注意力无困难，则可进一步考察非语言的学习障碍，即考查空间能力和图形记忆能力。

当学习成绩和技能的落后与认知变量缺少共变关系时，学习障碍可能是由心理社会因素造成的。所以应当评估儿童的心理社会性发展，考察儿童的学习动机、情绪变化、情绪障碍和学习方法，可以通过对教师和家长的访谈与问卷调查来进行。此时，干预计划的重点是指向心理社会，家长的教育方法、家庭内部的结构、教师的教学与师生关系，这些是干预中首先要考虑的因素。

水平三是将认知缺陷与可能的脑损伤联系。考察家族的遗传，儿童的发育史和成长过程，寻找一些生物学的证据，解释异常的认知功能。或者联系不良的家庭教育环境和学校教育环境，评估可以促进学生进步的环境资源。

现在，我们的目标简单又明确：评估儿童的学习表现，然后评估伴随这些现象的内部认知过程，最后通过补救这些认知缺陷来矫正学习障碍。如果没有相应的认知落后，则评估转向非学习障碍的模式，即根据心理社会的分析范式，从情绪和动机及家庭教育方面入手来改变儿童的学习行为。如果认知缺陷和不良的家庭环境共同出现，则先补救认知过程，后弥补教育环境的不足。

（二）诊断具体要求

要诊断学习障碍，首先要通过测评来获得所需测验结果的数据。在获取数据时，要考虑到学生所属群体的差异。同时，测评者需要遵循自己国家制定的学习障碍诊断要求，以及注意学习障碍领域权威专家的意见。美国 1977 年颁布的教育公法 94-142 对学习障碍诊断的基本标准做了说明，内容如下：

1. 综合诊断团队

诊断过程要求各方面人员综合地开展诊断。

- 评估要由长期教授该学生的教师进行，如果没有，则选择一个专业人士
- 至少有一名有资格对学生开展个体诊断的专家在场（例如，学校心理学家、语言病理学家等）
- 一名学习障碍研究专家在场

2. 总体诊断标准

要确诊一名学生为学习障碍，诊断团队必须发现学生在以下一个或多个领域里存在严重的学业成就和智力不匹配（Eileen B. Raymond, 2002）：①口头表达；②听觉理解；③写作表达；④阅读基本技能；⑤阅读理解；⑥数学计算；⑦数学推理。如果学生表现落后的主要原因在于以下几点，那么将不会被诊断为特异性的学习障碍：①视觉、听觉或自动化加工缺陷；②

脑数学盲；③情感混乱；④环境、文化或是经济缺陷。另外，诊断团队需要确认学生是否接受了适合其年龄和能力水平的教育。

3. 学业成就

学业成就主要是使用标准化学业成就测验在如下领域进行测验：阅读——基本技能和理解；数学——计算和推理；写作表达。通过测验结果判断学生是否显著落后于正常学生。测验分数通过多种形式呈现（例如，年级水平、年龄水平、百分比、九分制得分等）。

4. 语言成就

语言能力通过听力理解或是口头表达的标准化测验来测量。和学业成就一样，主要考察学生的语言成就是否显著低于正常学生。

5. 观察

除了学生的长期任课教师以外，至少有一名诊断团队的人员要观察学生在课堂上的表现。如果学生还未到学龄或是已辍学，那么将在一个适合他年龄的环境中对其进行观察。观察主要是为了确定学生与教育环境之间的关系。

6. 排除因素

在诊断学习障碍之前，我们需要排除一些如听力、视觉等基本能力的缺陷：

（1）大脑发育迟滞，在智力测试上低于正常儿童两个标准差，需获得执照的心理学家诊断

（2）眼盲或是单眼视力低

（3）耳聋或是听力受损，不能通过正常渠道学习语言

（4）身体缺陷，非可能直接导致学习障碍的身体缺陷

（5）情感困扰严重，必须接受此方面的干预治疗；

（6）测评时确保在儿童熟悉的文化背景和环境中进行。同时要了解儿童所处的环境是否能保证他进行正常的学习。

在上述排除因素中的第（2），（3），（4）条，要对学生的身体条件以及最近的医疗记录进行调查。第（1）条和第（5）条要由心理学家诊断。第（6）条要用学生的母语进行测试，同时通过访谈和观察（可在社会工作者的帮

助下），了解学生所接受的文化和学习经历方面的背景资料。

7. 书面报告

诊断团队在撰写最终报告时，必须包括以下内容：

- 学生是否有特异性学习障碍
- 做出结论的理由
- 观察到的相关行为
- 观察到的行为与其学业成就的关系
- 如果条件允许的话，记录教育表现与医疗诊断结果的关系
- 是否在学业成就和能力方面存在巨大差异，是否必须通过特殊教育以及其他相关服务来解决问题
- 做出的结论是否考虑到了环境、文化以及经济落后对学生造成的影响
- 诊断团队所有人员的签名

对自动化加工是否要列入学习障碍的诊断标准，还没有明确的法律规定。有研究者发现，83%的州教育部门关于学习障碍的定义里，都包含了加工过程的缺陷。但在1977年颁布的美国教育公法里，没有包含此项内容。关于自动化加工的标准化测验要从以下几方面开展诊断：

- 视觉：知觉、记忆、联想、联结
- 听觉：知觉、记忆、联想、联结
- 触觉：触觉和运动知觉能力
- 感觉统合：视觉加工、听觉加工、听觉运动觉统合、视听统合
- 测验所得分数包括对应的年龄分数、百分比等。

8. 总结

诊断学习障碍是复杂和困难的。各种测验的分数只能作为一个参考。到目前为止，任何单一的测验结果都不能代替诊断团队综合各种信息（例如，健康状况、注意力、环境、语言、动机、课堂行为等）做出的判断。正如前面所提到的，1977年美国教育公法要求诊断团队要通过综合考察才能对学习障碍进行确诊。

二、个别化的教育方案（IEP）

当诊断团队确认学生有学习障碍时，测评的结果就聚焦到指导和干预上。专业人员需要根据诊断的结果，对每个学习障碍学生制订个别化的教育方案。按照法律要求，IEP必须明确以下内容：①学生目前表现出的行为水平；②短期和年度的指导目标；③多少时长的课堂教学，多少时长的特殊教育；④干预预计的起始时间；⑤评估进步的指标。

在IEP开始实施之前，特殊教育老师如果能跟学生有先前的接触，会有助于IEP的实施。通过接触，教师也能确定特教时使用何种教学方式。

本章主要概念

学习障碍：所谓学习障碍是指某一个或某些基本的认知加工过程的障碍，这些障碍妨碍了语言的表达、书写和应用，影响学习者的听、说、读、写、推理或数学计算。学习障碍包括一群不同性质的学习异常症状，这些异常现象是个人内在的，一般认为是中枢神经系统功能的失常。学习障碍也被称为知觉障碍、轻微脑功能损伤、失读症。虽然学习障碍可伴随其他障碍（智力落后、感官损伤或情绪障碍），并受到环境影响（如文化差异，不良的家庭影响，不当的教学和心理因素），但学习障碍并不是由这些因素直接造成的。也就是说，我们不把因智力落后和家庭环境不良所导致的学习成绩落后者当作是学习障碍者，对于这些障碍，我们采取其他的处理方法。

学习障碍的原发症状与继发症状：原发症状是指学习过程本身的能力缺损，如听、说、读、写的某个过程落后。而继发性症状是指因为这种基本学习能力受损而引起的环境、教育等方面的连锁反应，如情绪与动机问题，人际关系问题等。

儿童特质：儿童固有的、稳定的人格特征。包括认知特点与风格，情绪特点与风格。

个别化教育计划（IEP）：根据每一位障碍儿童具体情况制定的教育计划。它是由 IEP 团队、教师和儿童的家长或监护人共同参与，并在适当情况下和障碍儿童本人一起讨论制定的。

本章思考题

1. 如何理解学习障碍的定义？学习障碍与一般的学习成绩落后有什么区别？
2. 什么是学习障碍的原发症状和继发症状？两者的关系是什么？
3. 测评在学习障碍领域有哪些运用？
4. 测评中常用的测验有哪几类？描述各自的特点和适用领域。
5. 如何根据测评目的选择合适的测验？
6. 智力与学习成绩不匹配作为诊断学习障碍的标准有什么优点和缺点？
7. 举例说明认知过程的诊断与评估与学习障碍诊断的关系。
8. 为什么学习障碍的定义排除了环境因素而诊断中却又包括评估环境因素？
9. 学习障碍的各种分类的优点与不足是什么？
10. 如何根据学习障碍儿童的诊断结果制定个别化教育方案（IEP）？

参 考 文 献

刘翔平. 从差异的评估到认知评估的评估：学习障碍评估模式的新趋势. 中国特殊教育，2003，5：69-74.

Daniel P. Hallahan，James M. Kauffman，John Wills Lloyd. Learning disabilities：foundations，characteristics，and effective teaching. Boston：Pearson，2005.

Eileen B. Raymond. Learners with mild disabilities：a characteristics approach. Boston：Allyn and Bacon，2002.

Janet W，Frank Kline. Learning disabilities and related disorders：characteristics and teaching strategies. Boston：Houghton Mifflin，c2006.

Stephen S. Strichart，Charles T. Mangrum. Teaching learning strategies and study skills to students with learning disabilities，attention deficit disorders，or special needs. Boston：Allyn and Bacon，2002.

Tina M. Newman，Robert J. Sternberg. Students with both gifts and learning disabilities：identification，assessment and outcomes. New York：Kluwer Academic Plenum Publishers，2004.

第三章
阅读障碍与解码困难

　　阅读是现代人与人之间进行沟通和获取信息的重要手段。良好的阅读能力是从学龄期就开始培养、训练而逐步形成的。但是由于种种原因，不少学龄期儿童没有顺利地获得这种能力，在完成阅读任务中发生了困难，而其中大部分出现阅读困难的儿童并非智力发育迟滞或大脑损伤，也非缺乏教育环境和机会，而是因为阅读障碍（developmental dyslexia）。阅读障碍是儿童学习障碍的主要类型之一。在美国，有阅读障碍的学生占5%，占学习障碍学生的50%；日本和我国台湾地区阅读困难的检出率分别为5.4%和7.5%。在我国大陆地区由于缺乏标准化的检测手段，不同学者采用不同的标准，因此得出的检测结果也不同，大致范围在4.5%~8%之间。

　　阅读障碍的研究在国外已经有一百多年的历史。近三十年来，它引起了儿童神经病学家、儿童行为学家、教育工作者、心理语言工作者和神经生理学家的广泛兴趣，其研究对于揭示言语获得和识别的认知过程具有重大的意义。但是由于汉语与拼音文字的巨大差别，西方对于发展性阅读障碍的研究结果并不能直接套用到汉语的发展性阅读障碍中。而汉语发展性阅读障碍的研究也才刚刚起步，没有形成像英语阅读障碍研究那样统一而系统的结论，研究手段主要借鉴英语阅读障碍的研究模式，近年来才出现一些依据汉语自身特点的研究模式。

第一节 阅读障碍的定义

阅读障碍一般是指不能进行正常阅读的现象。由于阅读障碍的表现形式多种多样，其实质和成因也极为复杂，阅读障碍人群总体显示出极大的异质性，所以，对阅读障碍进行定义是一件很困难的事情。迄今为止也没有一个关于阅读障碍的统一概念，研究者们试图从各自的专业领域对阅读障碍进行界定。尽管如此，几种有代表性的定义还是被较多地使用。

世界卫生组织国际疾病分类标准编码（ICD-10，1993）将阅读障碍分为获得性阅读障碍（acquired dyslexia）和发展性阅读障碍（developmental dyslexia）。前者是指由于后天脑损伤或疾病引起的阅读困难；后者是指个体在一般智力、动机、生活环境和教育条件等方面与其他个体没有差异，也没有明显的视力、听力、神经系统障碍，但其阅读成绩明显低于相应年龄的应有水平，处于阅读困难的状态中。本书的阅读障碍概念指后者，即发展性阅读障碍。

美国精神障碍诊断与分类手册第三版修订本（DSM-III-R）将阅读困难定义为：显著的识字及阅读理解缺陷，该缺陷不能用精神发育迟滞或不充分的学校教育来解释，也不是视觉或听觉缺陷或者存在着神经系统疾病所致；其口头阅读的特点是省略、歪曲及替代或阅读速度慢而不连贯，其阅读理解也受到损害。DSM-III-R 共有 A、B、C 三项诊断标准，其核心为标准 A。标准 A 规定必须进行个别施测的智力及阅读测验，只有两者间差别明显，即实际的阅读成绩低于其智力预期的阅读成绩才能诊断为阅读障碍。但关于智力水平与阅读水平间差别程度的计算和评定方法未做说明。标准 B 为严重程度标准，指出只有当其影响学习成绩或日常生活才能诊断为阅读障碍。标准 C 为排除标准，排除感觉缺陷和神经系统疾病。

朱智贤主编的《心理学大辞典》（朱智贤，1989）对阅读困难定义如下："一种以不能理解所读材料为特点的阅读障碍。其表现形式有：词汇识别不正确，难以辨别音同、音近或形近的字词，或难以辨别拼音字母，不能把字母与发音相联系；逐字阅读，不能正确停顿，或嘴唇嚅动，发嘘嘘声、喃喃声；缺少理解，难以获取意义，厌恶阅读等。基本上是一种不会阅读的表现。心理学家、教育家和医生对造成此种障碍的原因看法不一，对如何准确归类也没有一致意见。典型的是将它视为一种学习功能的缺失，即儿童阅读水平明显低于同年级水平，但无心智落后、严重的情感问题等失常现象以及文化因素的影响等。为了避免用法混乱，许多研究者采用'特殊发展阅读困难'一词来描绘儿童时期的这种征兆。"

中国精神障碍分类与诊断标准第三版（CCMD-3）将阅读障碍归类为学校技能障碍，特指儿童在学龄早期的同等教育条件下，出现学校技能的获得与发展障碍。这类障碍不是由于智力发育迟缓、中枢神经系统疾病、视觉、听觉障碍，或者情绪障碍所致。多起源于认知功能缺陷，并以神经发育过程的生物学因素为基础，可继发或伴发行为或情绪障碍，但不是其直接后果。在这一分类体系中，符合以下标准的情况可诊断为特定阅读障碍，亦即发展性阅读障碍：①符合特定学校技能发育障碍的诊断标准；②阅读准确性或理解力明显缺陷，标准化阅读技能测验评分低于其相应年龄和年级儿童的正常水平，或相应智力的期望水平，达2个标准差以上；③有持续存在的阅读困难史，严重影响与阅读技能有关的学习成绩或日常活动。

第二节 阅读障碍的认知加工机制研究

阅读障碍的研究源自英语国家，研究历史也比较长，从1895年英国医生金舍伍德（Hinshelwood）第一例个案报道至今已有一百多年时间。由于近三十年来教育科学与心理科学研究的深入，对阅读障碍的了解也越来越多，尤其是认知心理学和心理语言学的出现，为发展性阅读障碍的言语加工过程认知特征提供了重要的依据。

对于发展性阅读障碍的研究，目前主要集中在心理语言学、一般认知加工能力以及脑神经定位和遗传学层面。其中心理语言学层面包括语音意识、正字法意识、命名速度、词素意识，主要研究从字形或字音的刺激信息输入到激活语义系统的解码过程。一般认知加工能力层面的研究包括听知觉加工、视知觉加工、工作记忆和元认知方面，主要发现解码过程中可能出现损伤的环节。

一、阅读障碍的心理语言学研究

20 世纪 80 年代以来阅读障碍研究领域集中于将阅读方面的缺损解释为语言特异性障碍，即语言障碍理论。该理论认为：阅读障碍来源于语言学层次的加工缺陷；阅读障碍者在言语信息的表征和加工上存在障碍，但是他们的其他认知能力和信息加工能力完整无缺；语言加工与其他认知加工是相互独立的模块。

（一）语音意识

1. 英语阅读

英语阅读发展研究的一个重要成果是语音加工能力和阅读能力间因果关系的证实，特别是儿童的语音意识（Bradley，Brayan，1983）。语音意识指儿童对口语中语音单元（如音节、收音、韵尾或音位）的感知和操作能力，典型的测查任务包括音节（音位）计数、删除、添加或替换，首音、韵尾的检测等，它们反映了儿童潜在的语音表征的精细性（Swan，Goswami，1997）。

任务举例：

音节意识测验：

在三个单词中选出与其他两个单词没有相同读音的一个：

A. mood　　　　　　　　B. night　　　　　　　　C. food

音位意识测验：

判断三个单词中相同读音的位置：shout　brown　mouse

A. 首位　　　　　　　　B. 中间　　　　　　　　C. 末尾

语音规则意识测验：

猜测假词读音：coter

A. /kətə/　　　　　　　B. /kəuti/　　　　　　　C. /katə/

语音缺陷假说（phonological deficit hypothesis）认为，语音在儿童阅读能力发展中占用重要的地位。用语音意识测验来测查儿童对基本语音单位的鉴别和操作能力，发现阅读障碍儿童在反映语言发展水平的语音意识测验中得分显著低于正常儿童。这表明语音意识与儿童的阅读能力有直接关系。语音限制假说（phonological limitation hypothesis）认为由于语音加工过程中的"瓶颈"现象——语音编码、保持及输出的容量、速度等方面有一定的限制——导致了儿童在阅读及其他语言技能上出现了问题。语音核心缺陷假说（phonological core deficit），认为对音素的不敏感及其他以语音为基础而产生的问题导致了以后的词汇认知困难，词汇认知上的问题又引起了阅读障碍儿童其他方面的问题。阅读障碍者在语音领域中普遍存在着同样的缺陷，但语言和认知的其他方面，存在的问题各不相同。

瓦格纳和泰格森（Wagner & Torgesen, 1987）对有关语音加工技能和阅读发展关系的研究进行了综述，发现儿童入学前的语音意识成绩对入学后的阅读成绩有显著的预测作用，语音意识训练可以显著提高儿童的阅读成绩，证实了语音加工能力和阅读发展间因果关系的存在。席尔（Share, 1995）认为良好的语音意识有助于儿童洞察到拼音文字记录语言的本质，如字素-音位的对应有利于掌握拼音字母规则（alphabetic principle），儿童可以利用这个知识解码新遇到的单词。这为阅读发展提供了一个自我教学机制：一定水平的语音译码技能是阅读发展顺利进行的必要前提。

2. 汉语阅读

在对汉语阅读的研究中，不少研究者也得出了同样的结论。中国台湾学者洪慧芳和曾志朗（1995）认为语音分析能力缺乏、语音记忆能力不佳是造成儿童阅读障碍的主要原因。黄秀霜（1997）使用视决策言语语音测验考察汉语阅读困难儿童与正常儿童在视觉辨认与语音意识上的差异，结果发现儿童的视觉辨识、视觉记忆、音素觉识、声调觉识都对阅读障碍儿童的语文成就有预测能力。宋华、舒华（1995）发现，语音在语义通达中的作用随儿童阅读技能提高而发生转换。儿童阅读水平越高，就越依靠字形到语义的直接通路，语音在语义通达中的作用就越小，而阅读发展水平低的儿童较多地依赖语音编码的激活来通达语义。刘文理、刘翔平等人（2006）在对汉语发展性阅读障碍的亚类型研究中也发现语音缺陷型是汉语发展性阅读障碍的主要亚类型之一（45%），他们在汉字识别时有更多的语义错误，对声旁中的部分语音线索不敏感。

（二）正字法规则意识

1. 英语方面

然而语音译码能力并不能解释儿童阅读成绩的全部变异。席尔认为单词识别技能个体差异的第二个来源是儿童的正字法技能（Share, 1995）。正字法技能一般包括特定单词的正字法模式的建构和正字法规则的抽取（如字母结合频率和位置频率的知识）（Siegel, Share, Geva, 1995）。所谓的正字法技能是指字（单词）的组合的合法性与不合法性，也包括构成字（单词）的部件可能出现的序列。正常的阅读者能熟练使用这些知识，而且他们还知道单词在一定条件下受到的限制和各种可能性。拼音文字研究中常用的正字法技能测查任务包括字母串选择（要求被试从成对的字母串中选出更像真词的一个字母串）、同音词选择（被试根据要求从发音相同的两个单词中选出目标词）及拼写测验等任务（Cunningham, Stanovich, 1990; Cunningham, Perry, Stanovich, 2001）。

任务举例：

字母串选择：

请在以下字母组合中选出更像单词的字母组合：

A. meed　　　　B. emed　　　　C. emmd　　　　D. eemd

同音词选择：

请选出合适的单词填入句子：

Jones will_____Carry at her office.

A. meet　　　　B. meat

维多斯等人（Vadois, Gerard, Vanault, Dugas, 1995）的研究表明，发展性阅读障碍主要由正字法加工缺陷引起，词形错误有时与语音错误同时出现，但在很多情况下会单独出现。即出现混淆特征相近的词的情况，如 b 和 d, p 和 q, m 和 n 混用的情况。进一步的研究也发现阅读障碍者在词形的整体知觉、词形的细节信息识别、视觉刺激的运动特征识别等方面都存在不足和缺陷。坎宁安等人（Cunningham，Perry，Stanovich，2001）对62名一年级儿童进行了三年的追踪研究，系统地测查了语音加工能力、正字法加工技能和阅读经验对字词识别能力的预测力。结果表明在语音加工能力得到控制后，正字法技能仍显著地解释了单词识别技能的独特变异，语音技能和正字法技能对阅读发展具有各自独特的贡献。

2. 汉语方面

相对于拼音文字，汉字是以形表意的文字，其形旁往往可以起到揭示字意的作用。汉字的表音性差，其同音字多且没有严格的形－音对应或形－音转换规则，但仍然有三分之一左右的汉字是根据其声旁发音的，且形声字占汉字总数的80%以上。并且汉字是方块字，其部件和字形复杂，每个汉字都是结构紧密的图形。故在汉字的学习中，对字形的理解比在英文的学习中所占的比重要大得多。舒华等人的研究证明确实存在着汉字的结构理解能力，这种能力在小学二年级已经萌发，二年级以上儿童已掌握了有关形旁、声旁组合的规则。这种能力随着年级的增长而发展，随着儿童识字量的增加，儿童越来越多地意识到形声字结构的语音线索，并在字的读音中利用这种线索。语文能力高的儿童比语文能力低的儿童更多地利用形声字中的语音线索来推断汉字的读音。到了五年级时，这种字形结构理解能力基本达到了成人水平（舒华，2000；舒华，曾红梅，1996；李娟等，2000）。刘翔平等人在对汉语阅读困难儿童字形结构理解能力的研究中发现，阅读困难组在同音字字义辨别能力上落后于正常组，形旁和声旁推理能力也落后于正常组，表明阅读困难儿童缺少语音和语义编码的方法和技巧，不能理解汉字的各部件或偏旁组成的形音义匹配规则，他们识别汉字更多采用随意猜测的方式（刘翔平，李红文，杜雯翀，李梅，2004）。刘文理、刘翔平等人（2006）在对汉语发展性阅读障碍的亚类型研究中也发现近三分之一的阅读障碍儿童具有正字法缺陷，但单一正字法缺陷的阅读障碍儿童并不多，多数都伴有其他障碍。

(三) 命名速度

快速命名指对熟悉的物体图片、颜色、数字或字母等材料进行快而精确的命名的能力。视觉命名速度缺陷通常导致字词解码速度慢，精确性差，进而损害阅读理解能力，减少可利用的认知资源，如掌握信息、语法和理解文章内容。双重缺陷假说 (the double-deficit hypothesis) 认为，语音缺陷与命名加工过程中存在的缺陷是两个相互独立的机制，它们都是造成阅读障碍的原因，可单独分别存在于不同的阅读障碍者身上，两者共同存在则会导致严重的阅读障碍。阅读障碍儿童有命名速度障碍，而且这种障碍不能由智力、语言表达、阅读经验来解释，也不隶属于语音加工过程。这一障碍得到了来自荷兰语和德语研究的证实。

鲍尔斯等人 (Bowers, Swanson, 1991) 的系统分析表明快速命名技能独立于语音技能，主要预测了单词识别的精确性、正字法技能和阅读流畅性。凯尔等人 (Kail, 1994) 测查了儿童的加工速度、命名速度、单词识别及阅读理解成绩之间的关系，分析表明儿童的加工速度预测了命名速度，后者又预测了儿童的单词识别技能。快速命名可能反映了儿童的一般加工速度能力也得到其他研究的证实 (Cutting, Denckla, 2001)。卡廷等认为加工速度可能作为一个一般的限制条件，对正字法知识、单词识别技能的发展产生影响；而儿童的加工速度超过一定的水平后，语音技能、正字法技能等特定领域的知识对单词识别会有更大的影响 (Cutting, Denckla, 2001)。

何等人考察了中国香港汉语阅读障碍儿童的认知缺陷模式，分析表明阅读障碍组中一半的儿童有快速命名缺陷 (Ho, Chan, 2002)。周晓林、孟祥芝 (2001) 在研究汉语发展性阅读障碍时发现，阅读障碍儿童命名潜伏期长于控制组儿童，这与福赛特和何等人 (Fawcett, Nicolson, 1994; Ho, Lai, 1999) 在要求儿童命名连续呈现的单词、字母、数字、物体、颜色的任务中，阅读障碍儿童命名速度显著慢于正常读者的结果一样。吴思娜、舒华等人 (2005) 在考察语音意识、语素意识和命名速度在儿童汉语阅读中的作用时发现，语素意识和命名速度对汉字命名组词具有显著的预测作用。

41%的阅读障碍存在命名速度缺陷。刘文理、刘翔平等人（2006）在对汉语发展性阅读障碍的亚类型研究中也发现快速命名缺陷型是汉语发展性阅读障碍的主要亚类型之一（41%），他们在汉字识别时主要依赖声旁线索，表现出阅读发展的一般迟缓。

（四）语素意识

语素是文字符号系统中最小的形、音、义结合单位，语素意识反映了儿童对语言中最小的音义结合单元的感知和操作能力，如单词中的前缀、后缀、词根等单元，一定程度上测查了儿童的语义技能（Nagy，Berninger，Abbott 等，2003；Casalis，Louis-Alexandre，2000）。儿童的语义知识对单词识别技能的发展也有独特的贡献（Nation，Snowling，1998）。内森等人研究了有阅读理解困难的儿童的单词识别技能，这类儿童解码技能与正常儿童类似，有语义信息通达和提取的困难，结果表明这类儿童阅读低频词和不规则词的反应时和精确性都显著差于正常儿童，而低频不规则词的精确识别需要语义编码的支持（Nation，Snowling，1998）。纳吉等人的研究表明词汇知识、语素意识、语音意识和正字法技能与单词识别能力都有显著相关，其中词汇知识、正字法技能和语音意识显著预测了二年级儿童的单词识别能力；四年级儿童仍然在学习将单词中的正字法、语音和语素线索进行整合（Nagy，Berninger，Abbott 等，2003）。卡萨利斯等在一项追踪研究中考察了语素意识、语音意识和阅读发展间的关系，被试为50个法语儿童，采用的语素意识任务包括句子填充、语素分离和融合、语素产生等；结果表明儿童幼儿园时的语音意识成绩显著预测了一年级的阅读成绩，语素意识成绩显著预测了二年级的阅读成绩（包括解码和理解）（Casalis，Louis-Alexandre，2000）。

汉语的语素意识主要包括三个方面：词素意识（morpheme awareness）指对词的内部结构的意识，如复合词"牛奶"中词素"牛"和"奶"的关系；同音和同形词素意识（homograph awareness）指对汉语中同音和同形词素的区分能力，如在口语中区分"书本"的 /shu/ 和"梳子"的 /shu/；形旁意识（radical awareness）即对汉字的结构意识，如形声字"妈"中形旁"女"的作用(吴思娜,舒华,王彧,2004)。吴思娜、舒华等人的研究表明,76%的汉语阅读障碍儿童存在语素意识缺陷,语素意识在命名组词和同音字识别任务中作用都是显著的,但是目前的研究还不能精确地说明语素意识和阅读之间相互影响的机制以及语素意识的实质(吴思娜,舒华,刘艳茹,2005)。

(五) 语义和句法加工

语义加工是指对阅读材料意义的理解,一般包括单词意义加工和句子意义加工两种水平。

从理论上来讲,每个词语的意思都在一定的语义网络中进行了编码,并且能够从网络中提取出来。在一定的语境中,语义加工与对单词的提取有关。对于拼音文字系统,研究者发现,随着阅读技巧的发展,语义因素在阅读中占据越来越重要的位置。

研究表明阅读障碍儿童在阅读单个词时比阅读句子更容易也更多地犯语义上的错误,尤其是在阅读那些没有任何背景线索下出现的单个词。换句话说,阅读障碍儿童似乎对句子进行语义加工的技能相对好一些。例如在改错练习中,面对一些结构正确却没有意义的句子,如"花在花园中飞"、"夏天下雪"等,阅读障碍儿童在改错上没有表现出太大困难,这一结果与改正有句法错误的句子形成了鲜明的对比。拉维特的研究发现了语义加工与其他加工的分离,对于有些阅读障碍者来说,在阅读过程中即便其他几个过程都表现很差,但语义加工却是可以进行的(Lovett,1990)。

句法加工是指语言的基本语法结构的理解,主要通过句法意识来体现。句法意识即理解句法的能力,这种能力是流利而快速地阅读文章的关键。它通过促进学生对课文预测的敏感性来帮助学生利用上下文关系进行阅读,而且它还使个体对句子序列中紧接着的词有一种预期。艾里和维斯研究表明,最初的阅读者是通过在句子中掌握连词的用法才学会含有关联词的句法的。

考察句法意识常用的是口头填空任务,其次是病句改正任务和 Llhinis 语法填空测试。实验表明,阅读障碍儿童在句法意识方面存在明显的缺陷,而且，复杂句法的理解和阅读理解水平有很高的相关。西格尔的实验研究发现，与正常儿童比较，阅读障碍儿童在课文阅读过程中缺乏句法意识而犯的错误比率非常高，他们在句法意识方面存在着发展滞后的现象（Siegel，1991）。随后的一些关于发展性阅读障碍研究的结果（Demont，1996）支持了上述观点，显示了句法意识与儿童阅读能力发展的紧密关系。

二、阅读障碍的一般认知加工领域研究

（一）知觉加工

知觉障碍理论认为，阅读障碍是由于更深层、更基本的视觉与听觉障碍造成的，其根本原因在于非语言的听觉和视觉能力的损伤或发展不完善。这类理论的核心是阅读障碍没有语言特异性，不局限于语言学层次。应该说，它与语言障碍理论并不完全相互矛盾，在很大程度上是互补的。

研究者发现，很多阅读障碍者经常混淆镜像的字母（b/d）和相似的字母（m/n），这是由于对视觉刺激特征识别上的缺陷导致了阅读障碍者在词形的整体知觉、词形的细节信息识别上出现困难。孟祥芝等（2002）采用阅读流畅性测验、图片命名测验、字形相似性测验、语音意识测验和视觉阈限测验等考察了动态视觉与阅读的关系。结果表明，当控制了识字量的影响之后，动态视觉加工技能能够显著解释阅读流畅性、字形相似性判断反应时和图片命名错误率的变化问题。但目前关于阅读障碍者是否存在视觉加工缺陷的研究结果还很不一致，曾志朗等人的研究就没有发现阅读障碍者与正常儿童的视觉加工有差异。

视觉巨细胞障碍假设（visual magnocellular deficit）认为，阅读障碍者视觉神经系统中的巨细胞障碍导致他们对某些类型的视觉刺激加工存在困难，进而影响阅读。此理论提出于20世纪80年代初，由于整个80年代统治阅读领域的主导观点是语音障碍假设，因此巨细胞理论没有引起广泛关注。90年代后，随着神经科学的发展，人们越来越重视行为的内在神经机制，巨细胞理论直接把阅读障碍的行为表现与神经机制联系起来，其影响迅速扩展开来。

研究者根据巨细胞的功能提出了一些预测。斯坦认为,巨细胞与眼动控制、运动知觉有关,巨细胞障碍会导致眼动控制不稳,进而产生视像模糊,也会使运动知觉阈限提高。许多心理物理学实验发现阅读障碍者一致性运动知觉阈限提高,视觉运动速度分辨力差,直接证实了斯坦的上述推测。劳芙格罗认为巨细胞障碍表现为在眼动过程中巨细胞不能有效地抑制小细胞,从而导致在低空间频率下视觉暂留(visible persistence)时间长,对比敏感度下降。然而,这种观点只得到部分实验的支持,这主要是因为阅读障碍群体的异质性,不是所有阅读障碍者都有视觉加工障碍。

听觉加工障碍假设(auditory processing deficit)观点认为阅读障碍不仅仅局限于语言学的语音加工领域,他们的非语言快速听觉加工能力也存在障碍。语音分析依靠声音的听觉特征,听觉特征由声音频率和波幅的变化决定,而对声音频率和波幅变化的加工和知觉是通过听觉系统实现的。阅读障碍者听觉加工能力受损影响了他们对言语动态声学模式觉察和加工能力的发展。听觉加工障碍理论的提出至少可以追溯到20世纪60年代早期,埃弗龙(Efron)提出获得性言语障碍由快速听觉加工能力受损导致。

劳芙格罗提出的时间控制障碍假设(temporal processing deficit)认为阅读障碍的语音加工和视觉障碍可能反映了普遍的内在过程,他认为在不止一个知觉模式中加工快速呈现刺激上的差异,可能反映了阅读障碍有一般的知觉时间控制问题。近期有研究发现,觉察快速变化视觉信号有困难的人同样在觉察快速声音变化上有问题,而且这种障碍的严重性与人们的读写能力相关。这为时间控制障碍假设提供了证据。时间控制障碍假设反映了阅读障碍领域不同研究发现和观点走向融合的趋势,研究者不再以孤立的模块观点看待阅读与阅读障碍,而是看成与其他认知功能相联系的加工过程。

(二)工作记忆

工作记忆加工是指在对输入的信息进行加工时能在短时期内保持信息和从长时记忆中提取信息的能力。工作记忆与阅读有着密切的关系,能够帮助阅读者提取或加工单词结构、语音和意义。大量实证研究结果都显示阅读障碍儿童在工作记忆加工方面确实存在很多困难，集中表现在如下两个方面：一是基本加工过程的缺陷，即阅读障碍儿童在对语音信息和字形信息的编码和提取上存在困难；二是掌握策略的缺陷，即阅读障碍儿童不善于利用策略帮助记忆，他们很少会利用一些积极的、计划性的控制策略来促进记忆。

这方面研究的基本框架是基于巴德利的多成分工作记忆模型（multiple component model，Baddeley，1986）。该模型包括三个子系统：语音回路（phonological loop）、视空间模板（visuospatial sketch pad）以及一个形式自由的中央执行控制系统（central executive）。其中，语音回路负责当前言语信息的贮存，而其中贮存项目的有效时间是有限的。视空间模板负责视觉空间信息的贮存，它的有效时间也很短。这两种贮存系统都与中央执行控制系统直接相连。中央执行控制系统主要负责这一认知系统内部的协调活动，而且，当认知加工要求较高时，它还负责从语音回路、视觉空间模板、或一般系统（即长时记忆，LTM）中获取资源。很多研究表明，阅读障碍者的记忆问题反映了他们在选择性注意、组织、复述和语音编码方面的困难，而这些困难都处于中央执行系统的控制之下。

西格尔等人在对6~10岁儿童的字形记忆研究显示，与正常组相比，阅读障碍儿童的字形工作记忆加工存在明显的缺陷。阅读障碍儿童在工作记忆方面的缺陷主要集中在基本加工过程的缺陷上，即阅读障碍儿童在对语音信息和字形信息的编码和提取上存在困难（Siegel，Ryan，1998）。张承芬等发现阅读困难儿童在视觉空间删除、词语理解、一般信息理解、口语短时记忆和非词语短时记忆上存在落后，并且对图形的记忆和加工能力也较差（张承芬，张景焕，常淑敏，2001）。程灶火和龚耀先（1998）对比汉语阅读障碍学生与正常学生的短时记忆和工作记忆发现，学习障碍与正常儿童关于数字广度、汉字广度和符号记忆的工作记忆能力有显著差别。金志成等采用二因素混合实验设计，在严格控制的实验条件下，比较了学习困难生和正常学生在工作记忆容量上的差异，结果发现学习困难生在工作记忆容量上显著低于学习正常学生（金志成，隋洁，1999）。张明等人采用工作记忆广度、提取错误值、提取速度三项指标，评估了学习困难学生和正常学生的视空间工作记忆能力。结果表明，在低负载和高负载的这样两种情况下，学习困难学生的工作记忆能力都显著低于正常学生（张明等，2002）。

（三）元认知

元认知是指个体在学习中对自身认知活动的觉察、监控、调整和控制的能力（Palincsar，1986），属于一种复杂的高级认知能力。一个成功的学习者需要更多的背景知识和学习策略，这都是元认知能力的重要组成部分。很多阅读困难儿童缺乏阅读技能与其元认知能力不足有很大的关系，他们不能利用元认知能力来补偿其在阅读技能方面的不足，这一结论目前已得到了许多实验研究的支持。

研究发现，与正常学生相比，有阅读障碍的学生在采用认知策略理解课文方面明显不足。但是通过对阅读障碍学生实施元认知促进干预训练，就会对他们的阅读理解产生积极的作用。研究显示，有阅读障碍的学生往往缺乏复杂的元认知技能（Wong，1986）。王研究了三组学生（阅读能力强、阅读能力中等和阅读困难学生）在词汇难易程度、段落有无组织方面的元认知知识对学习时间的影响作用问题，发现阅读障碍学生在学习有较难词汇的段落时花费更多的时间，而在学习有组织和无组织的段落上并没有表现出时间的显著差异；而阅读能力强的学生，在词汇难易不同的段落理解上，并没有表现出明显的时间差异，但在有组织和无组织的段落理解上，他们在花费时间方面有着明显差异。这说明，阅读困难学生在阅读的元认知策略的运用上远不如正常学生，但阅读困难学生同样拥有阅读的某个特定方面的元认知技能，如他们在每天的阅读过程中发展起来的对段落中难单词的意识，然而他们花费了过多的时间集中于对一些难单词的解码上，元认知的大部分资源都被单词解码过程占用了，剩下用于阅读理解的资源就很有限了。

阅读困难儿童在元认知方面存在的另一问题是，他们难于将已有的元认知知识调动出来（王燕，俞国良，2000）。虽然元认知概念在解释阅读障碍儿童阅读理解成绩差这方面有一定的意义，但元认知总是与一定的元认知知识相联系的。研究发现，阅读障碍学生和学习优秀者在认知问卷回答方面并没有什么不同。这表明阅读障碍儿童在他们的长时记忆中，也许储存着许多相关的元认知知识，但他们总是无法及时启动并利用自己所拥有的这些元认知资源（mcbride-Chang，1993）。

元认知对阅读具有明显的补偿作用。有的研究者发现，有较高元认知技能的儿童可以通过评估有关认知的特定知识来弥补其解决问题过程中学业能力方面的不足。另外，与低认知水平的被试相比，高认知水平的学生更有可能正确地控制答案的正确与否。这表明了元认知的补偿作用（Likewise，Slife，1995）。

（四）遗传学研究

临床观察及流行病学调查均发现阅读困难有家族倾向（Raskind，Hsu，Berninger，Thohmon，Wijsman，2000）。阅读障碍儿童一级亲属中阅读困难的发病率高达45%以上（Finucci，Guthrie，Childs，Abbey，Childs，1976）。来自基因的连锁分析提示在第15对染色体上存在有以常染色体显性方式遗传的一个基因位点。有研究试图在第6对染色体上确定基因位点（Gayán，Smith，Cherny，Cardon，Fulker，Brower，Olson，Pennington，DeFries，1999），已经有研究证明，人类的阅读障碍和免疫障碍有关联，这提示第6对染色体的人类白细胞抗原（human leukocyte antigen，HLA）部位可能包含导致阅读和拼写障碍的候选基因。

奥尔森等通过双生子样本发现遗传因素对阅读测验成绩有显著的影响，发现在另一项双生子研究中，Alarcon等考察了一般认知能力和阅读成绩的关系，结果发现共同的环境并不能对二者的共变产生显著的影响，相反，遗传因素对二者的关系却具有显著的影响。卡特斯等区分出两种阅读困难亚类型——发展性语音阅读困难和发展性表层阅读困难。其中发展性语音阅读困难表现为非词阅读能力差，发展性表层阅读困难表现为不规则词阅读困难，并且遗传对两类阅读困难都表现出显著的影响，但对发展性语音阅读困难的影响显著大于对发展性表层阅读困难的影响。盖伊等区分出阅读能力的四种构成技能——单词再认、正字法编码、语音解码和语音意识，并发现四种技能都受到遗传因素的显著影响。

三、阅读障碍的脑认知研究

19世纪的神经科学家们试图将大脑的特定部位与一定的功能相联系。法国人皮埃尔·保罗·布洛卡于1861年将表达性失语定位于大脑左半球布洛卡区，德国人卡尔·威尔尼克于1874年将感觉性失语定位于威尔尼克区，从而把语言障碍与大脑左半球相联系。欣谢尔伍德认为阅读困难是由于大脑半球左侧角回与右侧角回视觉皮质的联系中断。奥顿则认为阅读困难是一种语言功能障碍，他观察到许多阅读困难患者是左利手，因而认为阅读困难左半球语言优势或一侧化未得到充分发展。较一致的看法是：大脑两半球结构及功能一侧化方面异常，具体表现为阅读困难儿童左半球白质增多，顶叶皮层细胞有错位和异构现象（Sylvia, Richardson, 1992）。荷兰以德克为首的研究人员提出平衡模型说解释阅读困难（Dirk, Bakker, 1992）。该学说认为，初学者阅读时的模式是右脑优势的阅读模式，即擅长分析文字的知觉特征，表现为阅读慢、倾向于片段式阅读。而成熟的阅读模式是左脑优势的阅读模式，即擅长分析文字的语音特性。部分阅读困难儿童始终停留在右脑优势的阅读模式阶段，表现为阅读慢、费力，贝克称他们为P型失读。另一些儿童则过早地形成左脑优势的阅读模式，以至于右脑优势的阅读模式还未充分形成，表现为阅读速度快、忽视文字的知觉特征，因此容易出现省略、歪曲等现象。贝克称之为L型失读，大约有60%的阅读困难可归为P型或L型。

认知神经科学介入学习障碍的研究只有十几年的历史，但取得了丰硕的成果，其采用新的研究手段主要有功能性磁共振成像（fMRI）、正电子发射断层扫描（PET）和事件相关电位（ERP）等技术，这些技术因其精确的脑区定位和直观的数据为研究者们探讨学习障碍的认知机制提供了更多的可能性，打开了新的视角。而ERP因其高时间分辨率、无创伤性和适应年龄广而备受关注。学习障碍的ERP研究与行为实验以及其他脑成像技术研究相互印证（Zeffiro, Eden, 2000）。早期研究主要集中在简单听觉和视觉诱发电位变化，现在已经扩展到注意和语言加工。通过ERP研究，能够确定是否存在特定的大脑异常以及语言信息加工障碍，并全面评估学习障碍的神经心理类型。目前，ERP研究已经实证，阅读障碍儿童在对刺激的感知觉加工、注意资源分配以及语义加工方面都可能存在缺陷。

研究者通过脑成像技术不仅发现了阅读障碍者大脑两半球结构稍异于常人，显示出其可能在视听觉方面存在障碍，还发现阅读障碍者在完成语言任务时，与语言加工密切相关的脑区，如左侧颞顶区、颞上回、角回等，有显著的激活减少，说明阅读障碍者在形音转换等方面的确存在加工困难的问题。

第三节　阅读障碍的理论解释

词义通达是指人们通过视觉或听觉，接受输入的词形或词音信息，并提取词义的过程。词具有形、音、义三种属性，在书面词的识别过程中，词形和语音，特别是语音在词义通达中的作用问题一直是近年来研究的焦点问题。有关词义通达主要有的两种理论模型，即双通道模型（dual-route model）和平行分布加工模型（parallel distributed processing model）。

（一）双通道模型

双通道理论是在语音中介理论（phonological mediation theory）和直通理论（direct access theory）基础上发展而来的（见图3.1）。语音中介理论认为，词汇识别过程中，词形信息首先激活语音表征，然后由此激活词义，语音在词义通达中起着重要的甚至中介的作用；直通理论认为，在词汇识别过程中，视觉输入的刺激被映射到词形表征上，词形表征的激活直接导致存贮的词义的激活，语音在词义通达中作用不大，或者说，语音的获得是词义通达以后的一个附加过程。直通理论认为，尽管在言语获得的初期，语义的获得首先要与语音信息相联系，但是随着阅读水平的提高，成人阅读者可以直接由词的形态特征直接提取词义。双通道理论认为，在词义提取过程中，直通和语音中介两条通路同时并存，每条通道都有机会决定词义的激活，但最终由哪条通道通达词义取决于词频、读者的熟练程度和任务要求的记忆深度（陈宝国，彭聃龄，2000）。

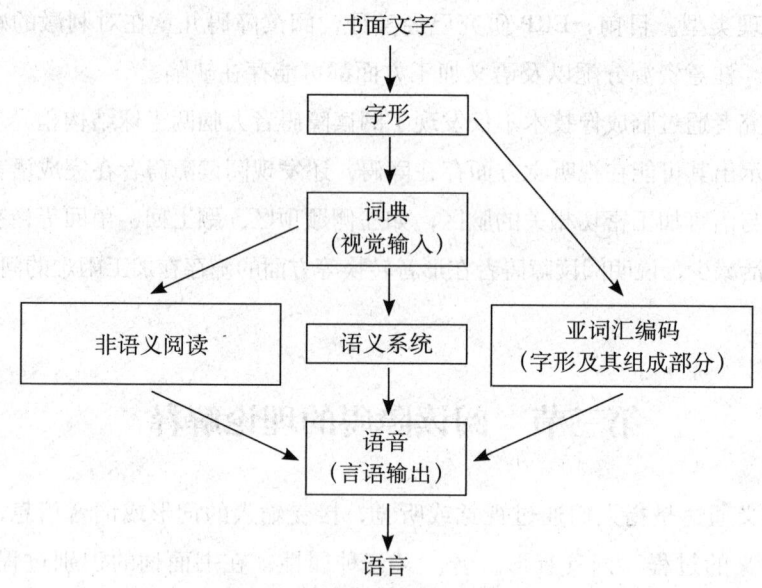

图 3.1　双通道模型示意图

双通道模型预测发展性阅读障碍存在着词典通路和亚词汇通路的障碍，前者即为表层阅读障碍，后者为语音阅读障碍。表层性阅读障碍在涉及专门化词汇知识的任务上相对较差，不能利用词典通路通达词汇，研究中通常以例外词的成绩作指标。而语音阅读障碍则是没有很好地掌握形音对应规则，不能有效地利用亚词汇通路通达词汇，研究者通常用无意义词来测查被试是否具有语音译码技能。但主张"语音障碍"的布莱恩特和同事对是否存在明确的表层阅读障碍表示怀疑，他们使用水平对照组研究发现，阅读障碍组与水平对照组的最主要区别是正常儿童在无意义词（nonsense word）的译码方面好于阅读障碍组，而表层阅读障碍组与水平对照组没有明显的差异，即表层障碍组在完成阅读语音任务时亦表现较差（Bryant，Impey，1986）。柯西亚认为布莱恩特等人匹配水平对照组的方法有问题，如何匹配阅读水平会影响所得的结论，如研究者通常匹配单个词的译码能力，而非无意义词的译码，这种匹配有利于在阅读障碍组发现语音障碍（Coltheart，1987）。但实际的情况是研究中常常发现大多数阅读障碍者在两个任务上都很差（Castles，Coltheart，1993），双通道理论认为这是因为他们的词典通路和亚词汇通路都受到了损害。

(二)平行分布加工模型

平行分布加工模型假设语言认知系统由成千上万个相互联系的加工单元组成(见图 3.2)。每个单元都具有相同的简单功能,即输入、输出和激活状态。靠这些单元之间的联结进行信息加工活动。平行分布加工模型并不把记忆看作是贮存在大脑中的一组事实或事件,而把记忆看作事件以成组或单元模式被获得时的一组关系,所贮存的是这些模式单元间所建立的联结。学习也就是建立单元间适当的联结强度,在一定的环境下激活正确的模式。平行分布加工模型与双通道模型的最大区别是,它没有特定的词条,只有结点和联结组成的网络,各种信息分布表征,没有词典通路和非词典通路的区分(孟祥芝,舒华,1999)。

赛登伯格和麦克里兰提出了一个词汇命名识别的并行分布加工的神经网络模型,这个模型没有词汇与亚词汇信息的等级结构的区分,正字法、语音和语义等信息采用代码的形式分布表征。代码表征之间是以隐单元

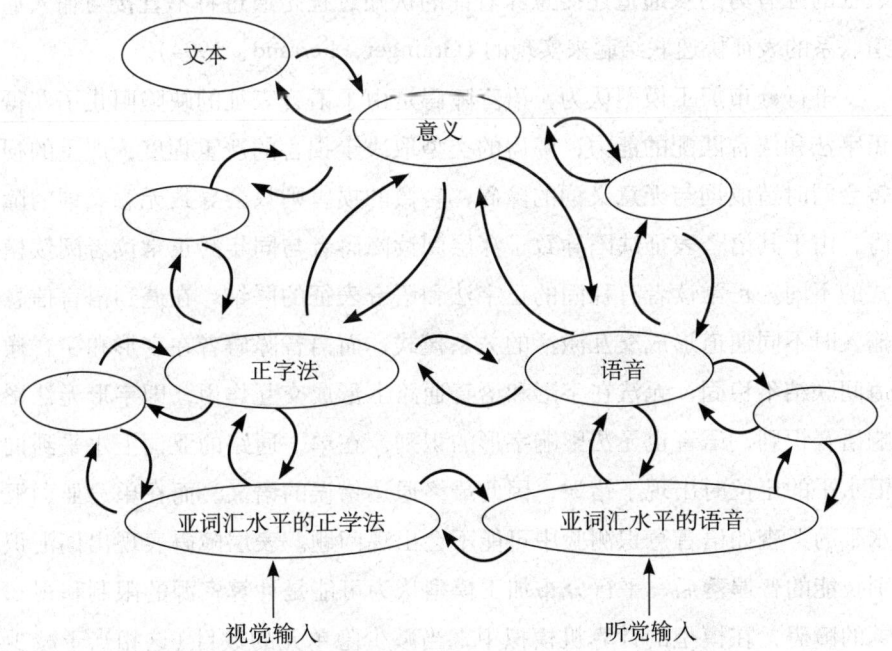

图 3.2 平行分布加工模型示意图

为中介相互作用的,词汇识别则由各种代码联结的权重决定(Seidenberg,McClelland,1989)。麦克里兰和罗米哈特提出了交互作用的激活模型。认为字母、词、特征水平的信息在词的知觉过程中是平行分布、相互作用的,有一个从词汇水平信息到字母水平信息的反馈环(McClelland,Rumelhart,1981;Rumelhart,McClelland,1986)。艾伦等在证明整词识别通路的基础上提出了一个视觉识别词的基于整体的混合模型(Allen,Wallace,Weber,1995)。这个模型认为,存在两条通路。正字法通路分为词水平(直达中央加工器)、音节水平和字母水平的通路(通过叠加到达中央加工器)。一个词到达中央加工器的通路是由赛马形式决定的。词汇水平通道编码整词的空间频率形式,音节水平的通道编码音节的空间频率形式,字母水平通道编码中字母的空间频率形式。格雷格和弗兰德提出的跨通道交互激活模型认为,在亚词汇(如字母和语音)和词汇(整词的正字法和语音表征)的水平上,字形和字音表征有强烈的相互联系。单词识别最初由与刺激呈现通道(视觉词为字形,听觉词为字音)直接绑定的表征驱动的。但是,对这些表征的强有力的双通道连接意味着词的认知过程是通过将不直接与输入通道联系的表征快速联结起来实现的(Grainger,Ferrand,1994)。

平行分布加工模型认为,语音障碍是由于语音表征的缺陷阻止了获得正字法和语音匹配的能力,障碍的类型取决于损害的严重程度,严重的损害会同时造成词与无意义词的障碍,轻微的损害则只会导致无意义词的障碍。由于其语音表征缺陷导致了深层阅读障碍者与同年龄正常读者阅读模式的不同。正常读者有稳固的正字法和语音表征的联结,在遇到语言信息输入时不同通道形成交互激活的关系模式,而语音障碍者在字形和字音通道间联结不稳固,无法在字形和语音通路上形成交互作用,即字形无法影响语音识别,语音也无法影响字形的识别,在单一通路的亚词汇水平到词汇水平的定位时出现了错误,因此最终通达错误的语义。而在单一亚词汇水平的考查如语音意识测验中可能不会出现问题。表层障碍表现出词汇识别技能的普遍落后,平行分布加工模型认为可能是计算资源的限制和视知觉的障碍,在模型的计算机模拟中,当减少隐单元的数目(这相当于减少了计算资源)时,模型就会表现出像大多数表层阅读障碍者一样难于学习例外词和无意义词，且例外词难于无意义词，这种资源限制导致的症状与缺少训练的年幼儿童一样，是普遍的发展迟滞。

本章主要概念

阅读困难：显著地识字及阅读理解缺陷，该缺陷不能用精神发育迟滞或不充分的学校教育来解释，也不是视觉或听觉缺陷或者存在着神经系统疾病所致；其口头阅读的特点是省略、歪曲及替代或阅读速度慢而不连贯，其阅读理解也受到损害。

获得性阅读障碍：指由于后天脑损伤或疾病引起的阅读困难。

发展性阅读障碍：指个体在一般智力、动机、生活环境和教育条件等方面与其他个体没有差异，也没有明显的视力、听力、神经系统障碍，但其阅读成绩明显低于相应年龄的应有水平，处于阅读困难的状态中。本书的阅读障碍概念指发展性阅读障碍。

发展性阅读障碍的诊断标准（CCMD-3）：①符合特定学校技能发育障碍的诊断标准；②阅读准确性或理解力明显障碍，标准化阅读技能测验评分低于其相应年龄和年级儿童的正常水平，或相应智力的期望水平，达2个标准差以上；③有持续存在的阅读困难史，严重影响与阅读技能有关的学习成绩或日常活动。

语音意识：指儿童对口语中语音单元（如音节、收音、韵尾或音位）的感知和操作能力，典型的测查任务包括音节（音位）计数、删除、添加或替换，首音、韵尾的检测等，一般被认为反映了儿童潜在的语音表征的精细性。

正字法技能：是指对包括字（单词）的组合的合法性与不合法性，也包括构成字（单词）的部件可能出现的序列的认识。

快速命名：指对熟悉的物体图片、颜色、数字或字母等材料进行快而精确的命名的能力。

语素意识：指儿童对语言中最小的音义结合单元的感知和操作能力，如单词中的前缀、后缀、词根等单元，一定程度上测查了儿童的语义技能。

汉语的语素意识主要包括三个方面：词素意识，指对词的内部结构的意识；同音和同形词素意识，指对汉语中同音和同形词素的区分能力；形旁意识，即对字水平的结构意识。

语义加工：指对阅读材料意义的理解，一般包括单词意义加工和句子意义加工两种水平。

视觉巨细胞障碍假设：阅读障碍者视觉神经系统中的巨细胞障碍导致他们对某些类型的视觉刺激加工存在困难，进而影响阅读。

听觉加工障碍假设：阅读障碍听觉加工能力受损影响了他们对言语动态声学模式觉察和加工能力的发展。其障碍不仅仅局限于语言学的语音加工领域，他们的非语言快速听觉加工能力也存在障碍。

时间控制障碍假设：阅读障碍有一般的知觉时间控制问题。

工作记忆：指在对输入的信息进行加工时能在短时期内保持信息和从长时记忆中提取信息的能力。

多成分工作记忆模型：模型包括三个子系统：语音回路，视空间模板以及一个形式自由的中央执行控制系统。语音回路负责当前言语信息的贮存，而贮存于其中的项目的有效时间是有限的。视空间模板负责视觉空间信息的贮存，它的有效时间也很短。这两种贮存系统都与中央执行控制系统直接相连。中央执行控制系统主要负责这一认知系统内部的协调活动，而且，当认知加工要求较高时，它还负责从语音回路或视觉空间系统，或长时记忆中获取资源。

元认知：指个体在学习中对自己的认知活动的觉察、监控、调整和控制的能力，属于一种复杂的高级认知能力。

词义通达：指人们通过视觉或听觉，接受输入的词形或词音信息，并提取词义的过程。

双通道理论：在词义提取过程中，直通和语音中介两条通路同时并存，每条通道都有机会决定词义的激活，但最终由哪条通道通达词义取决于词频、读者的熟练程度和任务要求的记忆深度。

语音中介理论：词汇识别过程中，词形信息首先激活语音表征，然后由此激活词义，语音在词义通达中起着重要的甚至中介的作用。

直通理论：在词汇识别过程中，视觉输入的刺激被映射到词形表征上，词形表征的激活直接导致存贮的词义的激活，语音在词义通达中作用不大，或者说，语音的获得是词义通达以后的一个附加过程。

表层阅读障碍：在涉及专门化词汇知识的任务上相对较差，不能利用词典通路通达词汇，研究中通常以例外词的成绩作指标。

深层阅读障碍：没有很好地掌握形音对应规则，不能有效地利用亚词汇通路通达词汇，研究者通常用无意义词来测查被试是否具有语音译码技能。

平行分布加工模型：假设语言认知系统由成千上万个相互联系的加工单元组成。每个单元都具有相同的简单功能，即输入、输出和激活状态。靠这些单元之间的联结进行信息加工活动。平行分布加工模型并不把记忆看作是贮存在大脑中的一组事实或事件，而把记忆看作事件以成组或单元模式被获得时的一组关系，所贮存的是这些模式单元间所建立的联结。学习也就是建立单元间适当的联结强度，在一定的环境下激活正确的模式。

本章思考题

1. 简述发展性阅读障碍和获得性阅读障碍在成因、表现方式、矫正方面的异同。

2. 什么是语音意识？其测查内容主要有哪些？在对语音意识的研究中，汉语阅读障碍与拼音文字有什么不同？

3. 什么是语素意识？汉语语素意识的测查内容包括哪些？

4. 工作记忆包括哪些方面？其中涉及阅读过程的部分有哪些？举例说明阅读障碍者在哪些环节上出了问题。

5. 双通路模型和平行分布加工模型对阅读障碍的解释各是什么？举例说明其解释的现象。

参 考 文 献

陈宝国，彭聃龄. 词义通达的三种理论模型及研究简介. 心理学探新，2000，73（1）：42-46.

程灶火，龚耀先. 学习障碍儿童记忆的比较研究——学习障碍儿童的短时记忆和工作记忆. 中国临床心理学杂志，1998，3. 129.

付书伟，水仁德. 语音对双语者心理词典在词汇水平相互作用的影响. 应用心理学，2005，11（2）：166-169.

黄秀霜，谢文铃. 阅读障碍儿童与普通儿童在视觉辨识、视觉记忆与国语文成就之比较研究. 特殊教育学报，1997，12：321-337.

金志成，隋洁. 学习困难学生认知加工机制的研究. 心理学报，1999，147.

李娟等，学龄儿童汉语正字法意识发展的研究. 心理学报，2000，2：121-126.

刘文理，刘翔平，张婧乔. 汉语发展性阅读障碍亚类型的初步探讨. 心理学报，2006，38（5）：681-693.

刘翔平，李红文，杜雯翀，李梅. 阅读困难儿童的字形结构理解能力研究. 中国特殊教育，2004，3：75-78.

孟祥芝等. 动态视觉加工与儿童阅读. 心理学报，2002，1：16-22.

孟祥芝，舒华. 西方发展性阅读障碍研究进展. 心理学动态，1999，7（4）：14-19.

孟祥芝，舒华，周晓林，罗晓辉. 不同阅读水平儿童的汉字字形输出与再认. 心理学报，2000，21.

洪慧芳，曾志朗. 文字组合规则与汉语阅读障碍-对汉语阅读障碍学童的一项追踪研究. 1995；台湾中正大学心理研究所硕士论文.

世界卫生组织国际疾病分类标准编码（1993）ICD-10.

宋华，张厚粲，舒华. 在中文阅读中字音、字形的作用及其发展转换. 心理学报, 1995, 27 (2): 139-144.

舒华. 汉字字形输入过程中的儿童的汉字结构意识. 心理科学, 2000, 3, 29-31.

舒华, 曾红梅. 儿童对汉字结构中语音线索的意识及发展. 心理学报, 1996, 28 (2): 160-165.

舒华, 唐映红, 张亚旭. 汉语双音节同音词词汇歧义消解过程的研究. 心理学报, 2000, 2 (3): 247-252.

王燕, 俞国良. 影响阅读困难儿童信息加工过程的因素. 心理学动态, 2000, 4: 6-11.

王瑜, 王玉玮. 儿童阅读困难病因及机制的研究进展. 国外医学·社会医学分册, 2003, 20 (1): 27-29.

吴思娜, 舒华, 刘艳茹. 语素意识在儿童汉语阅读中的作用, 心理与行为研究, 2005, 3 (1): 35-38.

吴思娜, 舒华, 王或. 4-6年级小学生发展性阅读障碍的异质性研究. 心理发展与教育, 2004, 3: 46-50.

张承芬, 张景焕, 常淑敏. 汉语阅读困难儿童认知特征研究. 心理学报, 30 (1): 50-56.

张明等. 学习困难学生视空间工作记忆提取能力的多指标分析. 心理科学, 2002, 5: 565.

中国精神障碍分类与诊断标准第3版 CCMD-3.

周晓林, 鲁学明, 舒华. 亚词汇水平加工的本质: 形旁的语音激活. 心理学报, 2000, 32 (1): 20-24.

周晓林, 孟祥芝. 中文发展性阅读障碍研究. 应用心理学, 2001, 7 (1): 25-30.

朱智贤, 心理学大辞典. 北京师范大学出版社, 1989.

Allen A P, Wallace B, Weber T A. Influence of cases type, word frequency and exposure duration on visual word recognition. Journal of experiment psychology: Human, perception and performance, 1995, (21): 914-934.

Arturo E H, Antigona M, Kat hryn K. In search of the language switch: an FMRI study of picture naming in Spanish-English bilinguals. Brain and Language, 2000, 73: 421-431.

Beryl S, Ton D, Herbert J S, et al. Recognition of interlingual homophones in bilingual auditory word recognition. Journal of Experimental Psychology: Human Perception and Performance, 2003, 29 (6): 1155-1178.

Bowers P G, Swanson L B. Naming speed deficits in reading disability: Multiple measures of a singular process. Journal of Experimental Child Psychology, (1991) 51, 195-219.

Bradley L, Bryant P E, Categorizing sounds and learning to read: A causal connection. Nature, 1983, 301: 419-421.

Bryant P, Impey L. The similarities between normal readers and developmental and acquired dyslexics. Cognition, 1986, 22: 121-137.

Casalis S, Louis-Alexandre M. Morphological analysis, phonological analysis and learning to read French: a longitudinal study. Reading and Writing: An Interdisciplinary Journal, 2000, 12: 303-335.

Castles A., Coltheart M. Varieties of development dyslexia. Cognition, 1993, 47: 149-180.

Coltheart M, Varieties of development dyslexia: a comment on Bryant and Impey, Cognition, 1987, 27: 97-101.

Conners C K, Cortical visual evoked response in children with learning disorders. Psychophysiology, 1970, 7: 418-428.

Cunningham A E, Perry K E, Stanovich K E. Converging evidence for the concept of orthographic processing. Reading and Writing: An Interdisciplinary Journal, 2001, 14: 549-568.

Cunningham A E, Stanovich K E. Assessing print exposure and orthographic processing skill in children: a quick measure of reading experience. Journal of Educational Psychology, 1990, 82: 733-740.

Cutting L F, Denckla M B. The relationship of rapid serial naming and word reading in normally developing readers: An exploratory model. Reading and Writing: An Interdisciplinary Journal, 2001, 14: 673-705.

Dainer K B, Klorman R, Learning disordered children's evoked potentials during sustained attention. Journal of Abnormal Child Psychology, 1981, 9: 95-105.

De Bleser R, Dupont P, Postler J, et al. The organisation of the bilingual lexicon: a PET study. Journal of Neurolinguistics, 2003, 16: 439-456.

Dirk J, Bakker, Neuropsychological classification and Treatment of Dyslexia, Journal of Learning Disalities, 1992, 25(2): 102-109.

Elise Temple. Brain mechanis in normal and dyslexic readers. Current Opinion in Neurobiology, 2002, 12: 178-183.

Fawcett A, Nicolson R, Dyslexia in children: multidisciplinary perspectives. Harvester Wheatsheaf, 1994.

Finucci J M, Guthrie J T, Childs A L, Abbey H, Childs B. The genetics of specific reading disability. Ann Hum Genet, 1976, 40(1): 1-23.

Gayán J, Smith S D, Cherny S S, Cardon L R, Fulker D W, Brower A M, Olson R K, Pennington B F, DeFries J C. Quantitative-trait locus for specific language and reading deficits on chromosome 6p. Am J Hum Genet, 1999, 64: 157-164.

Geyer A, Grainger J, Holcomb P J, ERP study of masked word and pseudoword repetition priming. Journal of Cognitive Neuroscience, 2004, 16 (Suppl.), 104.

Gollan T H, Forster K I, Frost R. Translation priming with different scripts: masked priming with cognates and noncognates in Hebrew-English bilinguals. Journal of Experimental Psychology: Learning, Memory, and Cognition, 1997, 23: 1122-1139.

Grainger J, Ferrand L, Phonology and orthography in visual word recognition: Effects of masked homophone primes. Journal of Memory & Language, 1994, 33, 218-233.

Ho C, Lai D, Naming speed deficits and phonological memory deficits in Chinese developmental dyslexia. Learning and Individual Differences, 1999, 11: 173-186.

Ho C S-H, Chan DW-O, Tsang S-M, et al, The cognitive profile and multiple-deficit hypothesis in Chinese developmental dyslexia. Developmental Psychology, 2002, 38: 543-553.

Holcomb P J, Anderson J E, Cross-modal semantic priming: A time-course analysis using event-related brain potentials. Language and Cognitive Processes, 1993, 8, 379-412.

Holcomb P J, Anderson J, Grainger J, An electrophysiological study of cross-modal repetition priming, Psychophysiology, 2005, 42, 493-507.

Ilse V W, Marc B. Visual word recognition in bilinguals: phonological priming from the second to the first language. Journal of Experimental Psychology: Human Perception and Performance, 2002, 28 (3): 616-627.

Johnstone J, Galin D, Fein G, et al. Regional brain activity in dyslexic and control children during reading tasks: Visual probe event related potentials. Brain and language, 1984, 21: 233-254

Kail R, Hall L K. Processing speed, naming speed, and reading. Developmental Psychology, (1994) 30, 949-954.

Marc B, Marijke V D P. Visual word recognition in bilinguals: evidence from masked phonological priming. Journal of Experimental Psychology: Human Perception and Performance, 1999, 25 (1): 137-148.

Meng Xiangzhi, Shu Hua, The role of orthography in homophone judgment: comparative study between disabled readers and good readers1 Unpublished Manuscript, 1999.

McClelland J L, Rumelhart D E. An interactive activation model of context effects in letter perception: An account of basic findings. Psychological Review 1981, (68): 375-407.

McPherson W B, A study of reading disability using event-related brain potentials elicited during auditory alliteration judgments. Developmental Neuropsychology, 1999, 15 (3): 359-378

Nagy W, Berninger V, Abbott R, et al. Relationship of morphology and other language skills to literacy skills in at-risk second-grade readers and at-risk fourth-grade writers. Journal of Educational Psychology, 2003, 95: 730-742.

Nation K, Snowling M. Semantic processing and the development of word recognition skills: evidence from children with reading comprehension difficulties. Journal of Memory and Language, 1998, 39: 85-101.

Nevill H J, Coffey S A, Holcomb P J, et al. The neurobiology of sensory and language processing in language-impaired children. Journal of Cognitive Neuroscience, 1993, 5: 235-253.

Preston M S, Guthrie J T, Chlids B, Visual evoked responses (VERs) in normal and disabled readers. Psychophysiology, 1974, 11: 452-457.

Raskind W H, Hsu L, Berninger V W, Thomason J B, Wijsman E M. Familial Aggregation of Dyslexia Phenotypes. Behavior Genetics, 2000, 30 (5): 385-396.

Robinchon F, Besson M, Habib M, An electrophysiology study of dyslexia and control adults in a sentence reading task. Biological Psychology, 2002, 59: 22-53.

Romani S, Visual evoked potential abnormalities in dyslexic children. Functional Neurology, 2001, 16 (3): 219-229.

Rose S A, Feldman J F, Jankowski J J, Futterweit L R. Visual and Auditory Temporal Processing, Cross-Modal Transfer, and Reading, Journal of Learning Disabilities, 1999, 32, 3: 256-266.

Rumehart D E, McClelland J L. Parallel distributed processing: Explorations in the microstructure of cosnition (Vol. 1). Cambridge M A: MU press. 1986.

Seidenberg M S, et al. On the bases of two subtypes of development dyslexia. Cognition, 1996, 58: 157-195.

Seidenberg M S, McClelland J L. A distributed developmental model of word recognition and naming psychological review. 1989, (96): 523-568.

Siegel L S, Ryan E B, Development of grammatical-sensitivity, phonological and short-term memory skills in normally achieving and learning disabled children. Development Psychology, 1998, 24: 28-37.

Siegel L, Share D, Geva E. Evidence for superior orthographic skills in dyslexics. Psychological

Science, 1995, 6: 250-254.

Share D L, Phonological recoding and self-teaching: sine qua non of reading acquisition. Cognition, 1995, 55: 151-218.

Shucard D W, Kujala T, Naatanen R, The mismatch negativity in evaluating central auditory dysfunction in dyslexia. Neuroscience and Biobehavioral Review, 2001, 23: 535-543.

Sylvia O, Richardson, Historical Perspectives on Dyslexia, Journal of Learning Disabilities, 1992, 25 (1): 40-47.

Swan D, Goswami U, Phonological awareness deficits in developmental dyslexia and the phonological representations hypothesis. Journal of Experimantal Child Psychology, 1997, 66: 18-41.

Taylor M J, Keenan N K, Event-related potentials to visual and language stimuli in normal and dyslexic children. Psychophysiology, 1990, 27: 318-327.

Ton D, Jonathan G, Walter J B. Recognition of cognates and interlingual homographs: the neglected role of phonology. Journal of Memory and Language, 1999, 41: 496-518.

Vadois S, Gerard C, Vanault P, Dugas M, Peripheral developmental dyslexia: a visual attentional account? Cognitive Neuropsychological, 1995, 12: 31-67.

Wagner R K, Torgesen J K. The nature of phonological processing and its causal role in the acquisition of reading skills. Psychological Bulletin, 1987, 101: 192-212.

Zeffiro T J, Eden G, A review of research on the biological basis of dyslexia : The neural basis of developmental dyslexia. Annals of Dyslexia, 2000, 50 : 1-30.

Zhou X, Marslen-Wilson W. Sublexical processing in reading Chinese. In : J Wang, A Inhoff, H C Chen ed. Reading Chinese script : A cognitive analysis. Mahwah, NJ : Lawrence Erlbaum, 1999, 37-63.

Zhou X, Marslen-Wilson W. Sublexical processing in reading Chinese. Journal of Experimental Psychology : Learning, Memory, and Cognition, 1999, 25 : 819-837.

Ziegler J C, Muneaux M, Grainger J. Neighborhood effects in auditory word recognition : Phonological competition and orthographic facilitation. Journal of Memory and Language, 2003, 48 : 779-793.

第四章
阅读理解障碍

第一节　阅读理解障碍概述

> 从丁丁4岁起，家里人就教他认字、背唐诗、学算术。聪明的丁丁学什么会什么。上小学之前，口述较复杂的数学应用题都会做了。但上三年级之后，学习就慢慢吃力起来了。语文考试中虽然听写、组词、造句等题分数都很高，但阅读成绩很差。数学应用题根本做不了，做了的题也错误百出。丁丁妈妈帮他改错题时把所有题给他读了一遍，发现他都能懂，也能做对。丁丁妈妈很疑惑：丁丁这是怎么了？

丁丁这样的情况就是典型的阅读理解障碍的行为表现。丁丁在阅读理解上存在特殊的障碍，妨碍了他对书面作业或试卷的理解，如果不加以干预，在今后的学习中，这种缺陷可能会更明显。

那么，阅读理解障碍到底是由什么原因造成的呢？是否有方法干预和训练这样的学生，让他们和普通学生一样呢？要解答这些问题，我们要先从阅读理解的过程和阅读理解障碍的成因开始。

一、阅读理解过程

现代社会，阅读不仅是一项极为重要的学习能力，而且也成为日常最基本的活动之一，是个体从外界获得信息的主要方式。阅读更是学习的基础，个体能否在学习、生活和工作中取得成就，很大程度上都和阅读能力有关系。因此，在教育中，阅读能力成为基础教育阶段的重要任务之一。阅读能力不仅仅是在语言课程中的基本能力，而且也是影响数学、物理等理工科的重要辅助能力。

上一章我们介绍了阅读的基础——词汇识别的过程。当儿童经过词汇识别以后，还要经过阅读理解过程，才能达到阅读的要求。我们先来了解一下词汇识别在阅读理解中的作用。

（一）阅读理解与词汇识别

根据国外对于评估印刷体词汇识别与口语理解过程的关系的研究（Gough，1986；Vellutino，1996），词汇识别有困难儿童阅读理解的精确性和流畅性也较差，而且即使是有足够语言理解技能的儿童也出现了同样的情况。另外一个同时出现的现象是，阅读理解障碍儿童通常都存在词汇识别困难。这就表明了词汇识别困难是导致阅读理解障碍的原因。豪沃（Hoover，1990）的研究更是表明，在阅读新手或者低技能者的成绩中，词汇识别技能对阅读理解测验的成绩贡献高于语言理解技能。但是在高技能阅读者的成绩中，语言理解技能的贡献率高于词汇识别。

（二）阅读理解的层级

井世洁（2004）将阅读理解能力定义为在阅读过程中，理解材料所反映对象（事物或者现象等）的内在与外在结构，进而认识材料本质的能力；强调的是读者通过阅读获取意义的能力。这是一种一般性的、在所有阅读活动中都同样起作用的能力。在这个综合的复杂过程，包含了很多子过程且受各种因素的影响。阅读的最终目标，是将阅读材料的字词综合起来理解，在工作记忆的限制内完成文本意义的建构，并且将阅读材料中的句子综合起来以帮助理解更为广阔的概念或这些句子所代表的观点。将文中的句子联系起来，结合自己的背景知识理解作者想要表达的内容及情绪，对语篇整体进行构建和评价。由此可知，阅读理解有很多层次，一般包含以下几个：

1. 词语理解

在词汇识别以后，儿童已经通晓了词语的一般含义。对词语意义的理解是达到阅读理解的第一步。只有达到了对词语的理解，阅读才能更进一步地进行，否则将会出现目光扫射阅读材料，却完全没有领会其中意思的情况。在语篇中，有的词语并不是先前知道意义的，但是成熟的读者可以结合语境和生活实际经验推理得出。

2. 句子理解

在语篇阅读理解中，比词汇更大的语义单位就是句子。影响句子理解的因素更多，要求在字词理解的基础上，通过对组成句子的各成分的句法分析和语义分析，获得句子语义。

3. 信息获取和记忆

阅读材料包含了丰富的信息，阅读就是一个信息获取的过程。信息的获取也是一个有技巧的过程。找出信息内部的关联，将信息和读者的过去经验、兴趣联系起来是将信息有机组合为信息块或者信息系统，以达到快速准确再认和提取的两个主要的技巧。

在获取和记忆信息时，阅读者还需要进行的工作是对信息重要性的判定和信息筛选。对理解语篇重要的信息重点记忆，次要的信息模糊记忆或者直接筛选出信息系统，是提高理解速度、增强准确性的必备技巧。

4. 局部推理

推理的作用就是根据线索得到文中未明确表达的信息。狭义的推理就是指为了达到语篇语境理解和连贯性而做出的语篇局部信息的推理，包括语法指代和因果关系等推理形式。广义的推理指语篇中作者没有明确表达的所有信息的推理，包括局部信息、作者意图等推理形式。

在阅读材料中，作者一般并没有也不需要将所有信息完全地表达出来，而成熟读者在阅读时会根据阅读材料中明确阐述的信息与自己头脑中已有的一般性知识，得到阅读材料中并没有明确阐述而作者实际上想要表达的信息。推理的准确性和流畅性一般与读者是否拥有适当的图式有关。

图式是指一组信息在头脑中最一般的排列或可以预期的排列方式。一般听到或者看到的故事，都是按照故事图式组织起来的，一般包括事件发生的背景、主题、情节和结局等内容。背景交代了故事发生的时间、地点和人物；主题提出主人公试图达到的目标；情节指达到目标的一系列活动；结局指故事的最后结果。

当读者拥有适当的图式时，就能顺利推理出作者未表达完全的信息，也就能够较快理解一般故事的发展情况。

5. 语篇整体把握

语篇整体的把握从广义来说也属于推理的一种，是指从整体上把握语篇形式和内容的能力。这个层次的阅读理解需要在充分理解语篇各局部内容的前提下，将语篇各部分进行关联和总结，得到语篇整体脉络。一般又分为语篇整体内容的理解，语篇体裁、语篇结构层次判定等。

语篇整体把握依靠于儿童的课堂学习。语篇整体内容的理解即指对语篇主要内容及中心思想的掌握。语篇体裁判断要求儿童能准确判断文章是否属于记叙文、说明文、议论文或散文等体裁。语篇结构层次判定要求儿童能够整体掌握文章段落间的关系，并分析出其总分关系。

6. 语篇内容的迁移

语篇内容的迁移是指基于对语篇中内容的有意义联想和领悟，并且迁移到阅读或者其他情境中。要达到迁移，必须对语篇进行了精细理解，和自己的知识体系进行融合，使其成为更一般的知识或能力。

7. 评价

阅读理解的最高层次，不但能够理解作者表达的意思、作者行文的意图、将语篇中的知识与自己的知识体系进行整合并进行迁移，还要对语篇的写作意图、社会现实性等方面进行评价。

二、阅读理解障碍

阅读理解障碍是指儿童在阅读时虽然能够正常进行字词解码，拥有正常的词汇量,但对语篇理解上存在严重落后,且该种落后并不是由于智力落后、器质性损伤或情绪问题导致的。

定义中的字词解码,即在上一章中详细讲解的内容,从行为上来说,就是儿童将视觉呈现的字词准确转换为语音的过程。词汇量即儿童已经完全掌握的字词的数量,完全掌握意味着儿童能够理解视觉呈现的字词的意义,通过组词造句体现。国内一般使用王孝铃和陶保平的《小学生识字量量表》(1996)来考查儿童的词汇量。排除条件中的器质性损伤,例如出生时导致的婴儿脑部缺氧,或意外事故导致的大脑损伤。情绪上的问题,例如儿童因为讨厌语文老师以至于厌恶阅读理解,或因为家庭状况导致了抑郁情绪无法集中注意力完成阅读理解成就测验等。

阅读理解障碍儿童除了因为阅读理解影响语文成绩以外,一般还会在以下几个方面有困难:

(1) 写作。阅读理解障碍儿童一般写作水平不高。这是由于写作是一个学习、积累和产出的过程。阅读理解障碍儿童由于无法顺利从外界获得语篇的经验,无法学习到范文中的句子结构及技巧、语篇结构等知识,也就无法通过练习达到内化,提高自己的写作水平。

(2) 数学成绩。随着年级的增高,数学中的应用题所占分数比例也增高了。而解应用题时,对题意的理解要求是很高的,阅读理解障碍儿童在阅读应用题时,注意力资源被大量占用,就不能轻易进行数理加工,导致了数学成绩的落后。对这种儿童,可以发现,将题读给他们听时,释放了阅读所占用的认知资源,他们的数学应用题得分能够高很多。

能够看出,阅读理解障碍给儿童带来了学业上、生活上的诸多不便。那么,阅读理解障碍到底是怎么形成的?阅读理解障碍儿童的严重程度怎样?怎样对阅读理解障碍儿童进行干预?效果怎样?以下我们将分别予以介绍。

第二节 阅读理解障碍成因

如上文所说,阅读的过程依赖于两个子过程:词汇识别(即字词解码)和阅读理解。这两个子过程涉及很多认知机制和过程,其中任何一个有缺陷或者能力不足都有可能导致阅读障碍的发生。下面我们对这些可能的原因进行详细的讨论。

一、解码速度

> 小明写作业的时候很认真,不会为别的事情分心,安安静静地一直写。做题速度很慢,特别是语文作业。别的孩子只需要半个小时就能完成的小短文,他要一个半小时才能写好。所以每天晚上,小明都要近11点才能睡觉。作业中组词造句正确率还可以,一旦做较长的篇章阅读,成绩就差了。这个问题在学校写课堂作业和考试时就更加突出,总是写不完,即使做了的全对也没有办法将成绩提高到班上的中上水平。

小明这样的儿童在学校里并不少见。他们词汇量往往正常,但只要参加限定时间的阅读理解测验,分数都很低。这种情况的发生的原因就是解码速度慢。解码推动的是个体将口语与书面语的配对形成稳固的联合,能够帮助儿童通过看到视觉词汇,将其感知为词汇联合,对其进行辨认(命名)。解码速度指将视觉词汇转化为语音和意义的过程的速度,影响到阅读的流畅性。

测量儿童的解码速度,通常用的指标是反应时。最常见的范式是字词命名速度,即呈现一个汉字或词语,要求儿童尽量快且准确地将其读出来,记录从汉字(词语)出现到儿童正确读出该汉字的时间间隔,这段时间间隔就是命名反应时。

解码速度对阅读理解水平可能作用在以下几个方面：

（1）增加记忆负荷。解码速度慢的儿童阅读同样长短的篇章会花费更多的时间，增加了记忆负荷。前面的记忆内容遗忘后，无法对后面内容进行准确理解。

（2）耗费认知资源。解码速度慢的儿童解码没有自动化，在阅读时，儿童需要耗费更多的认知资源进行解码。根据注意的资源理论（Kahneman，1973；Best，2001），完整识别刺激，需要认知资源。认知资源是有限的，刺激复杂，需要的资源就多。如果同时呈现几种复杂的刺激，资源会很快耗尽，就无法对新异刺激进行加工。所以在阅读活动中，儿童耗费在解码上的认知资源越多，用来理解文章意义的资源就越少，导致了低成就。

所以，提高儿童的解码速度，是提高儿童阅读理解水平的根本环节。

二、词义

语言是通过心理词典（mental lexicon）保存在大脑中的。心理词典是人们假定的头脑中的类似词典的词汇组织。其中储存了大量的词条，每个词条又包括词的字形、语音以及词义等各种知识。词条按照层次网络的形式组织起来，具有相关语义的词语组成一个网络，网络中每个词语占据一个结点，有关于这个词的所有知识都储存在网络的这个结点上，人们提取词义时就是在网络中进行搜寻的过程。要理解阅读材料，词义加工是一个基本环节，其掌握情况直接影响儿童的阅读水平。

汤艳莹（2007）研究得出，当儿童词义掌握准确、词汇掌握多时，即便在语篇中碰到了生词，也能够根据生词的上下文中其他信息来帮助判断。例如同位语、下定义、解释、举例、同义词、反义词、上下义词以及标点符号（如破折号、冒号都表示解释和说明）等。

儿童对词义的掌握情况，体现在以下几个方面：

1. 词义激活速度

词义激活速度是看到该词汇到通达其词义的时间间隔，体现的是心理词典搜寻自动化程度。可以通过真假词判断得到儿童词义激活速度。即电脑出现一个目标词，让儿童通过按键判断目标词是否是真实有意义的词语。

从目标词出现到儿童做出正确判断的时间就表示了词义激活速度。阅读障碍儿童的词义激活速度低于正常儿童，这可能导致其工作记忆负荷增大，影响句义整合。

2. 词义激活准确性

中文中时常出现一词多义现象，同一个词也有可能因为作者的意图或者用法习惯不同而获得与一般含义不同的意思。有可能有借代、借喻等用法出现。在阅读后，需要快速确定词汇的准确意思，因此，根据课文的语境，快速推理和判断词汇的意义，对于阅读理解必不可少。

3. 词汇间联结程度

词汇间联结程度直接影响了词义联想程度和速度。儿童掌握的词汇之间联系越紧密，意味着从一个词汇联想到相关词汇的速度和准确性越高，词汇加工水平就越高。词汇间联结程度可以从同义词、反义词及词语首位接龙练习成绩中得到。

三、句法知识

句子的理解比词汇理解更为复杂。理解字词只是理解句子的基础，然后要通过对句子各成分进行句法分析和语义分析才能获得句子语义，这就涉及句法知识。在口语交流中，为了让听者能够即时理解自己所要表达的意思，谈话者往往会自觉或不自觉地调整自己的语序。而书面语可能使用相对复杂的语法。同时，需要用精确的词句、正确的语法和严密的逻辑进行陈述，还要用结构手段向读者提供语境线索。

句子的类型通常会影响句子理解。常见到的句子类型有肯定句、否定句、被动句、被动否定句几种类型。对否定句的理解一般难于对肯定句的理解。这在拼音文字（英语）和表意文字（汉语）的研究中都发现了同样的效应。对此现象的解释多是否定句在句法上比肯定句复杂；否定句的加工阶段多于肯定句的加工阶段；否定句较肯定句可能有较多的含义且含义不明确等原因导致的。

在句法分析中，我们还常常使用一些策略：

（1）分解。个体通常在一个短语或一个从句的结尾停顿，将句子分解成有意义的各个部分（如短语、从句等），然后逐个分析，提取它们的含义。根据这些部分，个体一般会快速、自动将前后短语的意思联系起来，并用这种方式建构理解。

(2) 词序。词序是表达词的语法词义的手段，个体从中提取线索或标记。不同语言中，词序是不一样的。另一方面，同样的意义可以通过不同的词序表达出来。

(3) 语境。在模糊的句子中，个体靠语境（或上下文）和心理定势(mental set)来理解句子。

除此之外，标点和词缀都可以帮助个体达到句子理解。而且要注意的是，正常儿童能够自动使用这些过程或者策略，而阅读障碍儿童更可能出现句法知识的缺失和错误使用。常见的错误都是源自错误使用句法分析策略。一般有：

(1) 标准句策略。"名词－动词－名词"是常见的句子结构。但在很多时候句子结构并不是严格按照该序列排列的。阅读障碍儿童在句子理解时，认为该结构就是语言的标准，并试图套用该句子结构来理解所有句子，将第一个名词理解为主语，第一个动词理解为谓语，最后一个名词理解为宾语。这就往往导致了错误发生。

(2) 最小依附策略。在理解句子，特别是长句子时，人们往往倾向于采用最简单的句子结构来理解句子，如把动词后面的名词或名词短语看成是其直接宾语。阅读障碍儿童往往机械地使用这样的策略，就会导致一系列的错误，如在句子"董事长解雇了李经理十分信任的一个工人"中，阅读障碍儿童可能会将"李经理"理解成为董事长解雇的对象，这就导致了句子的错误理解。

四、推理

在阅读材料中，作者一般并没有也不需要将所要表达的所有信息完全地表达出来。成熟的阅读者在阅读时，会根据材料中明确阐述的信息和自己头脑中已有的知识，得到阅读材料中并没有明确阐述而作者实际上想要表达的信息。这时，读者就在阅读中进行推理(inference)。推理能力是阅读理解能力中的核心能力（李毓秋，2001）。阅读材料的保持不纯粹是记忆问题，而直接与阅读者的理解模式有关。推理的发展水平直接制约着阅读理解能力能否达到较高的水平。有很多阅读障碍儿童的推理能力都有缺陷。

张辉（2002）指出阅读者认知结构中的"图式"对阅读理解起着重要作用。任何语言材料，无论是口头的还是书面的，本身毫无意义。它只指导听者或读者如何根据自己原有的知识图式，在所接受到的语言材料信息的刺激作用下，将储存在大脑中的知识图式的意义复现出来；或者激活大脑中所储备的相关材料的知识图式，演绎出新的意义（王继兵，2006）。这个过程就是推理。推理是个体在阅读过程中将获得的信息与记忆中的知识经验之间建立联系，使阅读能够顺利进行下去，并形成语篇的连贯心理表征的加工活动。只有推理的参与，文本各部分及文本与读者的图式之间才能建立起联系。

推理是以知识为基础的，背景知识对推理过程作用非常重要。

在提取背景信息时，成熟的阅读者是主动的、有策略的。对他们而言，阅读过程就是一个随文章的内容结合自己背景知识不断形成文章情景模式的过程，是随着阅读过程不断地发生的主动、策略性的推理。其中，主动性是最重要的，是指读者在阅读过程中总是努力寻找能解释文章中事件、行为、目标的一般及特定的信息源。

而阅读理解障碍儿童在阅读时，大部分精力都耗费在了字面意义的理解，不能主动提取背景信息，更无法将背景知识和字词含义结合起来，对文章的理解显得片面而肤浅。但不同阅读障碍儿童在推理类型上的不同表现可能预示着不同的推理类型所需的认知加工活动存在着较大差异。

有趣的是，有一类脑损伤的儿童——脑积水（hydrocephalus）儿童，在阅读上的表现特点与阅读理解困难儿童非常的相似，他们都是在解码水平上没有问题，但遇到课文的理解时却表现出现严重的落后。脑积水儿童在信息推理上表现出一定程度的缺陷，这种缺陷可能起源于神经异常，即胼胝体的异常，导致左右脑信息转换受阻，左脑和右脑难以协同合作。研究发现，右脑半球对于推理是必要的，胼胝体受损的脑积水儿童，很难利用右脑进行推理。

五、记忆能力

阅读材料包含了丰富的信息，阅读就是一个信息获取的过程。在阅读时，我们需要把先获取到的信息保持在大脑中，再阅读后面的内容。如果阅读中遇到困难，就需要重新提取先前的内容。可见，阅读过程包含了工作记忆。而阅读信息主要是以语音的性质保存的，因此，语音的工作记忆活动就成为阅读理解的一个基础要素。

信息的获取也是一个有技巧的过程。阅读理解能力良好的儿童能够准确获取语篇中的信息，并且将它们有机组合为有关联的信息块或者信息系统，在再认和提取活动中也能够准确快速通达目标信息。而阅读理解能力有缺陷的儿童只能获取零散的信息，无法获取信息内部的关联，也无法将信息和自身图式联系起来，从而导致获取的信息无意义而破碎，容易丢失，在需要时没有办法准确通达。

在这个过程中，如果语音工作记忆容量过小，阅读时就会遗失必要的信息，从而导致阅读理解困难。研究表明（赵微，2004），工作记忆容量能够预测阅读理解水平，年龄较小的被试更是依赖于工作记忆容量（井世洁，2003）。另外，推理活动是一种语言推理，它需要不断提取储存在工作记忆中的内容，直接受到语音工作记忆容量的制约。

不仅仅是工作记忆，阅读障碍儿童的被试短时记忆的准确性也比普通儿童差（刘翔平，2004），当给儿童的刺激越复杂、出现时间越短，此差异越明显。王斌等（2006）更进一步研究得出，阅读障碍儿童在复杂视觉材料的长时记忆上也落后于普通儿童。

六、元认知理解缺陷

元认知，就是对认知的认知。董奇（1989）指出，元认知包括三个方面内容：一是元认知知识，即个体关于自己或他人的认识活动、过程、结果以及与之有关的知识；二是元认知体验，即伴随认知活动而产生的认知体验或情感体验；三是元认知监控，即个体认知活动进行的过程中，对自己的认知活动积极进行监控，并相应地对其进行调节，以达到预定的目标。

在阅读过程中，此三者相互联系、相互影响和相互制约，是指导和调节读者的阅读过程，也是选择有效认知策略的控制执行过程。其实质是阅读者对阅读过程的自我意识和自我控制。

同工作记忆障碍一样，元认知障碍也是预测阅读障碍的有效指标（赵微，2004）。与正常儿童相比，阅读障碍儿童在阅读过程中元认知监控出现明显落后，主要表现在这三个方面（杨双，2006）：

（1）阅读障碍儿童阅读目的有偏差，他们没有意识到阅读理解的核心是理解，在他们眼里，阅读理解就是把文章流畅地读出来。所以阅读障碍儿童多进行浅层的解码加工，不重视进行深层次的意义加工和推理理解。

（2）阅读障碍儿童阅读时，对于局部意义及解码的监控正常，但对于整体意义的监控则存在落后，也就是说，他们不关心自己对文章的全文是否理解，而仅仅关注自己对部分句子或段落是否理解了。这就导致他们局部推理较好，整体推理成绩较差。

（3）阅读障碍儿童对于自己理解水平的监控不准确，倾向于高估自己的阅读理解水平。问他们"理解得怎么样"时，他们总认为理解力很好，但实际上他们理解得并不好。

第三节 阅读理解障碍评估

如上节所述，阅读理解障碍与解码障碍有诸多不同，给儿童学习生活各方面带来困难。准确诊断阅读理解障碍有非常重要的意义。一般的方法是从行为和成就测验上对他们进行评估。

一、行为评估

当儿童出现以下的这些行为表现时，预示着其有阅读理解障碍的可能：

- 喜欢看带很多图片的书，并根据图片内容对阅读材料进行理解，对文字材料有抗拒，无法集中注意力
- 能够阅读简单故事，但阅读说明文、议论文等没有情节的材料时非

常困难
- 阅读时用手指指读，往往逐字阅读，速度很慢
- 阅读完一篇文章后，只能回忆起只言片语，无法复述故事，或者复述时对重要故事情节有遗漏或篡改
- 做应用题困难，但是听人读题就能够理解

二、成就测验

仅仅对儿童进行行为上的评估，无法确定其行为表现的真实原因，也无法判断该儿童阅读障碍的程度。作为行为评估的补充，进行标准化的阅读理解成就测验是必需的。莫雷（2003）指出，一份可靠的阅读理解测验可以准确地描述个体在阅读过程中的重要基本能力、相互之间的差别及其影响的因素；同时更为重要的是阅读测验可以用来测量阅读理解能力，诊断阅读理解障碍，进而可以实现因材施教。国内外学者研究了很多阅读能力测验。

测验中的题目一般能被归入细节记忆和推理两类题目。

细节记忆题目考察的是儿童对篇章细节信息的把握，即获取和记忆文章细节信息的能力，和记忆能力有关。细节记忆题目都是对语篇中明确出现过的知识性的细节进行考查。

推理题目考查的是儿童从篇章中获取信息，与自己记忆中的知识经验之间建立联系，使阅读能够顺利进行下去，并形成语篇的连贯心理表征的能力。在阅读理解测验中，多考查理解篇章所必需的连接推理，较少考查修饰推理。

我们将通过对两篇适用于小学三年级的语篇测验的节选，较为详细地说明这些题目的操作定义和在测验中的典型问题。两篇文章分别是《水往哪里流》和《珍珠鸟》，前者是一篇说明文，后者是记叙文。

水往哪里流

自古以来，流传着一句话："水往低处流。""百川东到海，何时复西归？"中国的大江大河、小川小溪，你不可否认它们是往低处流的，从武

汉到南京，船顺水而下，更证实了这个事实。

细细地品味"水往低处流"，就发现存在一些问题。去过海边的人都知道，海有涨潮和退潮，又叫潮汐，可这是为什么呢？是因为海岸变高变低了？还是海水变多变少了？聪明的你一定会说不是的，是因为月亮对地球的吸引力。地球每天自转一圈，当月亮靠这边海岸近了，海水就像被磁铁吸引了一样，向这边涌，叫涨潮。这种奇妙的变化，证实了水不一定是往低处流的。

再想想，宇航员来到了太空，脱离了地球引力，这时候，哪有高低上下？把水倒出来，水并没有向下流，而成了一种固定的液体，"TA"可选择各种方向用力一吸，水可以向左、向右、向上、向下流动，这又进一步证明了水不一定向下流动。

自然课上，老师还教我们做了一个实验。一只小桶盛满了水放在高处，一根管子放进去，吸满水，再捂着一头拉出来，对着下面的一只桶，水就进入管子，先向上流，再向下流。

珍　珠　鸟

起先，这小家伙只在笼子四周活动，随后就在屋里飞来飞去，一会儿落在柜顶上，一会儿神气十足地站在书架上，啄着书背上那些大文豪的名字；一会儿把灯绳撞得来回摇动，跟着逃到画框上去了。只要大鸟儿在笼里生气地叫一声，它立即飞回笼里去。

我不管它。这样久了，打开窗子，它最多只在窗框上站一会儿，决不飞出去。

渐渐它胆子大了，就落在我书桌上。

它先是离我较远，见我不去伤害它，便一点点挨近，然后蹦到我的杯子上，俯下头来喝茶，再偏过脸瞧瞧我的反应。我只是微微一笑，依旧写东西，它就放开胆子跑到稿子上，绕着我的笔尖蹦来蹦去；跳动的小红爪子在纸上发出嚓嚓声。

我不动声色地写，默默享受着这小家伙亲近的情意。这样，它完全放心了，索性用那涂了蜡似的、角质的小红嘴，"嗒嗒"啄着我颤动的笔尖。

我用手抚一抚它细腻的绒毛，它也不怕，反而友好地啄两下我的手指。

白天，它这样淘气地陪伴我；天色入暮，它就在它父母再三的呼唤声中，飞向笼子，扭动滚圆的身子，挤开那些绿叶钻进去。

有一天，我伏案写作时，它居然落在我的身上。我手中的笔不觉停了。生怕惊跑它。待一会儿，扭头看，这小家伙竟趴在我的肩头睡着了……

1. 细节记忆

细节记忆考查的是儿童对篇章细节信息的把握，即获取和记忆文章细节信息的能力，和记忆能力有关，是对语篇中明确出现过的知识性的细节进行考查。例如：

在《水往哪里流》中，你认为下列哪句话是正确的？

A、水往哪里流没有规律

B、水往哪里流跟它受力的方向有关

C、水流的方向跟磁铁的吸引力有关

2. 连接推理

连接推理考查的是儿童从篇章中获取信息，与自己记忆中的知识经验之间建立联系，使阅读能够顺利进行下去，并形成语篇的连贯心理表征的能力。分为局部推理和整体推理两种。

（1）局部推理：对文章局部内容的推理。局部推理是理解篇章的基础。

① 指代推理（referential）：是回指推理的一种，是指阅读中将后文出现的回指词和前文的指代项或先行词连接起来的过程。

《水往哪里流》第三段中的"TA"，指的是：

A、地球引力

B、宇航员

C、水

② 格结构角色分配（case structure role assignment）：一个明确的名词被分配到一种特殊客体结构角色。如容器、位置、物体、时间等。

《水往哪里流》最后一段中自然老师教大家做的实验中，小桶和管子是怎么摆放的？

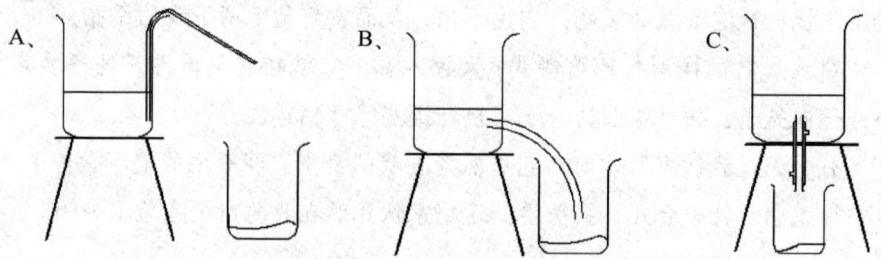

③ 前因推理（causal antecedent）：将当前的外在行为、动作、事件或者状态与阅读材料的前文信息连接起来的推理。

根据《水往哪里流》所给信息，可以推论出退潮的原理是：

A、潮水积累到一定多时，就符合"水往低处流"了。

B、月亮离远了，潮水都聚到那边海岸去了。

C、潮水涌出太多了，水自然就少了，就退潮了。

（2）整体推理：对篇章整体的推理。整体推理是阅读理解能力高低的重要表现。

① 高级目标推理（superordinate goal）：即指主人公有意行动的动机、目标及达成情况的推理。

《水往哪里流》中自然课上老师教我们做实验的目的是：

A、让我们了解"水能往高处流"

B、锻炼我们的动手能力

C、让我们知道淋浴的原理

② 主题推理（thematic）：在阅读语篇时形成的关于语篇的结构、要点和主题的加工活动。

文章想要说明一个什么道理？（主题推理）

A、水往哪里流要视具体情况而定

B、涨潮和退潮是由于月亮的影响

C、对所学的知识不要简单地接受

③ 人物情绪反应推理（character emotional reaction）：对文章中主角的由一个事件或者行为引起的，或对该事件或行为的反应而做出的情绪或行为的推理。

《珍珠鸟》中，小鸟一开始不敢接近作者，后来居然趴在作者肩头睡着了，说明它：

A、信任作者了

B、飞困了

C、不知道作者会抓住它关进笼子

3. 修饰性推理

修饰性推理是对文章的理解并不起必要作用的推理，但是可以体现出读者对文章的理解程度。

① 例证推理：是指对一个概念或属性的上位或下位事例的推理。

根据《水往哪里流》，下列哪个例子不能说明水不一定向下流动？

A、抽水机抽水

B、用吸管喝饮料

C、水蒸气上升

② 作者意图推理（author's intent）：指对作者写该文章时的态度或者情绪的推理。

从《珍珠鸟》中能看出作者对小珍珠鸟的态度是：

A、觉得它很傻

B、觉得它很可爱

C、为它对自己的信任而感动

第四节 阅读理解障碍干预

第二节中提到，阅读过程涉及的认知机制和过程中任何一个有缺陷或者能力不足，都有可能导致阅读理解障碍的发生。当评估出阅读理解障碍发生原因之后，就可以针对该认知机制或过程进行干预，从而提高儿童的阅读理解能力。

一、解码速度

对解码速度的培训，材料多是无语言学意义代码的字母或字符串，提高儿童对代码的熟悉程度。是一种学习范式。具体的变式有以下几种：

（1）无意义汉字串。在这种情况下，材料是无意义的汉字串，例如"周么要走会与掺疑……"，让儿童尽快将呈现的字串朗读出来。一开始呈现的汉字串的长度要根据儿童的解码能力进行调整。判断儿童解码速度的指标是平均正确时间。即儿童完全正确朗读出一串汉字串所用时间除以该汉字串的字数。当儿童的平均正确时稳定缩短时，要逐渐增加汉字串字数（刘翔平，2008）。

（2）多种代码结合材料。这种材料就是将汉字与其他代码结合穿插起来呈现，这些非汉字的代码多是数字或者字母，或者是数字和字母的结合。和单纯的汉字串相比，增大了儿童解码的难度，解码必须在汉字与其他代码间进行切换，破坏了儿童的心理预期。例如"周 2Y 么要走 X 会与掺 6 疑……"。判断儿童解码速度的指标也是平均正确时间。当儿童的平均正确时稳定缩短时，要逐渐增加材料长度。

在使用以上方法提高儿童解码速度时，可以采用计算机辅助的方法。用电脑程序辅助呈现培训材料，并自动判断儿童解码的正误和速度；还可以利用项目反应理论（item response theory，简称 IRT）自动判断变化的稳定性，选择呈现适当长度的材料。

另外，让儿童对字形达到自动化也是提高解码速度的方法之一。在此介绍一下加强其偏旁意识的训练。

下面哪些字可以和这些偏旁组合成一个字？将组合好的字写在偏旁后面：

一　丁　山　完　示　火　叔　走　玉　由　子　八　虽　也　瓜
长　单　尔　百　元　可　少　只　付　月　人　女　寸　于

火：＿＿＿＿＿＿＿＿＿＿＿＿＿＿＿＿＿＿＿＿＿＿＿＿＿＿＿＿

宀：＿＿＿＿＿＿＿＿＿＿＿＿＿＿＿＿＿＿＿＿＿＿＿＿＿＿＿＿

弓：＿＿＿＿＿＿＿＿＿＿＿＿＿＿＿＿＿＿＿＿＿＿＿＿＿＿＿＿

阝：＿＿＿＿＿＿＿＿＿＿＿＿＿＿＿＿＿＿＿＿＿＿＿＿＿＿＿＿

请你在下图中间的框内，填进一个字，使它同周围的字或偏旁拼成三个字，并可以成为一个名词。

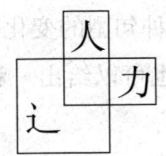

二、词义

词义训练多是帮助儿童建立或者完善心理词典,包括词条和词典网络结构。主要的方法有以下几种:

(1) 接龙训练。要求儿童将给出词语的尾字作为首字组词,并一直接龙下去。

如:夏天,天下,下车,车子,子女,女孩……

要求略降的接龙训练可以接受重叠的字音同形不同。

如:夏天,添加,加法,砝码,码头,头脑……在这里,"夏天"的尾字"天"与儿童组词的"添加"的"添"音同字不同,也算正确。

(2) 词义联想。给儿童一个目标词,要求尽量多地想出与该词相关的词语来。儿童写出来的词语可能是语音相关(如从"晴天"联想到"情谊"),可能是语义相关,如同义词(如从"高兴"联想到"快乐")或反义词(如从"黑"联想到"白"),也可能是概念相关(如从"香蕉"联想到"苹果"、"水果"等)。判断联想能力的标准是儿童联想的词语数量。

(3) 按概念结构教授。此种训练就是按照心理词典的结构,直接将整个概念体系或者命题系统教授给儿童,促使其能够有规律地接受所传授的知识,能够按照规则的词典网络顺利查找到需要的词条。例如,在教授植物的部分时,可以根据植物的纲目科进行顺序教授,每个层次举出若干例子,让儿童脑海中呈现清晰的概念层级图,方便今后提取。

三、句法知识

句法知识学会分析句子结构。文章中的一些长句、难句往往是学生阅读中的拦路虎。有研究者(葛秀霞,2008)根据外语学习的规律总结出,指导学生分析句子结构,找出句子的主、从句,主要的词组构成,可以帮助学生更明晰地掌握句意。主要的方法有以下几种:

(1) 句型变换：充分运用各种句型的变化来训练儿童。设置相似、相近句型的材料，要求儿童甄别。也可以给出一种句型，要求儿童转换成另一种句型。

例如，让儿童将"小东把小白兔抱了起来"这个"把字句"转换为"小白兔被小东抱了起来"的"被字句"。

或是将"不劳动,连棵花也养不活,这难道不是真理吗？"的反问句,转换为"不劳动，连棵花也养不活，这就是真理。"的陈述句。

(2) 句子成分提取：教授儿童句子主干的辨认方法（汤艳莹，2007），如主语、谓语和宾语。这些词语担负着传达主要信息的功能，如表示人名，地名，机构名等专有名词。用问答、填词等方法让儿童反复练习。

(3) 语序变换：汉语表达很灵活，可以通过和儿童进行语序变换游戏训练其句法。可以和儿童互相变换句子比赛达到练习目的。一人说一个句子，要求对方不改变句子意思的前提下变换语序。

例如，"吃饭了吗？"和"饭吃了吗？"

四、推理

在阅读过程中，成熟阅读者往往会利用过去已经形成的关于各类型文章的一般结构的知识来组织整合当前的阅读材料，而阅读水平不同的人对各类型结构知识的掌握与运用的熟练程度有较大的差异。读者更易理解推理线索多及背景清晰的篇章。所以训练儿童的推理能力，多从增强其图式的多样性和准确性来着手。

(1) 扩充图式：精心挑选符合儿童阅读水平、阅读兴趣、知识能力的课外阅读材料，配合适当的报纸、小说、杂志等来扩大儿童的阅读量，以此来丰富儿童的文化背景知识，增强生活实践，扩展眼界，拓宽"常识"范围。王继兵（2006）指出，阅读时注意渗透与之相关的背景知识、时事、社会现象、社会新闻等内容。

(2) 看图听故事：在儿童阅读故事时，使用多媒体手段向其展现录像、幻灯片、图片等，儿童更容易接受视听信息，通过这种形式，儿童能够直接形象的接受背景信息（宋占春，2008）。

五、记忆能力

对记忆能力的干预，多数集中在工作记忆和长时记忆上。

1. 工作记忆训练

工作记忆训练多用电脑或者语音呈现材料，要求儿童进行语音、视觉－空间和更高级的认知操作。题目难度以需要的记忆容量来限定。儿童成绩指标一般是回答正确率和所花费的时间。三种训练题目分别举例如下：

(1) 语音工作记忆训练

① 数字排序：给儿童听觉呈现一系列数字，要求儿童按从小到大的顺序重复出来。如呈现的数字为 1-3-2，被试正确答案应为 1-2-3。

6 7 2
3 2 4 6
8 3 4 5 8
9 6 7 2 1 3
2 1 3 5 7 9 8
3 0 5 4 1 7 6 5
1 4 5 6 8 0 2 0 7
8 1 2 6 7 1 0 3 5 8

② 数字倒背：给儿童听觉呈现一系列数字，要求儿童按与听到的顺序反序重复出来。如呈现的数字为 5-8-2，被试正确答案应为 2-8-5。

6 4 2
7 8 5 3
1 3 0 2 6
1 2 1 0 1 7
0 9 3 2 7 6 5
7 8 0 6 3 2 7 7
0 1 2 9 6 5 2 0 1
4 3 1 0 2 2 5 0 1 7
6 7 2 3 5 8 9 8 7 4 2

③ 句子理解记忆：语音呈现句子，之后让儿童根据问题选择正确答案。难度根据句子结构、长度来确定。

(2) 视觉－空间工作记忆训练题目

①口头问答：听觉呈现空间题目，要求儿童不能在草稿纸上演算，直接回答。

大雁在天空飞翔：1只在前，4只在后；1只在后，4只在前；1只在左，4只在右；1只在右，4只在左；1只在两只中间，3只排成一行，共排了两行。你能说出这群大雁共有多少只，是什么样的队形吗？

②空间排序：电脑呈现一些带有空间信息的图片，顺序随机激活一些空间信息，要求儿童按照某一规定顺序指出刚才被激活的空间信息。

例如，显示相同的方块规则地排列在一个木板上，这些方块中的一些被挨个变色，要求儿童按照按从左到右的顺序把变过色的方块指出来。

③空间后退：材料和电脑呈现与空间排序相同，但要求儿童按照被激活的空间信息的相反顺序指出来。

例如，显示相同的方块规则地排列在一个木板上，这些方块中的一些被挨个变色，要求儿童按照按方块变色的相反顺序把它们指出来。

(3) 中央执行系统记忆训练题目

①数字划销：在一张卡片上随机排列数字0～9，每一行的第一个数字比它后面的数字要大些，要求被试把每一行中与第一个数字相同的数字划去。

②计算速度：给儿童一个基线数字，让其连续加或减去一个较小数字。

例如：递加，让儿童从1开始递加，每次加3；递减，让儿童从100开始递减，每次减3。

2. 长时记忆训练

阅读理解障碍儿童的长时记忆落后于正常儿童，表明其没有足够的储存或提取信息的能力。适度加工，并形成记忆网络的信息，才能更不易于遗忘。信息间联结越紧密越多，就更加易于在需要的时候提取出来。故信息储存是长时记忆训练的重点。有很多记忆的方法都可以用以训练长时记忆。训练中需要注意的几个方面是：

(1) 新异性和趣味性。记忆信息的训练是较为枯燥的，为了长时间维持阅读障碍儿童的兴趣，需要训练材料由易到难，从界面、操作方法、颜色、呈现方式等方面保持生动有趣。

（2）材料要能够意义加工。找到所要记忆的信息间的关系，可以促进信息间的联系，从而保证信息的存储和提取。

（3）及时复习和过度学习：根据艾宾浩斯（H.Ebbinghaus）记忆曲线（如图4.1所示），遗忘先快后慢，在学习后的第一天，记忆残留量仅剩下33.7%，大量的信息在学习后立即遗失。根据这个原理，记忆信息时应该在记忆后立即进行复习。在第一次能够完整背出记忆材料后继续进行学习，叫作过度学习，能够保证信息保有量。

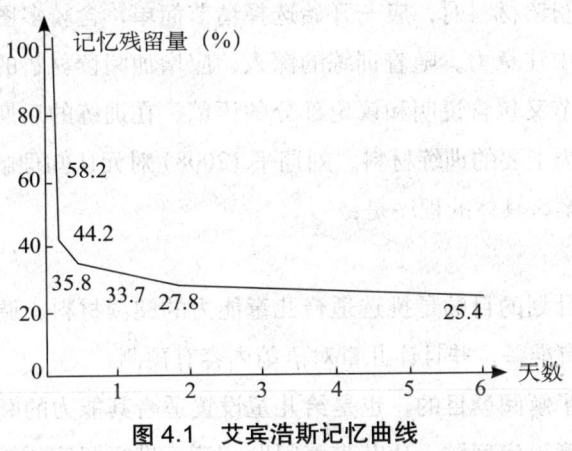

图4.1 艾宾浩斯记忆曲线

例如：在桌上放数张各不相同的漫画卡片，让儿童尽量记住卡面内容。3~5分钟后，用一张纸将卡片全部遮住，让儿童尽可能准确地描述卡片上的内容。答对后，让儿童自己编故事把卡片上的内容串起来。本训练难度由图片数量、图形复杂程度、儿童记忆时间来控制。图片准确记忆数量、故事合理性和流畅性为考察指标。

图4.2 长时记忆训练材料示例

图 4.2　长时记忆训练材料示例（续）

六、元认知理解缺陷

通过调整自我监控，能够提高阅读理解障碍儿童的阅读理解能力。

在挑选阅读材料时，应一开始选择情节简单，含较多图片的语篇，使儿童易于集中注意力。随着训练的深入，应增加阅读材料的难度，逐渐加入既包含情节又包含说明和议论部分的语篇。在训练的后期，应该将说明和议论文作为主要的训练材料。刘翔平（2008）对元认知理解缺陷提出了整套的培训方案，具体的程序是：

1. 计划

阅读前计划的目的是挑选适合儿童能力的阅读材料，调节其阅读目标使其对阅读有准备，并且让儿童对语篇内容有预测。

让儿童了解阅读目的，也是给儿童设置适合其能力的阅读目标，可以一开始给儿童设定问题，让其带着问题阅读。进行阅读预测，是让儿童根据语篇的标题，根据自己的经验或者知识对内容进行猜测，增强儿童的阅读动机，激活儿童原有相关知识体系，促进理解。

2. 监控

在阅读中，要求儿童做标记、做笔记，并概括语篇内容。

做标记是通过在阅读材料上的勾画，突出语篇的重点、难点，还可以在生词、重点语句上做标记。记笔记的方法则有很多种，可以对有感触的内容进行评价、对不理解的部分提问、用自己的话总结语篇内容、摘抄精彩段落语句。而对语篇进行概括，能使儿童更易于回忆起读过的内容。对语篇结构进行概括，还能够提高写作能力。

3. 评估

阅读后，要求对儿童的阅读效果进行评估。分为对理解状况的评估和评价式总结。前者要求对儿童是否真正理解该语篇，理解的深度和精细化程度进行评价。后者则是要求儿童对语篇进行再次评价，加深理解。

本章主要概念

阅读理解能力：在阅读过程中，理解材料所反映对象（事物或者现象等）的内在与外在结构，进而认识材料本质的能力，强调的是读者通过阅读获取意义的能力，这是一种一般性的、在所有阅读活动中都同样起作用的能力。

推理：是指根据线索得到文中未明确表达的信息。狭义的推理就是指为了达到语篇语境理解和连贯性而做出的语篇局部信息的推理，包括语法指代和因果关系等推理形式。广义的推理指语篇中作者没有明确表达的所有信息的推理，包括局部信息、作者意图等推理形式。

图式：是指一组信息在头脑中最一般的排列或可以预期的排列方式。

语篇整体把握：是指从整体上把握语篇形式和内容的理解能力。

语篇内容的迁移：是指基于对语篇中内容的有意义联想和领悟，并且迁移到阅读或者其他情境中。

阅读理解障碍：是指儿童在阅读时，能够正常进行字词解码，拥有正常的词汇量，但对语篇理解上存在严重落后，且该种落后并不是由于智力落后、器质性损伤或情绪上的问题导致的。

解码速度：指将视觉词汇转化为语音和意义的过程的速度，影响了阅读的流畅性。

心理词典：是人们假定的头脑中的类似词典的词汇组织。其中储存了大量的词条，每个词条包括词的字形、语音以及词义等各种知识。

本章思考题

1. 一名小学四年级的小学生识字量测验和听力理解测验都成绩正常，但识字量测验完成速度较慢。一般考试时阅读理解部分分数都很差。试分析导致其阅读理解低成就的原因和可以使用的矫正方案。

2. 请详细说明局部推理和整体推理的相同点和相异点，并举例说明。

3. 文章列举了若干种干预措施，请试图将所有的干预措施分类为认知干预和教学管理干预两个部分，并说明原因。

参 考 文 献

董奇．论元认知．北京师范大学学报（社会科学版），1989，（1）：68-74.

范琳，刘振前．语篇阅读推理模式研究综述．解放军外国语学院学报，2005，28（5）：43-48.

葛秀霞，陈慧轩．高中英语阅读理解错误类型分析及对策，教育实践与研究，2008：20-22.

井世洁．不同阅读能力中学生语篇阅读中的推理加工．博士学位论文．上海：华东师范大学．2003.

井世洁，缪小春．不同语言理解能力中学生的语篇连贯推理．心理科学，2004，27（2）：301-303.

李毓秋，张厚粲．关于小学四年级至初中一年级学生阅读理解能力的研究．心理科学，2001，（1）：29-31.

刘翔平，刘希庆，徐先金．阅读障碍儿童视觉记忆研究，中国临床心理学杂志，2004，12（3）：246-249.

刘翔平．不会阅读的孩子——如何帮助阅读障碍儿童．上海：华东师范大学出版社．2008.

刘文理，刘翔平，张婧乔．汉语发展性阅读障碍亚类型的初步探讨．心理学报．2006，38（5）：681-693

莫雷．中小学生语文阅读能力研究．广东：广东高等教育出版社，1993．

彭聃龄．普通心理学．北京：北京师范大学出版社，2004，290-313．

宋占春，议图式理论在大学英语阅读理解中的运用，黑龙江教育学院学报，2008，27，（1）：183-184．

汤艳莹，浅谈培养学生英语阅读理解能力的有效途径，四川工程职业技术学院学报，2007，（5）：76-77．

王孝玲，陶保平．小学生识字量测试题库及评价量表．上海教育出版社，1996．

王继兵，图式理论与英语阅读理解教学，江苏教育研究，2006，（4）：42-44．

王斌，刘翔平，刘希庆，林敏，阅读障碍儿童视觉长时记忆特点研究，中国特殊教育，2006，（3）：69-73．

王穗萍，莫雷．当前篇章阅读研究的进展．心理学探新．2001．21：20-25．

温鸿博．小学语文阅读能力测评量表的编制．硕士学位论文．上海：华东师范大学．2005．

吴思娜，舒华，刘艳茹．语素意识在儿童汉语阅读中的作用．心理与行为研究．2005，3（1）：35-38

杨双，刘翔平，林敏，宋雪芳，阅读理解困难儿童的理解监控特点，中国特殊教育．2006，（4）：53-57．

袁茵．听觉障碍中小学生言语阅读能力研究．博士学位论文．辽宁：辽宁师范大学．2004．

张辉，周平．转喻与语用推理图式．外国语，2002，（4）：46-52．

赵微．汉语阅读困难学生语音意识与视觉空间认知的实验研究．上海：华东师范大学博士论文，2004．

Best, J. B..认知心理学．黄希庭译．中国轻工业出版社，2001，45-46．

Frank R. Velutiono, Jack M. Fletcher, Margaret J. Snowling. Specific reading disability（dyslexia）: what have we learned in the past four decades?

Journal of Child Psychology and Psychiatry. 2004, 45 (1): 2-40.

Gough, P.B., Tunmer, W.E. Decoding, reading, and reading disability. Remedial and Special Education, 1986, 7, 6-10.

Graesser A. C., Singer M. & Trabasso T. Constructing inferences during narrative text comprehension. Psychological Review, 1994, 101 (3): 371-395.

Hoover W. & Gough P.B. The simple view of reading. Reading and Writing: An Interdisciplinary Journal, 1990, 2, 127-160.

Vellutino F. R., Scanlon D. M., Sipay E. R., Small S. G., Pratt A., Chen R. S., & Denckla M. B. Cognitive profiles of difficult to remediate and readily remediated poor readers: Early intervention as a vehicle for distinguishing between cognitive and experiential deficits as basic causes of specific reading disability. Journal of Educational Psychology, 1996, 88, 601-638.

第五章
写 作 障 碍

第一节 写作：人类特殊的语言能力

一、写作与人类语言能力的发展

儿童入学以后，要学习和培养的一项重要的语言能力就是写作，写作能力的发展对儿童今后的学习和生活都将起到重要作用。然而，写作却是所有关于语言的活动中难度最高的，它要求写作者借助一定的工具（如笔、键盘），把自己的思想、感情转化成他人能够辨认的、可以读得懂的书面文字符号，其中包括大量的技能和认知活动的综合操作。写作障碍是学习障碍的一种常见类型，它困扰着许多儿童、家长和老师。要了解写作障碍，首先应该了解写作这种语言能力。

语言能力是人类最重要的能力之一，是儿童发展其他高级认知活动和健全人格的重要基础。人类有四种基本的语言能力：听、说、读、写，四者之间有着密切的联系。按照功能来划分，听和读都属于信息输入的语言能力，而说和写则属于信息输出的语言能力。按照加工对象来划分，听和说所针对的都是声音文字符号，而读和写则涉及的是书面文字符号，相对来说要更为高级和复杂。

从语言能力的发展顺序来看，四者正是按照听、说、读、写的顺序发展的，而且后一种语言能力的发展以前面的语言能力发展水平为基础。婴儿出生后，他们首先是通过听来接收语言信息的。远在儿童开始说话之前，他们就具备了一定的理解话语的能力。研究表明，4个月大的婴儿已经表现出对语言刺激的偏好。婴儿通过听来形成对语言的正确感知，而这是说的重要基础。一般婴儿在9~12个月大时，便会说出第一个指示词，到18~24个月时，出现双词话语，3~4岁时出现完全符合语法的完成句子，7岁之前则能获得完全符合语法的口头语言。

在获得正常的口语能力的同时，绝大多数儿童开始在适当的年龄学习书面文字。一般情况下，人类不用经过正规教育便能掌握听说能力，而对书面语言的掌握则必须通过正规的教育，其难度也上升到一个新的水平。儿童入学后，首先是要识字记字，并学习简单的阅读。汉字中常用字数量大约为三四千字，小学语文课程标准规定一二年级学生的识字量应在1600~1800字之间，其中会写的字应达到800~1000字。三四年级的识字量为2500字，会写的字达到2000个；五六年级的识字量是3000字，会写的字达到2500个左右。随着识字量及阅读水平的发展，才开始发展写作能力。我国学者朱晓斌提出了小学生写作发展的三个阶段（朱晓斌，2007）：写话期是起步阶段，从口述到笔录，连词造句，写作内容简单；第二阶段是过渡期，此阶段完成从口述到叙述，从句、段到篇章的过渡，并开始考虑文章的构思；第三阶段是初级写作期，开始运用记叙、描写、说明等表达方法，围绕中心选材、组材，思路渐趋有条理。林崇德等人的研究发现，小学低年级是写作的准备阶段；三年级是口述向复述过渡阶段，四年级是阅读向写作过渡的开始阶段（林崇德，1999）。

写作能力是建立在其他三种语言能力发展的基础之上的，必须以其他语言能力的发展为前提。但是，其他语言能力的发展并不意味着写作能力会自然而然地提高。因为，这四种语言能力既相互联系，又互相独立，有着各自的发展机制。

二、书面表达与口头表达的关系

无论是说还是写，都属于语言生成，它是说话者或作者把意义变成声音或文字的过程，包括词语选择、句法组织或语义组织等活动，是人们利用语言表达思想的心理过程。儿童在学写作文初期，总是先学习口头作文。口头表达对书面表达的发展有重要的意义，根据儿童语言的发展规律，书面作文应以口头作文为先导。从言语发展顺序来看，口头作文的发展走在书面作文的前面，说是写的基础，不仅表现在口头作文可为书面作文提供大量词汇、正确的句式和适当的表达方式，而且口头作文可使和书面作文相关的神经系统预先得到训练。更为重要的是，口头作文是小学低年级学生发展书面作文的一种"工具"，因为儿童的内部语言不够完善，而在将它们的思想写出之前，必须将思想组织成有条理的、连贯的语言，因此他们就不得不借用外部的口头言语检验和调节自己的思想。

然而，口头表达和书面表达又存在着区别。口头表达是借助语音完成的，对说话人的发音系统有着严格的要求。而写作则主要借助笔等工具将作者的思想转化成为外部文字符号。口头表达时说话者面对说话对象，可以得到及时、直接的反馈，而写作时作者则无法及时得到读者的反馈，必须时时意识到读者的需求。总之，口头表达和书面表达无论在结构上、功能上，还是在对能力的要求上都存在本质的差异。心理学家维果斯基曾指出："从产生语言功能的心理本质来看，书面语言是完全不同于口头语言的另一种过程，书面语言是语言的代数学，是有意识、自觉的语言活动中最困难、最复杂的形式。"

三、写作与阅读的关系

阅读和写作之间有着十分密切的关系。首先，它们都是针对书面文字符号的语言活动。其次，阅读与写作相互促进。阅读能力是写作能力的基础，古语说"读书破万卷，下笔如有神"，就指出了阅读对写作的促进作用。而写作反过来也会影响阅读能力，研究发现，在整个小学阶段，阅读一直对写作起着促进作用，而写作则是到高年级阶段开始影响阅读能力。第三，大量研究发现写作和阅读之间存在着许多共享知识，比如元知识，关于语义学等特定领域的知识以及关于句法、文本格式等一般文本特征的知识。

如果阅读能力不熟练或阅读经验缺乏，那么一定会影响写作能力的正常发展。然而，阅读和写作能力是两种独立的语言能力，有着各自独立的认知机制。阅读好并不意味着写作水平自然就高。实际上，教学和生活中的大量经验都告诉我们，阅读能力并不是写作能力的充分条件，有许多人阅读能力很好，而写作却很糟糕。阅读是一种信息输入的过程，而写作则是信息输出。相比来说，写作所涉及的认知活动更为复杂，因此也更难掌握。

第二节 了解写作及写作障碍

一、写作心理过程

写作既是一系列具体的、外在的操作性活动的组合，又经历了复杂的心理活动过程。写作的成果——文章，可以说是人类心灵或精神的外化。因此，写作心理一直是心理学家致力研究的领域。写作心理研究旨在揭示人们在写作活动中表现出的心理特点和规律。但是由于写作活动的复杂性，相对阅读来说，心理学界对写作的研究要贫乏得多。

西方传统写作心理学是以成果为导向的，即将写作的成品作为研究的重点，并没有揭示写作的心理过程。一般认为，真正展开写作心理过程的研究是在认知心理学兴起之后，它注重对写作过程的研究，着力探讨隐藏于写作活动的变化过程之中和各种写作现象背后的不变的成分以及成分之间的结构。根据认知心理学家的定义，写作是一种有目的的、解决问题的信息加工过程，在此过程中作者试图将他们的思想和情感用可以看见、能够辨认，并能被人们读懂的文字表达出来。

对写作心理过程的描述，最著名的是海耶斯和弗劳尔（Hayes, Flower）于1980年提出的写作过程模型（见图5.1）。该模型参照了洛曼等人的早期写作模型以及纽厄尔和西蒙（Newell, Simon, 1972）有关问题解决的模型，运用口语报告法对成熟写作者的写作过程进行了系统的研究。它将熟练的写作视为一种目标导向活动，作者通过确立和组织作文目标及子目标来引导自己的写作过程，综合各种内在认知过程以实现写作目标。该模型指出，写作包括三个部分：作者的任务环境、长时记忆和工作记忆。模型的重点是揭示写作过程，任务环境和长时记忆则是写作过程展开的背景（薛庆国等，2000）。

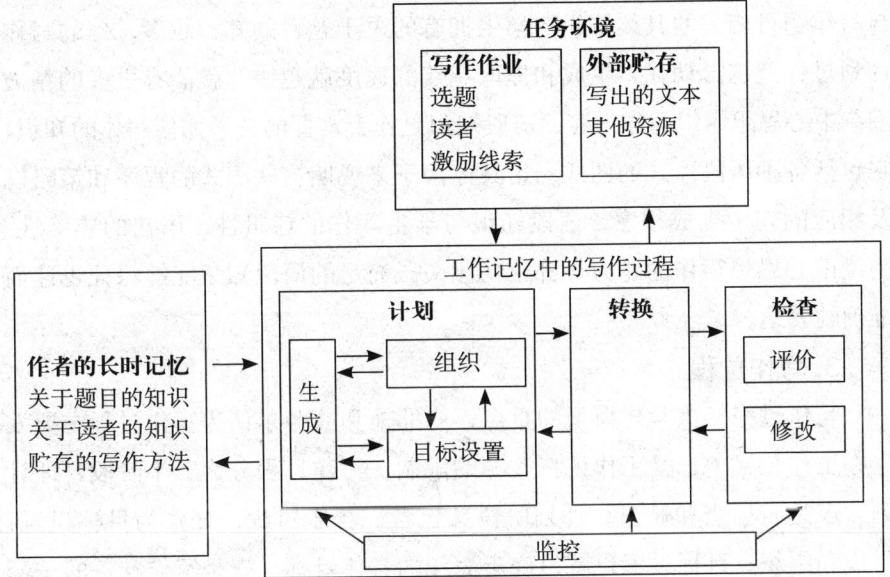

图 5.1　Hayes 和 Flower 的写作过程模型

1. 任务环境

作者的任务环境限定了问题，它包含两个主要成分：写作作业和外部贮存。写作作业是作者面临的写作任务，它指明写作的题目和范围、读者对象，也往往包含对写作的激励线索。写作作业对作者的任务表征和确定写作目标均具有重要影响，交代不清楚的作业任务会给作者造成较差的或不完整的目标表征，导致低质量的写作或作品与读者对象不相称。

外部贮存是作者已经写出的文本或其他充当写作素材的材料，外部贮存是写作的外部资源。对于写作较长文章，作者往往需要几种外部贮存，如已写出的提纲、草稿、信息卡片、读书笔记等。外部贮存能帮助作者在写作时减轻工作记忆的负担，同时在文本的修改和评价中也具参考作用。

2. 长时记忆

长时记忆为写作提供内部资源，任何作文都不是作者凭空编造的，而必须有丰富的知识储备。长时记忆中贮存着关于题目、读者、写作形式等方面的知识。本顿和卡瓦拉（Benton，Kiewra，1987）把长时记忆中可以利用的写作知识分为两类：题目知识和语段知识。题目知识是指学生具有的、与写作题目相关的具体知识。学生拥有的关于题目的知识越多，他的写作计划过程就越自动化，生成和提取观点的速度就越快，就能有更多的精力围绕中心思想组织写作内容。语段知识是作者掌握的关于如何写作的知识，它包括各种语段形式的图式、用具体例子来说明这些图式的程序和策略以及相应的句子生成程序。语段知识与学生写作的连贯性、语法的熟练性、围绕中心思想写作的能力等都密切相关。充足的语段知识能够保证迅速而准确的表达。

3. 写作过程

写作过程是该写作模型的重点，海耶斯和弗劳尔认为写作过程主要发生在工作记忆中，受工作记忆资源的限制。写作过程分为三个阶段，即计划、表达、检查和修改。计划阶段又包含三个子过程，分别为目标设置、生成和组织。目标设置也就是确定写作的具体目标，它是写作准备的一部分。目标设置虽然多在写作的准备阶段进行，但在整个写作过程中，作者可能根据写作需要多次调整写作目标，因此它往往不是一次就能完成的。生成是指作者的观念的形成过程。生成的观念既可以来自长时记忆，也可以来自外部贮存。生成的观念是构成文章的基本内容。生成是一个连续的过程，它贯穿整个写作过程的始终。组织是指为生成的观念创设一种合理的、连贯的、与读者的预期相一致的结构。组织过程也不是一次就完成的，它随写作目标和生成的观念的变化而变化。目标设置、生成和组织三个子过程之间循环往复，不断交互影响，共同完成写作的计划过程。

表达是把生成的观念转化成书面文本的过程。表达需要通达语义记忆，从中提取能准确表达观念的词汇，连词成句，最后把词汇和句子写出来。不熟练的表达可能会占用工作记忆中相当多的能量，但是通过练习，表达变得更加自动化后,工作记忆的负担就会大大减轻。

检查是指参照写作目标重新考查已写出的文本的过程。检查包含两个子过程:评价和修改。评价是重读已写出的文本,判断它的质量,找出其中不理想之处。它不仅依赖作者的一般性的内容知识,而且依赖作者对特定形式写作的熟练程度。修改是指改写和重新组织文本,使文章更臻完善的过程。修改的质量在很大程度上依赖作者的熟练水平。

海耶斯和弗劳尔的写作模型认为,在写作过程中,作者并不是严格按照从计划到表达再到检查这一线性顺序进行的,多数写作者在这些过程中往往经过多次反复。计划、表达和检查过程之间也并非截然分离的,而是紧密联系在一起并相互作用。例如,写作可能从检查回到计划,然后再到表达。在更为复杂的情况下,写作还要在任务环境、长时记忆和工作记忆中往返进行。

尤其值得注意的是,该写作过程模型强调写作的三个加工过程都需要自我调控(self-regulation),或称自我监控。自我调控是主体为了达到预定目标,将自身正在进行的实践活动过程作为对象,不断对其进行计划、监察、检查、评价、反馈、控制和调节的过程。它是人类最重要的活动方式之一,是人类意识和智慧的高度体现。

该写作模型认为自我调控贯穿于整个写作过程,起到一种执行性控制的作用。写作能力主要在于监控和引导自己的写作过程。因为写作过程中需要同时操作多种技能,作者在保持关注文章的整体结构、形式与特征、目的以及读者需要等时,必须协调好各种规则和机制。当今西方心理学家普遍认为作者在写作活动中对自我调控策略的运用技巧是衡量作者写作能力的一项重要指标。

二、写作障碍的界定

由于写作的复杂性,在写作上存在问题的儿童不在少数。1998 年美国教育统计中心的全国评估发现,有 16% 的四年级学生、16% 的八年级学生、22% 的十二年级学生,连最基本的写作水平也没达到(Scott Baker 等,2003)。写作的问题通常在很早就出现,而且会伴随学生的整个学习过程。

由于写作障碍而进入特殊教育机构的学生人数非常多。我国没有关于学生写作障碍的统计,但写作也是我国语文教育的一个突出问题。多数学生的作文有内容空泛,形式呆板,层次不清,结构紊乱等问题,很多学生对作文有厌烦甚至畏惧的情绪。

写作障碍的普遍性引起了心理学界的关注,20世纪六七十年代,国外研究者对写作障碍进行了早期研究。此时研究者主要是将写作障碍者与写作正常者的作品相对比,是对成果的分析。1980年以后,随着认知心理学被引进写作心理研究领域,国外关于写作障碍的研究也表现出认知心理学倾向,开始把重点放在写作过程中。近20年来,心理学家在写作障碍心理机制的研究上取得了大量成果。尽管如此,对写作障碍的研究仍要落后于其他学习障碍领域,因为写作任务的复杂性,其障碍的表现形式多种多样,成因和机制也各不相同,所以对于写作障碍目前还并没有统一的定义和诊断标准。本书中我们将参照其他学习障碍的定义来界定写作障碍。

阅读和写作之间有着非常密切的关系。我们借鉴ICD-10对阅读障碍的分类和定义对写作障碍进行界定,将写作障碍分为获得性和发展性两种。前者是因为后天脑损伤或疾病而引起的写作障碍,后者是个体在一般智力、动机、生活环境和教育条件等方面与其他个体没有差异,也没有明显的视力、听力、神经系统障碍,但其写作成绩明显低于相应年龄的平均水平。而我们所探讨的主要是发展性写作障碍。

三、写作障碍的分类

由于写作过程是对多种技能和能力的综合操作,导致写作障碍的原因是多种多样的,因此,写作障碍也应分为不同的类型。要对写作障碍儿童进行有效的干预和训练,首先应该了解其背后的原因及其所属的类型。对于写作障碍有不同的分类标准,我们根据简单写作观将其分为两种主要类型。

伯宁格等人(Berninger,2002)提出了写的简单观念(simple view of writing),认为写可以分为两种水平,即转录(transcription)和写作(composing),这两种写的水平是相对独立的(Virginia等,2002)。转录是机械（mechanics）的，它强调把脑中的文字转化为外在的、可以识别的文字。转录主要包括书写（handwriting）和拼写（spelling），它是较低层次的写。而写作则要求作者把自己的思想、感情用逻辑连贯的、有结构、有中心的语言文字表达出来。相比而言，写作水平要更难、更复杂，它对写作者的认知加工、思维过程都有很高的要求，是高水平的写。

写的简单观念可用一个三角形模型来揭示。它包括了影响写作能力发展的因素（见图 5.2）。这个三角形底边的两个端点分别是转录技能和自我调控能力，而文本输出，也就是写作能力，则处于三角形的顶点。也就是说，写作能力的正常发展必须建立在两个条件的满足上，即正常的转录技能和自我调控能力，其中转录技能是低层次的机械性的因素，自我调控能力是认知机制上的影响因素。该三角形模型是处于工作记忆环境中的，即写作过程是在工作记忆中进行的，要受工作记忆容量的限制。

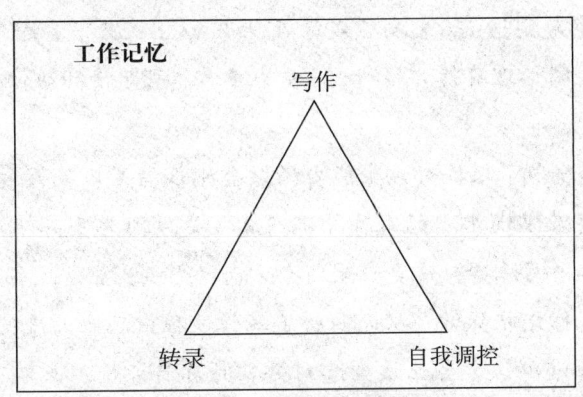

图 5.2 写作三角模型

针对影响写作能力的两种因素，我们可以将写作障碍分为两种类型：一种是书面水平上的写作障碍，一种是意义水平上的写作障碍。

1. 书面水平上的写作障碍

此类写作障碍者的文章是难以辨别的。他们在写作上的问题主要表现为所写的作文错字连篇，标点符号使用错误，手写字迹潦草，文章很短、枯燥无味等等。这一类写作障碍主要是由落后的转录能力所导致的。虽然转录和文本写作是两个独立的水平，但因为两者都处于工作记忆环境中，受到工作记忆容量的限制，因此，熟练的转录能力是写作能力发展的一个重要前提条件。

写作是一种复杂的认知活动，涉及许多子目标的认知加工，它们都与个体的工作记忆有关。写作中的认知活动，如观念产生、把观念转换成词和句子、形成文本结构、编辑和修改等，都需要消耗有限的工作记忆资源。如果写作者的转录能力差，就可能占用过多工作记忆容量，从而影响到写作的质量和流畅性。

> **典型案例**
>
> **案例介绍**：曾某，男，10岁，小学四年级。数学好，喜欢读书，课外阅读范围广泛，讲故事时思维流畅、内容丰富。可是不爱写作文，一拿起笔就觉得没什么可写的，每次他的作文都是三言两语了事。在最近三次语文考试中作文均不及格，字数严重不够。
>
> **综合能力测验**：瑞文测验成绩在95%以上；识字量达到5.2年级；口语表达、阅读理解能力很好；注意力正常；手部精细动作不协调，书写不规范。
>
> **诊断及分析**：根据对该生能力的综合测试结果以及写的简单观念，认为该生存在书面水平的写作障碍。其主要原因为手部精细动作的不协调导致其书写障碍，这会产生两个方面的影响：首先，书写过程占用了过多的工作记忆资源，从而阻碍了写作过程中思维的流畅性。其次，因为书写难以辨认，会让该生遭到更多的负面评价，长期下来必定会造成他对书写的恐惧和厌恶心理。综合以上两个方面的影响，所以该生说得出来，却写不出来。

2. 意义水平上的写作障碍

意义水平上的写作障碍者在转录能力上没有问题，他们可能书写流畅、准确无误，然而他们的作文通常缺乏组织性，前后文不连贯，文章中有很多无关的信息，整体质量较差。这是因为写作是一个问题解决过程，初学写作者及写作障碍者与熟练写作者的差别不仅仅表现在知识储备的多寡上，更主要的是表现在设定目标、形成问题的能力上。此类写作障碍者缺乏由目标引导的系统回忆与主体相关知识的策略，缺乏对写作过程的自我调控能力，导致他们在写作中常常会出现以下问题：第一，他们不知道如何自我调控，缺乏关于写作过程的知识，在产生观点和选择主题上有困难；第二，他们运用的是"知识描述"（knowledge-telling）和"获得－写"（retrieve-and-write）的方法，即只要他们能想得起来的关于题目的所有内容，他们都会写在作文中，没有计划，经常是在写到一件事时突然想起下一件事，也不管所写内容是否符合读者的需要、文章的结构和写作目的。这种写作方式就像一个自动的程序，没有意志控制（Graham，2002）。

> **典型案例**
>
> **案例介绍**：王某，女，11岁，小学五年级。写作成绩很差，她的每一篇作文在字数上都能达到要求，可是写出的作文常常前后文不连贯，结构性差。感觉她写作文就是天马行空，想到哪儿写到哪儿。在最近的三次语文考试中，她的作文都写跑题了。
>
> **综合能力测验**：瑞文成绩为50%~75%，识字量达到五年级水平，书写正常，无注意力问题。阅读能力上，朗读顺畅，但阅读理解能力落后于同年级水平。
>
> **诊断及分析**：根据该生的表现和各项能力测验结果，认为她属于意义水平上的写作障碍，写作时采用的是"获得－写"的方法，即想到哪儿写到哪儿，写作过程中缺乏计划和检查、修改阶段，没有自我调控。

第三节　对写作障碍的干预与教学

一、写作教学重点的演变

西方传统写作教学以"结果"为重点，即注重写作的成品。直到20世纪70年代，写作教学仍是依赖于范文形成写作规则，并把构思的观点、思路转化成文字。写作教学的目标是辨认有效范文的特征，写作学习的主要内容是学习如何把口头语言转变成书面文字，学习拼写和语法规则，通过范文形成良好的文章结构和修辞。我国写作教学目前采用的就是这种"注重结果"的方式。

20世纪80年代以后，随着认知心理学被引进写作研究领域，写作被视为一种问题解决的信息加工过程，写作教学也由"注重结果"向"注重过程"转变。这种教学方式的特点之一是强调写作的"指向目标"性质。研究者认为，新手及写作障碍儿童采用的是"知识－讲述"策略，而专家或熟练者则采用的是"知识－转译"策略。前者是一种"想－说"的方法，其写作计划倾向于把内容直接罗列出来，修改受到文章表面特征变化的限制。因此，这类文章通常包含了大量无关且不连贯的信息，掩盖了有意义的材料，缺乏有特色的见解。而"知识－转译"策略则是积极地设计一篇文章，其目标是要与读者交流；文章的观点并非直接来自记忆，而是紧紧围绕着社交目标来构建；作者的写作计划十分详尽，并可以根据写作目标调整；修改不仅是表面特征的变化，还包括内容和结构的调整（朱晓斌，2007）。"注重过程"的写作教学的另一特点即强调学习者要学会协调写作中的不同过程，以符合不断变化的背景、任务。因为工作记忆容量是有限的，写作者必须学会调节整个写作过程的不同阶段，否则就会造成"认知超载"。

近年来，西方写作教学出现了一种"回归结果"的倾向。当前研究的焦点集中在"注重过程"与"注重结果"哪种教学方法更有效？经过大量研究发现，"注重结果"和"注重过程"这两种教学方式都是有效的，关键是要针对写作障碍儿童的特点来设计教学方式。研究还发现，新手和写作障碍者更多得益于直接、明确且具体的教学干预与支持。我们主张在对写作障碍儿童的教学中，要根据他们的特点，结合过程训练法和结果训练法。

二、注重过程训练法：改善自我调控策略

认知心理学家在研究改善写作障碍儿童的写作过程时，主要将焦点集中在不同写作过程的自我调控策略上。因为自我调控策略是改善写作活动的基本策略，它是写作过程中作者管理自身的认知行为的方法。20世纪80年代后，研究者纷纷展开自我调控如何对写作过程产生影响的实证研究，并发现了在写作过程的三个阶段——计划、转译和修改——分别起作

用的多种自我调控策略。促进学生学习中心（center on accelerating student learning）则通过自我调控策略发展计划（self-regulated strategy development，简称 SRSD）来系统地改善写作障碍儿童的自我调控技能（Steve Graham 等，2005）。该计划的目的是让学生在写作过程中能自动、有规律、灵活地运用各种自我调控策略。结果发现，经过学习，写作障碍儿童的作文内容更丰富，而且质量也有所提高。以下简要介绍写作过程各阶段上有效的自我调控策略。

1. 计划阶段的自我调控

写作障碍儿童在写作之前往往没有计划，或者只是简单的计划。具体说来，写作障碍者与熟练写作者在计划过程的三个子过程上——设置目标，生成和组织，都有明显不同。首先，在目标设置上，熟练写作者的目标是为了以一种有意义的方式与读者进行交流。写作障碍者则仅仅是写下记忆中与题目有关的内容，属于知识讲述型目标；而在转录能力上落后的写作障碍者则以避免错误为目标。而且，熟练的写作者更善于把复杂的写作目标分解成若干子目标，他们生成的子目标往往是动态的。第二，写作障碍儿童在生成观点的数量和质量上都要明显落后于熟练写作者。第三，写作障碍儿童在观念组织上连贯性比较差。

针对以上问题，大量研究发现，通过让写作障碍儿童设定写作目标，监视自己的行为并结合外部反馈，可以提高他们的作文成绩。在正式开始作文之前，让学生设置作文篇幅的目标，教师提醒如果他们达到目标就给予奖励。结果这些学生在这种自我调控程序的帮助下，不仅作文字数增加了，文章的质量也得到改善。"思维清单"也是一种计划阶段的有效自我调控策略，清单的内容包括：我为谁写作（引导儿童考虑自己的读者）；我对这个题目知道多少（激活背景知识）；我如何才能把这些观点组织在一起（引导儿童组织观念）。教写作障碍儿童列提纲或文章的要点能很好地帮助他们组织自己的观点，结合口头表达则会发挥更有效的作用。

2. 表达阶段的自我调控

写作障碍儿童在表达阶段通常会出现不流畅或不连贯的问题。如果转录技能没有达到自动化，那么作者就需要把相当一部分注意分配在写作动作、拼写、语法和标点上，这样就会占用大量的工作记忆空间，影响观念表达过程的流畅性。此外，写作障碍儿童在保持表达的连贯性上也明显落后于熟练写作者。

对那些在转录能力上明显落后的儿童，为了解放他们的工作记忆资源，除了提高转录能力外，可以在草稿阶段忽视他们的转录问题，如在白纸上写，不用线条或方格束缚他们，不会写的字可以用拼音或同音字代替，或用打字代替书写等。对于不连贯的问题，则可以通过让他们制定具体的子目标并记录在纸上，写作文时按照子目标进行，这样便可以减轻认知负担，并让他们围绕目标来组织自己的观点。除此之外，给写作障碍儿童具体的标准来评价自己的作文，或让他们判断在作文中是否出现了特定优点或特征，也可以帮他们有意识地调控写作过程以及组织观点。

3. 修改阶段的自我调控

写作障碍儿童很少对作文进行修改，即使修改也仅仅限于表面，着眼于文章中词汇和文法的不当之处。他们认为修改就是改正一下错别字，替换一些词组或者书写整洁一些，很少对逻辑结构、内容组织等文章的深层方面进行修改。他们看不到自己作品中的问题，还经常为别人不理解自己的作品而感到困惑。

改善写作障碍儿童的修改策略有四种途径：一是直接教给学生修改策略；教师可以指导学生找出自己作文中可能让别人读起来困难的地方以及如何增减内容。二是利用同伴的反馈促进修改。同伴大声阅读作品，周期性地停下来总结文章的观点，并对下一步内容做出预测。这种方法让写作者观察到读者是如何建立对作文的心理表征的，它能促使写作者对作文进行整体修改，重新组织信息，为读者添加合适的信息。三是让学生把写出的文章放一段时间再重新阅读和修改。这时写作者能像阅读他人的作品一样，从中找到更多问题以便修改。四是让学生大声对他人阅读自己的文章，因为大声阅读比默读更容易发现文章的问题，并能从听众那里得到及时反馈（薛庆国等，2000）。

相比传统的注重结果的教学方法，这些自我调控策略更具操作性，可以大大改善写作障碍儿童的写作过程。对于写作障碍者来说，自我调控程序越是具体、明确,对他们越是有效。目前西方写作教学中已经十分重视自我调控策略的教授与训练,在我国则还没引起足够的重视。

三、结合结果教学法:有针对性地范文仿写

在对写作障碍儿童进行教学时,不仅要加强过程干预,规范他们的写作流程,提高他们对写作过程的监控,也要重视范文仿写这种注重成品的教学方法。仿写是读写结合的最基本形式,它的心理活动是模仿,通过模仿使阅读和写作结合起来。仿写是指仿效一定的文章原型而引起与之类似行为模式的一种心理活动,也是基本的写作学习手段。在掌握书面语言的过程中,仿写使从理解到表达的转化过程大为缩短。班杜拉的理论说明了仿写的重要性,他认为儿童学习语言、获得语言能力,大部分是通过在没有强化条件下的观察和模仿;社会语言范型对儿童语言发展有重大的影响。范文在学生的写作学习中发挥了以下作用:首先,范文能示范性地把结构格式、遣词造句、谋篇布局的方法直接地呈现给学生,形象地告诉学生怎样写作。其次,学生可以学习范文观察事物、分析问题的方法和规律,然后通过模仿性的习作,把知识转化为能力。最后,范文能帮助学生在写作时扩充知识、开拓思路、丰富想象。我国的写作教学中普遍采用范文仿写法,然而,要提高该方法对改善写作障碍儿童写作能力的效果,必须针对写作障碍儿童的特点,采取行之有效的方式。关于范文仿写,我国展开了大量研究,取得的结果对写作教学具有重要的指导意义。

(1) 根据仿写水平发展的阶段性,可以将其分为四级:第一,句型仿写,对范文的句子进行仿写,它的心理特征是识辨句型。第二,结构仿写,从课文中寻找相应的写作方式,表达一定的人、事、景物,它的心理特征是认知简单的结构。第三,综合型仿写。开始从几篇范文中进行综合性模仿,突出描写特征的训练,它的心理特征是比较。第四,初创性仿写,在借鉴范文的基础上,具有初步的创造性,仿范文之形,写出自己的真情实感。重点是展开文思训练,它的心理特征是联想(朱晓斌,2007)。

(2) 根据教师在仿写中给予的指导水平,可以分为抱、扶、放式仿写。"抱"式仿写是给出范文,并加以详细的指导和启发,使学生仿写时并不费

力。"扶"式仿写是提供一些可以参考的范文，教师只作适当指点，不做详细分析，由学生自己从中得到启发。"放"式仿写是只提要求，学生根据要求，自选范文仿写，教师在必要时进行指导（朱晓斌，2007）。

（3）根据模仿的对象，仿写的方法又可分为仿其文、仿其格、仿其法。仿其文指仿用范文的部分语言文字；仿其格指模仿范文的格局，如结构、布局和写作的思路；仿其法就是仿照范文的写作方法、修辞手段和观察方法（朱晓斌，2007）。

对写作障碍儿童使用仿写这种教学方式时，应结合儿童的能力水平和知识结构，选择适当的范文，从最简单的句型仿写开始。要使仿写产生效果，具体、详细的指导是非常重要的，老师要教儿童分析范文的内容、修辞、语言、结构、思路、观察和写作方法，还要引导儿童将之应用在自己的写作过程中，可以每次确定一个主题集中训练。

最后，要注意的是，在对写作障碍儿童进行训练时，应将仿写和写作过程的训练结合起来。仿写之前要帮孩子分析范文，向孩子指明应该学习的地方，将它们都列在纸上，作为儿童在写作文时应达到的目标。然后，指导儿童拟定具体的写作计划或提纲，在打草稿的过程中，让孩子经常对照自己的写作目标、计划或提纲，此时不用强调文章的表面特征，即书写、字词、标点，以免束缚儿童的思路。写完草稿后，要求儿童养成检查和修改的习惯，可以采用各种方式。这个阶段分为两个层次，首先是对结构、内容和思路的检查和修改，然后再对字词、标点等文章的表面特征进行修改。通过训练，写作障碍儿童逐渐会在写作时遵循科学的过程和方式，从而大大提高作文的质量。

本章主要概念

写作：是一种有目的的、解决问题的信息加工过程，在此过程中作者试图将他们的思想和情感用可以看见、能够辨认，并能被人们读懂的文字表达出来。

写作过程模型：由海耶斯和弗劳尔（Hayes，Flower）于1980年提出，该模型运用口语报告法对成熟写作者的写作过程进行了系统的研究。它将熟练的写作视为一种目标导向活动，作者通过确立和组织作文目标及子目标来引导自己的写作过程，综合各种内在认知过程以实现写作目标。该模型指出，写作包括三个部分：作者的任务环境、长时记忆和工作记忆。模型的重点是揭示写作过程，任务环境和长时记忆则是写作过程展开的背景。写作过程包括计划、表达、检查与修改三个阶段，其中自我调控贯穿于整个写作过程，起到一种执行性控制的作用。

发展性写作障碍：个体在一般智力、动机、生活环境和教育条件等方面与其他个体没有差异，也没有明显的视力、听力、神经系统障碍，但其写作成绩明显低于相应年龄的应有水平。

写的简单观念：写可以分为两种水平，即转录（transcription）和写作（composing），这两种写的水平是相对独立的。转录是机械（mechanics）的，它强调把脑中的文字转化为外在的、可以识别的文字。转录主要包括书写（handwriting）和拼写（spelling），它是较低层次的写。而写作则要求作者把自己的思想、感情用逻辑连贯的、有结构、有中心的语言文字表达出来。相比而言，写作水平要更难、更复杂，它对写作者的认知加工、思维过程都有很高的要求，是高水平的写。写作能力的正常发展必须建立在两个条件的满足上，即正常的转录技能和自我监控能力。其中转录技能是低层次的机械性的因素，自我监控能力是认知机制的影响因素。

本章思考题

1. 口头表达对书面表达有什么作用？阅读和写作之间存在怎样的关系？
2. 海耶斯和弗劳尔的写作模型由哪几个成分组成，其中最重要的成分是什么？它由哪些内容构成？
3. 什么是发展性写作障碍？写作障碍可以分为哪些类型？各有什么特征？
4. 对写作障碍儿童的教学方式有哪些？怎样的教学方式最为有效？

参 考 文 献

1. 林崇德. 学习与发展——中小学生心理能力发展与培养. 北京: 北京师范大学出版社, 1999.

2. 薛庆国, 庞维国. 现代认知心理学对写作过程的研究进展. 心理科学, 2000, 23（4）: 458-465.

3. 朱晓斌. 写作教学心理学. 杭州: 浙江大学出版社, 2007.

4. Graham, S., Harris, K., MacArthur, C. A., & Schwartz, S. S. Writing and Writing instruction with students with learning disabilities: A review of a program of research. Learning Disability Quarterly, 1991, 14: 9-114.

5. Scott Baker, Russell Gersten & Steve Graham. Teaching expressive writing to students with learning disabilities: Research-based applications and examples. Journal of Learning Disabilities. 2003, 36（2）: 109-123.

6. Steve Graham, Karen R Harris. Improving the writing performance of young struggling writers: Theoretical and programmatic research from the center on accelerating student learning. The journal of special education. Bensalem: spring 2005. 39: 19-34.

7. Virginia W, Berninger, Robert D. Abbott, Sylvia P. Abbott, Steve Graham, and Todd Richards. Writing and Reading: Connections Between Languge by Hand and Language by Eye. Journal of Learning Disabilities, 2002, 35（1）: 39-56.

第六章
数学学习障碍

第一节 数学学习概论

与阅读、听写等学习技能一样，数学技能也是一种与个体生存、人类发展密切相关的重要技能。一个人如果数学学习出现困难，不仅影响其他各门相关学科的学习，而且也会造成日常生活中的不适应。

数学被誉为是一种世界语言，它是一种可供任何不同个体和民族来进行思考、记录、交流的符号语言。与其他学科相比，数学最明显的特征有三：

1. 抽象性

数学的一个突出特点就是高度概括和抽象的数量关系及空间形式。譬如说"2"这个简单的数字，它可能表示是2个人、2头猪、2个苹果或2根棒棒糖等；"2+3"这个式子可以表示是2棵树加3棵树，也可以表示为2碗饭加3盘菜。总之，它们舍弃了客观世界中千奇百怪的现象，只从数量上来考察，并抽象出"2"或"2+3"这样一个数量关系。而在几何中，"直线"这一概念，并不是指现实世界中的拉紧的线，而是把现实的线的质量、弹性、粗细等性质都撇开了，只留下了"向两方无限伸长"这一属性，但是现实世界中是没有向两方无限伸长的线的。再譬如"正方形"这样一个简单的图形，就可能代表正方形的画布、正方形的桌面、正方形的地板，它舍弃了种种不同的内容,从这许多不同中抽象出正方形这样一个空间形式。如果进一步去研究,如何求出它的周长和面积,那么,这个周长或面积规律,就适用于一切具有此形状的物体。可见,数学学习能力体现着儿童"从环境中抽出空间和数量的关系以及符号的那种刺激,并对这类刺激进行最适宜的加工运算的能力"(刘翔平,1998)。

数学这种抽象的特点,就需要人高超的抽象思维能力或认知能力,人的思维能力或认知能力可以分为抽象的和具体的,有些人形象思维能力甚佳,对文学作品、艺术形象的感知能力高超,对现实世界的具体事物的处理和应对能力正常,但一涉及抽象的数学学习就无所适从,一筹莫展,他们缺少对事物的抽象关系的直观能力,不能脱离开事物的具体形象,展开抽象的思维,所以就会出现学习中文理不平衡现象,产生了所谓的数学学习障碍。

2. 逻辑性

数学的另一个特点是它的逻辑性,体现在数学的推理和结论是严密准确、无可争辩、毋容置疑的。数学逻辑性的最佳说明即它的公理化思想,如欧几里得的几何经典著作《几何原本》可以作为逻辑严密性的一个很好例证。它从少数定义、公理出发,利用逻辑推理的方法,推演出整个几何体系,把丰富而零散的几何材料整理成了系统严明的整体,成为人类历史上的科学杰作之一,一直被后世推崇。两千多年来,所有初等几何教科书以及19世纪以前一切有关初等几何的论著都以《几何原本》作为根据。而近代建立起来的希尔伯特公理体系,则使数学学科的逻辑性更趋严密(周金才,1982)。

逻辑性要求人们具备相应的逻辑思维或认知能力,它与抽象思维有所不同,抽象思维是对事物的抽象关系的把握,超越了形象和具体,体现为一种直观,而逻辑思维是对抽象出来的事物关系进行时间顺序和空间秩序的把握,对事物种属关系的理解;它以抽象思维为基础,如果这种逻辑思维受到损害,人们就不能对经验的因果关系进行分析与理解。

3. 系统性

数学的系统性表现在它的知识衔接紧密、一环套一环,例如:学不好算术就很难理解代数；平面几何基础不好，那么空间几何一定也会学得一团糟。作为一门学科，数学一直以其完整、严密的系统性成为其他学科体系的典范。从某种角度讲，一门"学科"要称之为"科学"，则它必须有完整的体系并且能够用"数学"方式进行表示、演绎，物理、化学便是追随数学的脚步而成熟、完善并最终称为一门合格的"科学"的。数学的系统性与逻辑性密切相连，因为逻辑性强的事物必定具备一定系统性。但是，我们如果从数学学习的角度进行区分的话，数学的逻辑性体现在学习的微观层面即具体的加工过程，它要求运算具有一定的合理性；而数学的系统性多体现在学习的宏观层面及知识的积累过程，它要求教学具有一定的整体框架性、衔接流畅性，例如我们一般都是从小学最原始的概念一直到像函数、复数、微分、积分、泛函、n维甚至无限维空间等抽象的概念都是从简单到复杂、从具体到抽象这样不断深化为一个完整数学体系的过程。

这种系统性加深了数学学习障碍的复杂性，通过有关音节的学习，我们知道，阅读障碍主要是形音解码的速度和形音连接的准确性受到了妨碍，这种妨碍不是系统的，是相对单一的，像一个生病的缺陷，而数学的系统性使得数学学习具有紧密的前后知识联系，知识的学习具有较强的衔接性，如果前面的知识不能掌握，后面的学习则无法进行。

正是数学学习本身所具有的特性，使得不少学生在学习这门学科时感到困难，产生所谓的数学学习障碍。本章将详细介绍数学障碍的概念与定义，数学学习障碍的原因及其矫正方法。

第二节　数学学习障碍的内涵

一、数学学习障碍的定义

数学学习障碍（mathematical learning disability，简称MD），是学习障碍的一种。国内也有学者称之为数学学习困难、数学学业不良。参照本书第二章对学习障碍的定义，本书把数学学习障碍定义为：儿童具有正常的智力和教育机会，没有明显的神经或器质上的缺陷，但在标准数学测验上所得的成绩低于正常读者约两个年级或显著低于同龄水平。该定义的主要依据来源于美国学习障碍联合委员会（National Joint Committee of Learning Disability，简称 NJCLD）设定的纳入（标准化成就测验分数显著低于正常水平）、排除（学习困难不是由其他诸如感官问题、智力发展迟滞或文化差异等原因导致）和需求（需要接受特殊教育辅导）三个确认标准，这种诊断只是针对儿童数学学业成就（向友余，2008）。

二、数学学习障碍的分类

目前由于分类依据的不同，不同学者对数学学习障碍的种类划分未达成一致。

美国特殊教育公法 94-142 中将数学障碍分为两类：计算型数学障碍和推理型数学障碍。

- 计算型数学障碍主要指计算能力，包括口算、笔算等各项计算能力落后，可能是算法掌握不当，或计算所涉及的语音加工能力落后。
- 推理型数学障碍主要指应用题的推理与分析过程出现落后，可能与抽象思维与逻辑思维的落后有关。

另有学者根据数学教学当中的元素，将数学障碍分为三类：概念型数学障碍、技巧型数学障碍和问题解决型数学障碍。

我们认为，应当根据数学学习障碍所涉及的认知过程进行分类才能有助于把握数学学习障碍本质。因此，本书借鉴美国学者盖瑞（Geary，1999）的分类方法，从认知心理学与神经心理学的角度，把数学学习障碍分为以下三种：

1. 语义记忆型（semantic-memory）数学障碍

该种数学障碍在认知任务上表现为：对同年龄段其他儿童普遍掌握的数学事实的提取频率低、提取错误率高，比如不能正确掌握零不能作为除数、任何非零数乘以 1 数值均不变的记忆性知识；对既有知识的正确提取速度也不稳定。

从神经心理学领域的研究看，该种数学障碍与左脑功能失调有关，尤其是与左脑后部区域关系较大。

值得一提的是，语义记忆型数学障碍与阅读障碍特别是语音缺陷型阅读障碍密切相关，即带有语音缺陷型阅读障碍的儿童多伴有语义记忆型数学障碍，有学者将此现象定义为阅读与数学共生性障碍（comorbidity of reading disability and mathematical disability，简称 RDMD）。

2. 技能程序型（skill-procedural）数学障碍

该种数学障碍在认知任务上表现为：频繁地使用不成熟的计算方法，如高年级的学生仍然需要借助于手指头或其他辅助工具来进行加减法运算；对计算程序执行的错误率高；在计算所使用的方法和程序的概念理解上有潜在的发展迟滞。

目前，已有的神经心理学的研究尚不能明确该类型数学障碍与脑功能的关系。同样，也没有足够的研究文献证明技能程序型的数学障碍与阅读障碍存在相关关系。

3. 视觉空间型（visual-spatial）数学障碍

该种数学障碍在认知任务上表现为：不能恰当地排列数字信息、符号混乱、数字遗漏或颠倒、空间相关的数字信息的误解，具体表现如：解决多列算术问题时对不准数位；对数字信息空间表征的错误解释，如加减法进位、退位操作上位置出错；同时还可能伴有对线条、图形等的认知困难。

从神经心理学角度解释，该类数学障碍多与右脑功能失调有关，尤其是与右脑的后半部有关。脑科学早已证明人的右脑与视知觉加工密切相关。

目前学界尚无明确证据证明视觉空间型数学障碍与阅读障碍相关，但至少可以排除该类数学障碍与语音缺陷型阅读障碍的相关关系。

三、数学学习障碍的临床特征

所谓临床特征是指数学障碍在各类观察和诊断中的学习行为的具体表现，即障碍的呈现方式与表现，对于人们理解和诊断数学学习障碍具有经验上的帮助。数学学习障碍的临床特征具有个体的异质性，个体差异很大，因此不同的数学障碍儿童的临床表现可能千差万别；换句话说，并非所有的数学障碍儿童都具有所有的临床特征，仅仅可能是表现为某些部分特征的不同组合。

1. 学前征兆：数学相关活动经验的缺失

多数数学学习障碍的学生早在学龄前就表现出特定的行为特征。表现为：他们不会一个接一个地数十以内的数字；不会把玩具按某种规则进行分类。

儿童对数量的某些概念可以从其牙牙学语时体现出来，例如"所有的"、"全部""好多""很大"等；同样，幼儿通过玩耍瓶瓶罐罐、木头瓦块，特别是玩具积木，可以提高其对空间的认识，如形状、排列、顺序等。据不少数学障碍儿童的父母们报告，这些儿童在幼年时期很少具有摆弄石块、迷宫、模型或组合积木的活动兴趣和经验。

那么，到底是他们本身对这些与数学相关游戏的排斥导致了他们的数学障碍，还是他们本身所具有的数学障碍使他们为避免低效能感而远离这些数学游戏？其因果关系有待进一步的证明。

2. 对空间关系的感知障碍

如前所述，儿童对空间关系的概念多数通常在学龄前就有模糊的认识，比如：上下、前后、里外、高矮、远近、交叉等。但是许多学习障碍儿童对空间关系表现得很茫然，比如在带有单位长度和数字的数轴上，他们可能搞不清数字 3 到底是与 4 更近还是与 6 更近。

通常他们还表现为缺乏空间方位感，可能经常在公园或学校里迷路、去某个地方找不到特定的房间、因为上下学找不准回家的路而必须家长接送。

3. 视知觉和视－动统合能力的落后

紧随空间关系感知障碍之后的是视知觉和视－动统合能力的落后。很多数学障碍儿童不能用手指着远处的物体，按"一、二、三、四"顺序地逐一数数清点，他们只能靠近距离地用手抓取物体来数数。根据皮亚杰的儿童认知发展观，靠触觉等来进行运算应该是属于前运算阶段的能力，而进入学龄阶段的儿童如果不能脱离触觉则属于发展性落后。

还有些数学障碍儿童表现为不能把一组事物看成一个整体，例如在做多位数的加减法时，把"2136+764"列成加法式子他们通常还得分别一个一个地数，确定"2136"是四位数，然后再确定"764"为三位数，最后才能对齐运算。

另外一些数学障碍儿童则不能把几何当成一个整体图形，如面对"正方形"时，他们可能知觉到的仅仅是四条毫不相干的直线或线段，而不是首尾连接、围成一个框的完整图形。

不少数学障碍儿童在视－动统合任务中常常表现很差，因为他们不能把几何图形知觉为一个整体、不能有效地抓住图形的空间关系，所以他们不能精确地临摹几何图形、数字、字母，例如经常性地把6当作9，把23当作32，更严重的仅仅只能知觉到数字的部分特征，分不清1和4、2和7之间的区别，而这些都是数学学习过程中所呈现的材料必然包含的元素，这会严重影响他们的数学学习。如果难以轻易地准确写出式子中的数字甚至可能写出来自己又识别不出，计算失误便不可避免。

4. 语言和阅读障碍

部分的数学障碍者还共生有严重的阅读障碍。这部分人即使其空间知觉能力正常或超常，但却常常读不懂题目的意思，尤其表现在解应用题时。这些人当中的轻微者在给他们解释清题意后，能有效地进行数学思维和运算；但严重的障碍者甚至根本不能理解加上、减去、余、向前借一位等词语的含义。

5. 记忆容量不足

数学障碍儿童的记忆容量不足，即视觉空间记忆广度、工作记忆广度存在不足，表现为不能记住长串的数字、能够分辨但不能记住复杂的图形。

6. 各种计算错误

这里所说的计算错误是指，排除看错题目的情况下，因对算术法则的理解、使用出现错误的情况。如把减法当作加法，$23-17=40$；或者在做某种运算时突然使用另外一种运算法则，如$230\times4=870$，在此式中把2×4得到8，$3+4$得到7；再如，在做减法时不会退位，$73-17=66$；运算虎头蛇尾，常常在做乘法时个位已乘十位未乘便匆匆写上答案，如$53\times6=518$，等等。

7. 其他各种障碍

还有研究报告指出，数学障碍儿童在元认知或元监控上存在不足，最简单的例子就是在做题中缺乏时间控制感,数学障碍儿童也可能表现注意力障碍、情感障碍,但这些表现都不是数学障碍核心症状。

第三节 数学学习障碍的诊断

一、数学学习障碍的诊断标准

对数学学习障碍进行诊断时一般尊重以下原则(陶金花等,2006;向友余,2008):

(1)差异标准(又称症状或分离标准):接受正常教育的儿童因基本运算和推理障碍,在标准化数学测验中所得的成绩明显低于同年龄儿童或明显低于智力潜能的期望水平;

(2)严重度标准(或称需求标准):症状严重影响与计算能力有关课程的学习成绩和日常活动,以至于需要求助特殊教育干预;

(3)持续性标准:计算困难发生在学龄早期,并持续存在;

(4)排除标准:不是教育不当、智力发展迟滞、神经系统疾病、广泛发育障碍的直接后果,也不是由于动机不足、刺激频率或学习强度不够(亦即排除厌学和懒惰)等因素引起但可以与诸如阅读障碍、注意力障碍等其他障碍并存。

二、数学学习障碍的诊断工具

我国学者陶金花等人(2006)总结出国外使用的数学障碍评估工具主要有:数学推理测验、早期数学能力测验、Orleans-Hanna代数预测修改测验、Ruch编制的数学测验指南、Beatty等编制的斯坦福数学诊断测验及Gessel编制的DMI数学诊断体系。教师评估学生数学学习的方法有:标准参照测验、基本课程测验和计算错误分析访谈或评定量表。令人遗憾的是,我国目前尚未有人编制成套的标准化的数学诊断测验。

三、数学学习障碍的诊断方法

正因为缺乏统一的成套标准化数学障碍诊断测验,所以国内对数学学习障碍的具体诊断方法也未能形成统一标准,概括起来实际研究或干预中主要有如下几种筛选方法(向友余,2008):

1. 成就-智力差异比较法

这种方法的特点是:注重学业成就和智力水平的共同核心地位,并以其差距作为评定数学学习障碍的主要标准。例如,在对发展性计算障碍的儿童进行诊断时,主要依赖于对儿童算术技能的评价。如果某个儿童的心理潜能与算术成绩间不一致或算术成绩的年级水平低于他实际所在年级两个年级水平(比如某学生今年已经上小学五年级,可是测验成绩实际只有小学三年级学生的水平),那么就可以把他诊断为发展性计算障碍患者。上述方法是假定该学生的智力处于其所在年级的正常平均水平。这种方法更为精细的形式是:比较其实际学业成就与实际智力之间的差异。还以上述例子为例,如果这位学生虽然进入了五年级,其所得计算能力测验成绩只达到三年级水平,但是对其进行智力测验发现:其整体智力水平也只达到三年级水平,那么这时其成就水平与智力水平匹配,不能称其为数学学习障碍。至于其究竟是否智力障碍或发展障碍导致的数学困难,则需要进一步确认。这种方法充分体现了学习障碍诊断标准中的差异标准。但由于太注重潜能与成就之间的差异,即重视个体内差异而忽略排除标准和特殊教育标准,从而导致如下结果:挑选出的"障碍"学生可能是因感官功能障碍和文化、教育刺激不足而引起的数学学习困难学生,而刺激不足引起的学业落后可以较容易地通过增加刺激强度(如课余补课)、变换刺激方式(如趣味授课)等显著改善,其良好的表面干预效果可能会掩盖了少部分真正能力缺陷型的数学障碍儿童的表现,从而扼杀他们的成长机会。

2. 以学业成绩为核心的排除法

这是一种以学业成绩为核心,并逐一排除其他因素的方法。通常的做法是按照一定比例选出数学学业成绩较差的学生,然后做智力检测,排除低智力生,最后辅助临床评定排除其他因素。这种方法在实践中具体又有如下两种情况：

第一种情况，以学业成绩为基础，排除低智力因素的影响。举例如下：首先，数学历次平均成绩居于全班靠后名次（如后5名或10名）；其次，数学任课教师根据平时表现如课堂回答问题情况，对其数学能力的综合评定为"差"；最后，智力测查的结果正常。符合三个标准方称其为数学学习障碍。另外，也有研究者根据学生最近数学期中考试中的年级排名（如后50名）或期末数学成绩分数（低于50分）挑选数学学习困难学生。这种选择方法虽然操作简便易行，但很容易把数学学习障碍学生扩大化，难于兼顾文化刺激不足和非智力因素的影响。

第二种情况是，在学业成绩选择标准上，辅助临床评定排除感官障碍以及文化刺激不足等因素的影响。如可以采取下列标准：首先，依上学期期末考试语文、数学两科成绩为准，从高分到低分排列，语文成绩处于中等或中等水平以上但数学成绩位于年级后端的10%作为初选条件；其次，依据我国张厚粲等人修订的《瑞文标准推理测验》对初选出来的这部分人进行推理能力测查，智商正常或正常水平以上（参照量表常模来确定）的学生进入进一步筛选阶段；再次，采用临床诊断法，由班主任和任课教师对符合第二步条件的学生进行学业成绩、品德操行等诸方面进行评定，再通过与学生本人座谈，了解这些学生的学习动机，情绪表现及家庭情况，排除因动机低下、情绪障碍或家庭原因导致的数学学业不良，最终符合条件的称之为数学学习障碍。无疑，该方法具有非常多的优点，目前国内使用得最多的诊断方法即采用这种以学业成绩为核心来确定其数学学习障碍。但是，这种方法仍有不足，它是一种个体间差异评定法，过多强调个体在群体间的位置，忽视了个体内差异，不能评估障碍学生特殊的认知缺陷及其特点，忽视了对障碍学生的具体的学习心理过程缺陷及其个体差异的评估。该方法的缺陷可以用以下例子来说明：在某些层层选拔优秀学生组成的重点中学班级的最后5%可能比非重点中学排名第一的实际数学能力要强，而一名经过多次留级实际年龄已经10岁的小学二年级学生有可能成绩在班级前列（实际该名学生可能存在数学学习障碍，但因筛选标准的失当而被遗漏）。

第四节 数学学习障碍的成因

由于数学学习所涉及的认知过程具有复杂性和高级性,因此,研究其产生的心理机制就显得十分困难,目前,虽然针对数学障碍的发生机制已做了很多的研究,但其确切机制尚未查明。本节将从发展观、认知观和神经心理观这三个角度对数学学习障碍的成因进行论述(陶金花等,2006)。

一、发展观的角度

皮亚杰(J. Piaget,1963)认为,儿童随着年龄的增长,智力的发展并非简单地表现在知识量上的增加,而是在思维方式上发生质的改变。在对儿童的思维发展进行研究时,他在很多情况下都是通过儿童的数学学习实验展开的。他认为:"儿童习得语言的实际活动之后将产生的就是数、连续量、空间、时间、速度等实际的操作活动。并且在这个基础领域中,直观的和自我中心的前逻辑向演绎的和实验的合理性调整转化。"皮亚杰以运算为标志,把儿童思维发展划分为感知运动阶段(2岁左右)、前运算阶段(2~7岁)、具体运算阶段(7-12岁)、形式运算阶段(12-15岁)四大年龄阶段。在皮亚杰看来,在每个儿童数学能力的发展过程中,这几个阶段的时限可能有长有短,但基本顺序不可改变。从这个角度看,数学障碍儿童常常是由于前一阶段的运算能力尚未得到充分的发展就已经进入下一阶段的学习任务,因而产生学习困难。

正是基于这种观点,有学者认为(Herbert,1997):自然和社会环境中到处有数量问题,儿童在这种环境中通过非正式学习积极地建构了数学概念、理解能力、学习策略、思考模式等。5~6岁的儿童入学后进入正式的数学学习,这本应该是一个连贯的、详尽的、有组织的、逻辑的科学的过程。但是实际的教学情况并非如此,大多数教师在数学教学过程中,未考虑儿童的心理发展状况,简单照用成人的思维方式、沿用旧有的教学模式,在教学上存在问题。如忽视数学符号的识别,由于儿童刚接触数学,对抽象符号理解困难,具有本能的排斥,如不能有针对性地进行数学符号识别,就会造成后续学习的困难;重学习结果轻学习过程,只注重学生的作业完成情况以及考试分数,而不在乎学生对数学原理的理解以及应用;强调机械学习,在早期的教学中,表现为过分强调运算公式的背诵。

发展观对数学学习障碍的判断不提倡认知缺陷或异常模式,取而代之的是运用一些更积极的方法,从以下几个方面分析儿童是否有数学学习障碍:①儿童进入学校前是否通过非正式教育获得了足够的数学知识;②普通教育是否提供给儿童足够多的数学刺激;③思维模式和教育内容的相互影响,以及现有的教学方式是否符合儿童思维的发展规律;④儿童对良好教育的反应是否积极,或者说儿童的动机是否充分等。总而言之,发展观认为:数学障碍主要是由于数学内容过难或教学方式失当以致学习活动与儿童所处发展阶段的能力不匹配造成的。最近的发展理论强调,认知总是在一定的社会和文化环境中发展。随着儿童成长,认知能力也在变。认知能力缺陷对数字记忆或解应用题显示出一些困难,但不能绝对地看待这种落后,要从发展和变化的眼光看问题。数学在发展,学科领域的内容也在变化,某种特定的认知能力缺陷并非数学障碍的唯一原因,也可能与儿童所处的家庭环境、教学内容、年龄相关。某一特殊的认知缺陷可能影响6岁儿童的数字记忆,但这些儿童在几何图形的区别和钱币的使用方面可能不受影响,而到四年级时,儿童的这种特殊的认知缺陷又可能会消失。某一时期,儿童的数学成绩会随着数学任务的变化而变化,同样,不同学习阶段可能会有不同的新的学习问题出现。

二、认知观的角度

对有关数学学习障碍的认知机制的研究文献为数不多,且研究结论很不一致。研究大致可以分为两个大的方面:工作记忆缺陷和问题表征缺陷。

1. 工作记忆

工作记忆是指暂时性的信息储存与加工,需要在保持信息的同时主动运作信息,工作记忆虽然只持续几秒钟,但它在众多复杂的认知活动中,如推理、阅读理解、学习和心算等,起着非常重要的作用。Baddeley 于

1974年最早将工作记忆分为三个成分：中央执行器和两个缓冲区——语音回路与视觉空间模块。

基于 Baddeley 工作记忆模型，许多研究的结果表明：数学学习障碍儿童的语音加工速度、短时记忆、中央执行功能以及整体工作记忆能力方面都可能存在明显不足。但只有工作记忆能力不足与数学障碍的关系是明确的，且这种由工作记忆能力落后引起的数学障碍主要与数字工作记忆能力不足有关，这种落后的更深层原因可能源于较差的语音加工能力与中央执行功能的共同作用（刘昌，2004）。另外一些研究发现：数学障碍儿童在计数和数字回忆等工作记忆任务上的成绩明显差于正常对照组，但在非数字工作记忆方面没有明显差异（Siegel，1989）；此外，工作记忆能力不好不仅导致执行运算程序困难，而且也影响数学知识的学习（Geary，1993）。

总的来看，数学障碍可能伴随各种形式的工作记忆困难和加工速度缺陷，但没有证据说明上述缺陷与数学障碍的因果关系（即不能确定到底是相关认知缺陷导致了数学学习障碍，还是数学学习障碍引发认知训练不足而导致的认知缺陷）。数学学习障碍儿童从长时记忆中提取基本算术知识存在缺陷，这种缺陷持续存在，可能破坏不同的认知过程，认知缺陷造成数学理解力、计算法则、数学知识提取和计算程序都存在困难。

Bannatyne 把韦氏智力测验分为三个部分：空间因素（填图、积木、拼图）、概括因素（类同、词汇、理解）和顺序因素（算术、背数、译码），分别反映的是空间能力、抽象思维能力和顺序化能力，数学障碍组的表现为：概括因素优于空间因素，空间因素优于顺序因素。数学障碍组的智力水平基本在正常范围，但与对照组相比差异仍有显著性，数学障碍组在韦氏智力测验三个部分九项分测验均低于对照组，言语智商、操作智商、算术、常识、积木测验分数对数学成绩影响较大。智力测查结果表明，智商测验反映的是被试的一般能力，而数学能力是一种特殊能力，这也正是数学障碍的定义中不把智商高低作为诊断标准的原因之一（陶金花等，2006）。

2. 问题表征

数学学习当中，并不只是简单的加减乘除运算，数学障碍儿童的很多问题出现在解决应用题的过程当中。对此，许多研究从解应用题的问题表征方面进行了探索（这类研究多采用口语报告法，即要求儿童在解题的过程中大声说出自己正在思考的内容）。

所谓问题表征是指个体将外部信息转化为内部信息，形成问题空间，包括明确问题的给定条件、目标和允许的操作（刘卓雄，1994）。数学问题的表征，在很多情形下是将问题的条件或结论用数学语言去做等价描述，或将问题等价变换为另一问题。为了解决数学问题，解题者必须首先感知、探索问题的基本含义与结构，从而形成该问题的内在印象即内在表征。问题表征既是一种过程，即对问题的理解和内化的过程；也是一种结果，即问题的呈现方式。根据提取信息的不同可将问题表征划分为三种类型（Mayer，1995）：①数字表征。即从感知信息中选取特定的、孤立的数字进行表征（不涉及与之紧密相联的变量），并由此启动算术操作运算。直观的表现是儿童在解题过程中的问题表征环节复述数字的次数。②关系表征。从整体上理解问题，尽可能把问题中所有信息构成一个整体语义网络（包括与数字相联的变量及其间的关系）。直观的表现是儿童在解题过程中的问题表征环节复述变量的次数为指标。③图式表征。直接用已有的方法和模式解决问题，采用这种方式会跳过中间的情境表征环节，直接进入问题解答过程。因此它一般不与数字表征和关系表征同时出现。

通过对问题表征的比较研究发现：数学障碍儿童与优秀儿童都运用了数字表征和关系表征，他们在数字表征上没有明显差异，但数学障碍儿童的关系表征远不及数学优秀儿童。适当的表征把对问题解决最有价值的重要成分和结构关系放到一个突出的位置上，问题的适当表征与问题的成功解决之间存在正相关。比较而言，数学障碍儿童偏向数字表征，注重题目中的数字、局部和细节，问题表征包含的信息较少；而数学优秀儿童则倾向关系表征，对问题中的信息了解比较准确和全面，从整体联系上表征问题（胥兴春，2005）。另外还发现，数学优秀儿童在问题表征中运用了诸如图画、符号等外显的表征方式，这在数学障碍儿童身上却没有出现。数学障碍儿童的问题表征类型及方式较单一，这与他们的认知结构有很大关系——因为问题解决者的知识总量与知识结构将影响表征类型的选择。另外不少学者（Mayer，1995）认为，数学障碍儿童头脑中不但没有装多少东西，而且还装错了许多东西。而数学优秀儿童头脑中的知识较为丰富，具有结构化、层次化特征，也便于快速提取和应用。如前所述，图式表征通常是解决问题的捷径。研究发现，有数学障碍儿童在解题中也采用现成的图式，但其解题思路和结果却都是错误的。由于他们没有理解问题的实质，对问题类型判断不准确，采用低水平的图式表征，最终解题方案也是错误的。

此外，在问题解决的策略选择方面，1995年Lemair和Siegler提出了算术策略变化模型（徐速，2005）。该模型区分了策略能力发展性变化的四个维度：策略种类（一个学生能用来解决问题的不同策略）、策略分布（每个策略使用的相对频率）、策略效能（指策略执行的准确性与速度）、策略选择（指个人策略选择的适应性）。在策略种类上，数学学习障碍儿童与普通儿童相同，都发展了提取策略与计数策略；在策略分布上，数学学习障碍儿童更多依赖不成熟的计数策略；在策略效能的准确性上，数学学习障碍儿童不如普通儿童；在策略选择上，普通儿童懂得根据问题难度选择策略，碰到难题使用计数策略，碰到容易题使用提取策略，而数学学习障碍儿童却很少有适应性的策略选择。

最后，在对信息的加工方面，数学障碍儿童仅仅以问题中的信息进行自下而上的加工，缺乏自上而下的加工，难以建立适宜的心理表征；即使表征能够建立，往往也只能是无效的或错误的问题表征。举个简单的例子，在口语报告法的研究中，数学障碍儿童在信息感知环节出现的大量口误就说明了这一点，例如念到题目中"先有8个苹果，后有6个人（实际为6个苹果）"。而且他们在问题解决中采取孤立的"关键词搜索"策略读题，快速提取出最熟悉、使用最频繁的词语，但用这些词语表征问题，却并不能导致问题成功解决（胥兴春，2005）。

三、神经心理学的角度

神经心理学研究发现，数字能力和计算能力在语言、非数字信息的语义记忆和工作记忆方面是分离的。数字能力在婴儿期就已出现，并且独立于其他能力。基本的数字能力如数字符号的理解、计数、简单运算等很可能依据数字处理信息的早期机能而建立。最新的研究表明数学学习障碍儿童在数学事实和口算上与对照组无统计学差别,但笔算成绩显著比对照组低。数字和非数字信息的语义定位系统定位于不同的脑区。神经心理学研究表明,脑损伤患者下顶叶区域损伤会选择性地损伤内部的数量表征。语言半球的下顶叶区的损伤会引起数字加工的缺陷。有时数字的理解、产生和计算能力全部受损,有时可能只有计算能力受损。但需要指出的是:该损伤并不影响阿拉伯数字形式和单词形式的数字的读、写、说等认知和输出功能。Dehaene认为:顶叶区损伤所致计算力缺失的核心是有关数量的抽象语义表达的解体,而非计算过程本身的损害。部分数学学习障碍儿童有空间性计算困难(spatial acalculia),表现为:病人对数字的空间组织受损,致使计算时数字无法对齐、数字倒转(6误为9)、前后颠倒(12误为21)、难以维持小数点的位置等,研究表明这些主要是右后脑的损伤造成的。神经心理学在数学学习障碍研究中最大的结果是发现数学学习障碍背后的认知缺陷,并将这些缺陷与特定的神经心理障碍或特定区域的脑损伤联系到一起。然而目前我们还缺乏充分的证据来支持这些观点(陶金花等,2006)。

第五节 数学学习障碍的矫正

就目前的研究成果来看,数学学习障碍的成因并不单一,因此造成其临床表现也各不相同。数学学习障碍的干预思想和方法也是基于对数学障碍的不同假设和不同类型的理解。共同的原则是,对任何表现形式的数学障碍儿童,都应及早诊断,在确定具体类型,明确其所处数学发展阶段后,对症下药、制订特殊的教学方案。

一、数学学习障碍的认知干预

1. 感知觉-动作统合训练

所谓的感知觉-动作统合,是指将人体器官各部分的感觉、知觉、动作等信息输入组合起来,经大脑的整合作用,完成对身体内外的信息处理并做出反应的信息统合过程。只有经过感知觉统合，神经系统的不同部分才能协调整体工作，使个体与环境接触顺利、反应适当（Ayres，1969）。对于严重伴有视知觉、空间障碍的数学障碍儿童来说，可进行必要的感知觉－动作统合训练，以提高他们在这方面的能力。例如可采取前滚翻、丢球、跳绳活动来培养他们的空间运动能力；通过临摹图案、笔画、连线走迷宫来提高他们的视动协调能力。

2. 记忆策略训练

针对数学学习障碍儿童的工作记忆缺陷，我们可以教授其不同的记忆策略。通常记忆策略有联想、组块和借助媒介提示。联想是头脑中由一事物（或观念）想到另一事物（或观念）的心理活动。联想是一种思维方式，也是一种记忆方法。巴甫洛夫认为，联想是由两个或几个刺激物同时或连续地发生作用而产生的暂时神经联系。实际上联想策略与数学关系不大，毕竟数学涉及的记忆不是太复杂。同样，组块也是在涉及大量复杂的信息时效果才比较明显。针对数学学习中的特点，我们可以要求低年级的儿童在环境允许的情况下，大声说出计算步骤，或借助手，以声音或手指作为媒介进行运算；对于高年级的同学，可以引导其把关键变量、关键数据写在纸上，计算步骤每步也尽量写清，从而减少自己的记忆负担，提高运算准确性。

3. 表征技术训练

这种方法指对数学题中所呈现的信息和观念进行解释和表征。许多研究表明，建构一个恰当的问题表征是数学问题解决的关键环节。解决数学问题时的表征方法包括图示的（如画图表）、具体的（如动手操作）和言语的（如语言训练），其中很重要的一点是指导学生辨别问题中各关键成分之间的重要关系。研究显示学生使用具体的材料学习数学，确实能更精确、更充分地理解一些数学陈述，激发更多的动机和作业行为，这样能更好地理解数学思想，并把它们运用到实际生活。

4. 计算机辅助教学

计算机给数学障碍儿童提供了独特的机遇去适应很多情况，弥补了他们自身的弱点。计算机辅助教学模式对培养中学生数学学科自我调控学习能力有促进作用。对数学学科自我调控学习能力低的障碍学生，该模式可以有效提高其对数学的意识，对其进行补救。尤其是将之与表征技术训练结合使用，能收到更好的效果。

5. 认知和元认知策略训练

有效的数学问题解决依据选择和采用适当的认知和元认知过程来理解、描绘和解决问题。认知过程可作为"去做"策略，元认知作为"反思"策略。认知策略的应用离不开具体的数学内容，所以认知策略的教学应作为学生面临的实际学习任务的一部分来教，通过提供策略可以应用的情境，让学生逐步学会数学的认知：①在知识形成过程中渗透认知策略；②按程序性知识学习规律教认知策略；③用认知策略指导变式训练。元认知就是对自己认知的认知，属于自我意识的范畴，它是一种极为重要的认知策略。思维策略的元认知外显训练和内隐训练比一般思维策略训练对小学生的解应用题能力具有更明显的促进作用。有研究表明：外显训练更有利于男生应用题解题能力的提高，内隐训练则更有利于女生应用题解题能力的提高。自我提问的元认知训练方法能让学生在自我调控过程中反复体验到自己的思维过程，并与所教的思维方法反复对照，及时更正不正确的解题思路，使自己真正掌握老师所传授的几种相互联系的思维策略，所以解题过程当中的自我提问训练不失为一种十分有效的元认知训练方法。

二、数学障碍的教学干预

学生学习的数学知识不应当是独立于学生生活的"外来物"，不应当是封闭的"知识体系"，更不应当只是由抽象的符号所构成的一系列客观数学事实（概念、定理、公式、法则等）。尽管数学具有抽象性、逻辑性及系统性三个特点，但在实际的数学教学过程当中，还是要特别强调结合学生的实际生活，建立经验联系，可从以下四个方面入手：

（1）数学知识尽管表现为形式化的符号，但它可视为具体生活经验和常识的系统化，它可以在学生的生活背景中找到实体模型（黄翔等人，2002）。现实的背景常常为数学知识的发生发展提供情境和源泉，这使得同一个知识对象可以有多样化的载体予以呈现。另一方面，数学知识的形成过程又是可以在教师的引导下,通过学生的自主活动来体验和把握的。所以教学过程中,应尽量使学习材料的呈现更为形象、直观、生动。

(2) 数学知识具有一定的结构,这种结构形成了数学知识所特有的逻辑,而这种结构特征又不只是体现为形式化的处理,它还可以表现为多样化的问题以及问题与问题之间的自然联结和转换,这样,数学知识系统就成为一个相互关联的、动态的活动系统。所以,教学过程中,应该保持知识的前后连贯,防止知识的脱节。很多数学学习成绩落后的学生,并不是由于其能力缺陷,而很有可能仅仅是因为某部分知识缺漏,一环套一环恶化,从而导致积聚效应。所以针对此类学生,要找准问题根源,查漏补缺尽快跟上进程。

(3) 知识的抽象程度、概括程度表现出层次性——低抽象度的元素是高抽象度元素的具体模型。例如,数字是抽象字母的具体模型,而字母又是抽象函数的具体模型。同一个对象在不同的学习阶段,或者对具有不同背景的学生而言,表现出不同的抽象程度。例如运算,对于小学生来说,就是数的四则运算,而对于初中生而言,它还可以是代数式运算,甚至几何变换;函数也是如此,对1—4年级学生来说,它只是一个数式;对于5—6年级学生来说,它还是一个模式,表示两个对象之间的一种确定联系;而对于初中生来说,它则是一种表示变化现象中变量之间关系的数学模型。因此需要掌握不同阶段学生的心理发展状况,选择适当的教学方法,揠苗助长的做法切不可取。

(4) 在教授知识的同时更应注重教授学习策略,授人以鱼不如授人以渔。学习策略是指学习者在学习活动中有效学习的程序、规则、方法、技巧及调控方式。它既可是内隐的规则系统,也可是外显的操作程序与步骤。有些儿童在数学学习上存在困难,并非本身能力不够,而是他们在数学学习中总是处于消极被动的地位,不会运用有效的学习策略。实践中人们总结了几种比较实用的数学学习策略:①模仿接受学习策略,也即在看完例题或学完一种新的方法后,改变数据,进行同类型的习题解答;②迁移类推学习策略,即在学完某类题目解法之后,进行相似题型的解答,如把原有题型的已知未知互换再改变数据等;③实践操作学习策略,如在学习立体几何中，让他们往等底等高的圆锥与圆柱注水或加沙，体会它们之间的体积关系；④合作研讨的学习策略，通过同学之间互相讨论，介绍经验与心得而获得一定的学习方法。这种方法的好处是：由于学生之间年龄相似、思维习惯也相似，故而一些有效的学习方法能够在学生之间得到很好的传输与接受。

三、数学学习障碍的情感动机干预

尽管不把情感动机因素纳入诊断与评估数学障碍的标准，但特殊教育干预中却不能忽视这些因素。一些数学落后的学生不仅存在能力不足，而且在情感上对数学有畏惧或抵制心理。因而，提高学生对数学的兴趣，从情感上让儿童对数学有亲近感，提高学生的数学学习效能感是减少"数学障碍"的重要措施。而有效的数学学习来自于学生对数学活动的参与，而参与的程度却与学生学习时产生的情感因素密切相关，如学习数学的动机与数学学习价值的认可、对学习对象的喜好、成功的学习经历体验、适度的学习焦虑、成就感、自信心与意志等。心理学理论表明，个体的动机、情感、意志、气质等非智力因素对数学学习以及智力开发有着很大影响。事实上，这些非智力因素本身也是个体全面发展的重要标志。除针对数学障碍学生外，我们的数学教学活动显然应当把全体学生的非智力因素教育作为教学目标之一（黄翔等，2002）。

只注重学生的智力发展，不顾学生的心理承受，超负荷训练的数学课程可能会给学生的数学学习经历留下阴影，促成许多数学障碍儿童"失败者"的心态，并以这种心态去面对今后的人生。因此在帮助其克服学习障碍的同时，教师应该更多地关注学习的情感因素，使学生的非智力因素与智力因素协调发展。事实上，健康与富有活力的学习活动，独立思考与合作交流的学习方式，自信与相互尊重的学习氛围非常有利于非智力因素的发展和健康人格的形成。因此，教师应当为学生创设一个宽松的数学学习环境，使他们能够在其中积极自主地、充满自信地学习数学，平等地交流各自对数学的理解，并通过相互合作去解决所面临的问题。

上述这些非智力因素在很大程度上还属于外部动机，外部动机转变为直接指向数学学习的内部动机是更加重要的。而这一转变的实现来自于多方面：除了消除挫败感、获得成功的体验以外，教师还可引导其体验对数学本身的感受、领悟和欣赏等。

诚然，不同的个体，其认知发展、情感和意志要素不完全相同，但相同年龄段的学生却有着整体上的一致性，而不同年龄段的学生在整体上有比较明显的差异。

刚进入学校学习的低年级学生更多地关注"有趣、好玩、新奇"的事物。因此，学习素材的选取与呈现以及学习活动的安排都应当充分考虑到学生的实际生活背景和趣味性（玩具、故事等），使他们感觉到学习数学是一件有意思的事情，从而愿意接近数学。然而，学习障碍儿童由于从小缺乏足够的与数学相关活动的生活经验、数学相关能力没有得到充分的发展，从而导致在学习数学过程当中产生极低的自我效能感。因而教师在教学过程当中应及早诊断出这类儿童，避免布置给他们过难的作业任务，而且应该不断鼓励他们走出在数学学习上的沮丧感，以更通俗、更有趣的方式培养他们学习数学的兴趣。

由于处于不同发展阶段的儿童，其思维水平、思维方式与思维特征有显著的差异，但是发展主要通过学习活动来实现，有效的数学学习也应当经历不同的阶段性。而数学障碍儿童极有可能是既往数学活动经验不丰富，数学能力发展处于较低的阶段，与此相适应，教师应该给学生提供适合他们自己思维水平和思维方式的学习素材，应当让学生经历对他们来说有意义的学习活动。

与所有其他障碍儿童一样，数学学习障碍儿童不仅需要教师更多的关注，更需要来自家庭内部的理解和帮助，毕竟，家庭是人生最初以及最重要的课堂，而且是最温暖的心灵港湾。当家庭、学校乃至社会，对障碍儿童都予以最真诚的理解和帮助时，他们就能更好地克服障碍，更好地适应学习和生活。

本章主要概念

数学学习障碍：儿童具有正常的智力和教育机会，没有明显的神经或器质上的缺陷，但在标准数学测验上所得的成绩低于正常儿童约两个年级或显著低于同龄水平。

工作记忆：指完成认知任务时，负责短暂储存和加工信息的有限容量系统，属于短时记忆的一种，保持时间很短。

差异模型：测评术语中的一种诊断模型，按照被测评对象实际所得分数与参照标准（如正常10岁儿童的平均智力得分）之间的差异大小，来判断其是否存在障碍或缺陷。

问题表征：个体将外部信息转化为内部信息，形成问题空间，包括明确问题的给定条件、解决目标以及可供选择的操作途径。

感知觉－动作统合：大脑将人体器官各部分的感觉、知觉以及动作等信息输入进行统合处理，并针对环境做出协调的反应。

本章思考题

1. 如何定义数学障碍？它分为几种类型？
2. 数学障碍的临床特征有哪些？
3. 如何对数学障碍进行诊断？
4. 研究者目前是从哪个角度来研究数学障碍原因的？
5. 从哪个角度对数学障碍儿童进行矫正？

参 考 文 献

黄翔，马复，张春莉.数学学习与学生身心发展的关系.学科教育，2002，（11）：26-30.

刘昌.数学学习困难儿童认知加工机制研究.南京师大学报，2004（3）：81-89.

刘翔平.紧急援助学习障碍儿童.沈阳：辽宁少年儿童出版社，1998.

刘卓雄.问题表征与数学问题解决.宁夏师专学报（自然科学版），1994，6（2）：1-6.

皮亚杰.发生认识论原理.北京：商务印书馆.1996.

陶金花，袁国桢，程灶火，刘新民.儿童数学障碍的发病机制、诊断和干预.中国行为医学科学，2006，15（1）：88-90.

向友余，华国栋.近年来我国数学学习障碍研究述评，2008，97（7）：62-67

徐速.西方数学学习困难研究综述.心理科学，2005，28（1）：143-145

胥兴春，刘电芝.数学学习障碍儿童问题解决的表征研究.心理科学，2005，28（1）：186-188

周金才，梁兮.数学的过去、现在和未来.北京：中国青年出版社，1982

Ayres A J. Deficits in sensory integration in educationally handicapped children. Journal of Learning Disabilities，1969，3（2）：44-52.

Baddeley A. Working memory. Science，1992，255，556-559.

Geary D.C., Hoard M. K. & HalTison C.O. Nurnerical and Arithmetical Cognition：Patterns of Functions and Delicits in Chldren at Risk for Mathematical Disability.Journal of Experimental Child Psychology.1999.74：213-239.

Hegarty M，Mayer R，Monk C. Comprehension of arithmetic word problems：A comparison of successful and unsuccessful problem solvers.

Journal Educational Psychology, 1995, 1:18-32

Herbert PG. Mathematics learning disabilities: A view from developmental psychology. Journal of Learning Disability, 1997, 30:20-33.

Siegel R. The development of working memory innormallu achieving and subtypes of learning disabled children.Children Development.1989:973-980.
Geary D.C.Mathematical disabilities: cognition, neuropsychological and genetic component. psychological bulletion, 1993:345-362.

第七章
学习障碍与注意力缺损多动障碍

第一节 注意力缺损多动障碍的定义

在学习障碍者中，大约有 20% ~ 40% 的人同时伴随有注意力问题，临床上被称诊断为注意力缺损多动障碍（attention deficit hyperactivity disorder，简称 ADHD）。这类儿童在日常生活和学习中表现为注意力不集中、不持久、容易分散、性情急躁、任性冲动，而且自控能力差、与人相处困难，具有攻击性等行为问题。广义的学习障碍也包括这些注意力缺损多动障碍的人群。

一、注意力缺损多动障碍的定义

案例 1

小明是个小学三年级男生，平时学习成绩不错。但最令家长和老师头疼的问题是，小明在学校里很难参加集体活动，经常会和同学发生冲突。平时在玩游戏的过程中，不管别人是否欢迎，他都会突然闯入，还经常把他人传递的讯息理解为具有攻击性的，与同学的摩擦不断，时间久了，班里的同学都不喜欢他。在上课时，他也坐不住，腿和脚老在桌子底下乱动,身体像装了马达一样,一刻也停不下来,而且经常没等老师说完话就插嘴。小明的父母平时对他要求很严格,试过很多办法管教孩子,但是效果都不尽如人意。小明自己也很苦恼,他也想让自己能够安静下来,认真听课,与同学和平相处,但他觉得老是控制不住自己。

案例2

贝贝是个10岁男孩,上四年级。据他父母说,从5岁开始,贝贝就表现出严重的注意力问题,感觉他经常在做白日梦。无论是在家里还是学校,在那些需要注意力集中的任务上,贝贝经常不能完全投入。据他的老师反映,贝贝经常会忘记任务要求,特别是当这些任务需要分步骤完成时,更是如此。写作业时,父母在旁边不断督促,但贝贝还是效率很低,有时写一个字就要花5分钟时间,甚至字只写了一半,就开始走神。这严重影响了他的学习成绩。父母和老师都认为其实贝贝智商并不低,在注意力集中的情况下,他能做的和其他儿童一样好。

像小明和贝贝这样的孩子在临床上就被诊断为ADHD儿童。这是一组以注意力缺损、多动、冲动、唤醒不足、角色管理失控为主要表现特征的行为-情绪综合症候群,是儿童期常见的心理障碍之一。ADHD症状通常发病于儿童早期,一般是7岁以前,并且该症状随着以后的发展一直持续(Barkley,1997)。

早在1845年,德国法兰克福的神经科医师霍夫曼(Heinrich Hoffmann)就曾报告坐立不安的菲利普和汉斯的个案,让人们了解到这类儿童及其家长所遭遇的问题。这类儿童经常匆匆忙忙、马马虎虎、错误百出、处理不好事情。他们往往行为缺乏计划、考虑不周、没有事前想好就行动,因此常常感觉动作太快,并简化解答问题的过程(如在课堂中插话、不按照解题步骤进行、无法等待、不注意听讲)。他们很难专注地完成一件事,总是对新事物感到好奇并且快速转移目标,无法持续地掌握行动的目的。他们如同上了发条,随时随地都会行动,他们无法安静地坐一段时间,也经常因躁动而导致内在冲突。英国医生斯蒂尔（George Still）于 1902 年首次把多动描述为一种障碍，他认为这些儿童的行为是意志缺乏和道德控制不足导致的。在随后的六七十年间，该障碍的名称历经了多次变更，包括轻微脑损伤、轻微脑功能异常、多动症等。概念的变迁一方面反映了人们对 ADHD 认识的不足，另一方面也反映了人们对它的关注和不断深入的研究。

二、注意力缺损多动障碍的诊断标准与分类

1968 年，美国心理学会的美国精神医学统计手册第二版（APA，DSM-Ⅱ）首次对 ADHD 的症状进行了权威描述和定义，以便进行临床诊断。但是，受到当时对 ADHD 认识不深的影响，该诊断标准简单地将 ADHD 症状定义为儿童活动过度。随后，1980 年的 DSM 第三版中做了一些修订，突破了多动这个单一维度，首次将注意缺陷作为诊断 ADHD 的核心症状，并将此症状归为两类：不伴随多动的障碍（ADD）和伴随多动的障碍（ADHD）。尽管在当时，将注意缺损纳入诊断标准仅限于临床的观察，实证研究并不多，但 DSM-Ⅲ 的出现引发了大量的研究，并证实了这种分类的有效性。然而，令人费解的是，在 1987 年的 DSM 第三版修订版（DSM-Ⅲ-R）中再次将 ADD 排除在 ADHD 之外，没有对 ADHD 进行分类，这招来了研究者们的批评。于是 1994 年，DSM 第四版（DSM-Ⅳ）重新回复到第三版的诊断原则，只是做了小的改动，并一直沿用至今，将 ADHD 界定为持久性的注意缺损和多动冲动。核心缺损为注意力缺损（inattention）、多动（hyperactivity）、冲动（impulsivity）。由于多动与冲动相关极高，第四版将 ADHD 的行为表现为两个维度（多动冲动和注意力缺陷），并据此区分了三种亚类型：注意缺陷型（ADHD/Ⅰ）、多动-冲动型（ADHD/HI）和混合型（ADHD/C）。以注意缺陷为主的亚类型（ADHD/Ⅰ）必须满足九条注意力缺陷症状中的六条及六条以上，例如"在完成任务或者游戏时常常无法保持注意"。以多动冲动为主的亚类型（ADHD/HI）要满足九条多动症状（如，"经常坐立不安地摆弄手脚或在座位上蠕动"）和冲动多动症状（如，"经常打断别人"）中的六条及六条以上指标。混合的亚类型（ADHD/C）则须同时满足多动-冲动症状中的六条及六条以上以及注意缺陷症状中的六条及六条以

上。判定一个儿童患 ADHD 必须确定其症状出现在 7 岁之前，持续时间超过半年，须在两种以上的情境中都有这种症状表现，并伴有明显的功能障碍。如果该类儿童同时还出现普遍性的发育障碍（pervasive developmental disorder）、精神病性障碍或其他精神障碍，则不被诊断为 ADHD。

三、注意力缺损多动障碍的危害

在我国，最近的一次调查结果显示，在学龄儿童中 ADHD 患病率大约占 4.31%～5.83%，估计全国共有 ADHD 儿童 1461 万至 1979 万（王玉凤，2005）。由于注意力缺损，多动冲动且伴有其他共病症，ADHD 儿童的学业和情绪控制受到影响，各种问题行为的发生率较高。具体而言，ADHD 儿童可能会在数学、阅读和拼写方面的成绩明显低于正常标准。由于言行冲撞，ADHD 儿童经常受到同学的躲避或排挤，有的孩子在家庭及学校里很难与同学、老师和睦相处，较难建立良好的人际关系，由此而产生负性情绪和行为问题。

尽管随着年龄的增长，ADHD 儿童的多动水平会下降，但有随访研究发现，30%～80%的 ADHD 儿童部分症状持续到青少年阶段，或仍符合 ADHD 的诊断。而且 ADHD 儿童在青少年阶段，交通事故发生率、物质滥用、反社会行为、行为障碍均高于正常儿童，学业成绩较差（Lambert 等，1987）。关于 ADHD 儿童成年期的随访研究，也发现 50%～65%的 ADHD 儿童症状持续到成年期（Weiss 等，1993）。另外，ADHD 儿童常常伴有其他儿童青少年时期的神经精神障碍，即共病症，如对立违抗障碍（oppositional defiant disorder，简称 ODD）、品行障碍（conduct disorder，简称 CD）、学习障碍（learning disabilities，简称 LD）、情绪障碍（emotional disorders）等。巴克利（Barkley，1997）认为，这些情绪问题和精神症状还会衍生其他更严重的行为问题，自信和自尊会随之降低或缺失，继发情绪障碍，焦虑的发生率为 25%，心境障碍的发生率为 20%。各种问题行为的发生率也较高，尤其是对立违抗障碍（ODD）发生率可高达 50%，重症者会出现品行障碍（CD），发生率可达 30%～50%。ADHD 成人的反社会人格、反社会行为、违反交通法规的发生率均明显高于正常对照群体，他们的社会经济地位、社交能力低下，受教育程度和工作能力低，工作更换频率高等问题也很突出，无论给个人、家庭还是社会都造成了很大的负担。

四、注意力缺损多动障碍与学习障碍的关系

学习障碍是指智力正常但学习成绩落后的一类儿童的总称，是指在听、说、读、写、推理或数学等方面的获取和应用上表现出显著困难的一群不同性质的学习异常者的统称。它包括阅读障碍、写作障碍、数学障碍等特殊障碍。具有学习障碍的儿童缺乏学习某一课程的能力，即使在个别教学的情况下，他也很难掌握所需技能。而注意力缺损多动障碍的儿童由于其注意力问题经常导致学习成绩的落后。二者是从两个不同的定义和脑功能来加以规定的，一个是说自我控制能力的落后，另一个是听、说、读、写能力的落后。两者关系可以用图 7.1 来表示：

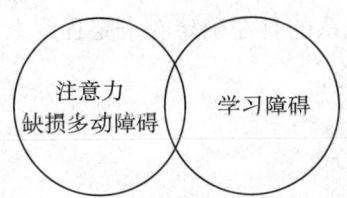

图 7.1 注意力缺损多动障碍与学习障碍的关系

也就是说，注意力缺损多动障碍与学习障碍者在人群分布上有重合。平均来说，大约有三分之一或四分之一的 ADHD 儿童伴随学习障碍。约有 40% 的学习障碍者伴随 ADHD（J. George，1994）。目前还不清楚注意力缺损多动障碍与学习障碍是否有因果关系，但是有研究表明 ADHD 会影响学习成绩，尤其对儿童的阅读水平有很大影响。

第二节　有关注意力缺损多动障碍的理论模型

近 30 年来，大量的研究者分别从不同角度来研究注意力缺损多动障碍的致病原因，提出了很多理论模型，比较有影响力的理论如下：

一、中枢神经系统低唤醒模型

赛特菲尔德（Satterfield，1974）等人提出中枢神经系统低唤醒模型，该模型主要是从生理唤醒的水平探讨了 ADHD 缺损的实质。唤醒可以作为一个对神经系统背后活动的测量指标。该理论认为，大多数任务的完成需要中等水平的唤醒，过高的唤醒水平会导致行为紊乱；过低的唤醒水平会使人昏昏欲睡。ADHD 儿童比功能正常儿童的唤醒水平低，因此这类儿童需要高活动水平和寻求刺激行为来提高自身的唤醒水平。近年来对儿茶酚胺类化学递质与 ADHD 关系的日益确定在一定程度上支持了 ADHD 中枢神经系统唤醒水平低的理论。

二、行为抑制模型

巴克利（Barkley，1997）将 ADHD 儿童所表现出来的行为缺陷归因于抑制控制的失败，临床观察到的 ADHD 的 3 种核心症状：注意分散或不能维持注意、冲动性和多动性都可描述为行为抑制障碍的不同类型。这里，巴克利所指的行为抑制主要指三种相互关联的过程：①对某一事件的最初优势反应的抑制，这种抑制最有可能发生在某一特定条件下；②阻止一个正在进行的反应，容许延迟以决定采取何种反应；③冲突控制，为了避免干扰事件和反应的破坏，产生对延迟阶段的保护，使自我导向的行为得以产生。

行为反应抑制使大脑在接受外界刺激后，有充分的余地来加工信息，使工作记忆和行为执行过程得以实现。但抑制不能自动地引发正确的行为动作，而要由行为的执行功能为中介。所谓执行功能，是指个体在实现某一特定目标时，以灵活、优化的方式协同多种认知加工过程的认知神经机制。巴克利提出了四种行为的执行机制：工作记忆、内化的语言、情绪动机的自我控制和行为重组。巴克利认为，抑制功能落后导致行为的执行机制缺陷，他将行为抑制称之为"第一执行"，他主张将抑制置于所有其他的执行性功能之上，认为抑制缺陷为其他执行性功能的次级缺陷负责，即ADHD的"核心"缺陷——反应抑制缺陷导致了其他的几个主要执行功能发展的二级缺损。具体结构如图7.2所示：

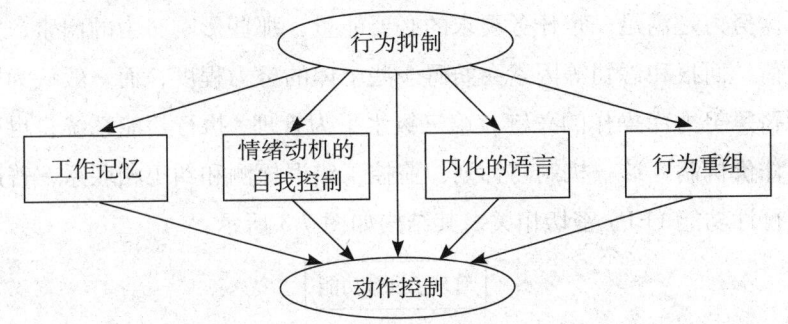

图7.2　行为抑制模型（Barkley，1997）

行为抑制模型目前是得到研究者普遍认同的一个理论模型，不同的研究者在该模型基础上做了大量的实证研究，基本证实了ADHD儿童反应抑制能力缺陷的假设，但同时也存在一些争议。比如，有研究者发现反应抑制缺陷并不是ADHD儿童的特有缺陷，在有对立违抗行为、情绪障碍儿童的身上也存在反应抑制缺陷。

三、认知-能量模型

色俊特（Sergeant，2000）也承认ADHD患者具有抑制功能的缺损，但与Barkley不同，他认为抑制障碍是由于其生理唤醒（或能量）缺损导致的二级症状（Sergeant，2000）。该模型认为ADHD在认知机制、能量机制及其执行功能的控制系统三个水平上均受到损害。

在认知能量模型第一级水平上存在一组较底层的基础认知过程：编码（反应输入）、中央加工和反应组织过程（反应输出）。第二级水平由三个能量库组成：唤醒（arousal）、激活（activation）和努力（effort）。唤醒被定义为阶段性反应,即锁定在刺激加工上的时间,影响唤醒的来源有三个:①由下丘脑调节的个体物质代谢过程;②当刺激是新异的、强烈的和令人困惑的时候,由这些刺激引起的定向反应;③来自意愿的、计划的和其他产生于额叶的思想等内部刺激源。激活是一种对即将进行的动作反应的激励准备,它表现为一种剧烈变化的生理活动,激活库与基底神经和纹状体有关,在神经功能成像研究中,基底神经中枢和纹状体的激活证实了激活库的存在。激活状态受刺激呈现的速度影响,它可能改变被试的能量状态。努力是满足一个任务要求的必要能量,那些影响努力的因素,如认知负荷、回报和惩罚等因素会妨碍一些个体的努力程度,而一般认为回报和惩罚是努力库操作的关键。第三级水平为管理/执行功能系统,也称管理-评价机制,这一机制与计划、监控、错误探测和纠正相联系,普遍地与执行性功能(EF)密切相关。其结构如图7.3所示:

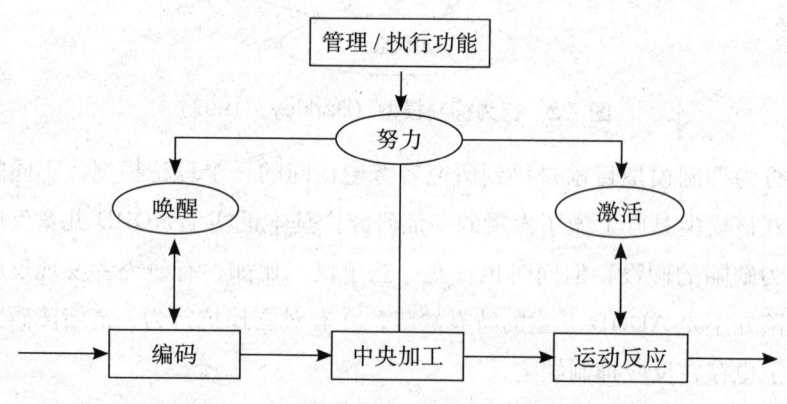

图7.3 认知-能量模型(Sergeant,2000)

根据认知-能量模型,认知的加工机制中编码、中央加工和运动反应三个阶段与能量机制唤醒、努力和激活三种"能量库"联系紧密。同时,这些认知加工过程和状态因素受到一个更高级的执行功能控制系统的监督和调控。ADHD儿童可能在这三个水平上都存在着不同的缺陷,但其主要缺陷体现在努力、唤醒和运动反应这三方面。其中,激活和努力尤其关系到ADHD的执行功能抑制假说,激活库对于一个活动反应的抑制而言是必要的,对于ADHD的去抑制解释极为关键。

四、状态调节理论

米尔（Vander Meere）等人基于认知－能量模型研究发现，ADHD 儿童反应抑制的缺乏是由他们没有能力调整自己的状态而导致的，由此，他们提出了状态调节假说。所谓状态调节，是指能量的调动，有机体必须将现有状态调整到最佳，来满足当前情境的需要。也就是说，当一个人没有达到最佳的激活状态（过高或过低）时，他会根据目前的任务要求将这种非最佳状态调整为最佳状态。米尔等人认为，ADHD 儿童注意所需要的能量没有得到满足，从而处于一种"非最佳活动状态"，而非绝对的抑制失败，即有如"引擎是完好的，即基本的信息加工能力是完好无损的，但问题在于燃料的输送上"，ADHD 儿童不能根据任务要求调整自己的状态。这类儿童的最佳状态范围似乎很窄。

五、巴克（Sonuga-Barke）双通道理论

该理论分别从两个不同的通道（抑制控制和动机机制）来建构各自理论模型。巴克将其定义为作为执行功能障碍（executive dysfunction，简称 EDF）的 ADHD 和作为延迟厌恶动机风格（delay aversion，简称 DEL）的 ADHD。EDF 与 DEL 遵循不同的神经通路。一方面，与投射到皮层控制中心（例如前额叶）的多巴胺系统的中心皮层分支有关的抑制控制的减弱导致了 ADHD 行为和认知调节失能；另一方面，与奖励环路（reward circuit）有关的中央－边缘多巴胺分支（meso-limbic dopamine branch）相联系的延迟满足能力的改变是 ADHD 的动机风格。ADHD 既是一种执行功能障碍，也是一种延迟满足的动机风格。

第三节 注意力缺损多动障碍的具体诊断步骤

对 ADHD 儿童的诊断，一般主要采用行为评估方法，但要从多方面、多角度同时收集信息，以确保诊断结果的科学性和准确性。诊断一般由专

业的医生或学校心理学家来进行。他们一方面要从老师和家长那里获得有关儿童行为表现的资料，同时还要对儿童进行直接的观察以获得第一手资料。一般来说，对ADHD儿童的评估由如下几个部分组成：①对家长和教师进行访谈；②由家长和教师填写问卷；③在不同的环境中或者变化的实验条件下，对儿童的行为表现进行观察。具体来说，对ADHD儿童的诊断主要由以下三个步骤组成：筛选；采用多种方法进行评估；对评估结果进行解释。

一、筛选

此阶段需要了解的问题主要是：

- 该儿童是否有ADHD方面的问题？
- 是否需要对他进行进一步的评估？

筛选过程是通过对教师和家长进行访谈，以明确儿童的具体行为问题，并了解可能诱发或维持儿童这些行为问题的环境因素。通过教师和家长填写相应的问卷，获得儿童行为问题发生的频率等相关信息。

在最初的访谈过程中要着重了解儿童行为问题发生的频率、强度以及持续的时间。同时还要了解问题发生时的各种环境因素，如同伴的行为、任务难度等。该阶段的测评工具主要是DSM-IV家长和教师评定量表以及ADHD评定量表（ADHD Rating Scale），这是一个4点量表，要求教师对儿童在14种症状上的表现进行评定，如果有8种或8种以上症状被评定为经常发生，那么就需要对该儿童进行进一步的诊断。反之，则不需要进一步地诊断，该儿童可能是由于其他问题导致注意力不集中等问题，比如学业困难等。

二、多种方法进行评估

该阶段要回答的问题如下：

- 该儿童在ADHD相关症状上体现的程度如何？
- 是什么因素（如生物因素，环境因素）导致这些行为问题？
- 这些问题的频率、持续时间和强度如何？

- 这些行为经常在什么样的背景下发生？

该阶段主要是从各个不同的方面，应用多种评估方法对儿童进行诊断。首先，医生或学校心理学家要确定学生的问题行为、环境因素和历史因素。学生的父母和家长要填写一些问卷以便确定该生问题的严重程度以及与正常同龄儿童之间的差异，同时还要确定这些问题行为是否有跨情景性，是否该生在不同的成人面前都有相似的行为问题。最后，还要对学生的行为进行直接观察，并且收集有关他的学业成就方面的信息，以及他的这些行为问题对他的社会交往和学业造成的影响。

在这个阶段主要的测评方法有：教师访谈、了解学业成就、家长访谈、家长评定、教师评定、直接的行为观察和测量学业成就。

1. 教师访谈

该阶段不仅要参照 DSM-Ⅳ 标准要求教师对儿童的行为问题进行详细描述，还要了解儿童是否有对立违抗障碍（ODD）、品行障碍（CD）、学习障碍（LD）、情绪障碍（ED）等。这是因为，一方面，有些表面看起来符合 ADHD 的症状实际上可能是由其他问题引起的。比如，有些患有抑郁症的儿童就会表现出注意力不集中的问题。另一方面，正如我们前面提到的，很多 ADHD 儿童都同时伴随其他障碍，其中最常见的就是对立违抗行为，约有 40%~65% 的儿童伴有此障碍。而且，对 ADHD 儿童的行为与情绪问题进行详细诊断有助于日后的干预治疗。

除此之外，教师还要提供有关学生社会交往情况的信息。比如，该生的交往风格、是否受同伴欢迎等。许多 ADHD 儿童在与同伴的交往过程中经常会表现出控制性和攻击性，因此他们经常不被同伴接纳。

2. 了解学业成就

该阶段主要是了解儿童平时的课堂表现和学习中可能存在的困难。一般学生的在校记录通常包括该生的学习习惯以及课堂纪律方面的信息，ADHD 儿童通常在这一项上得分都低于年级的平均水平。比如，对于 ADHD 学生，他的在校记录中通常会包括不能按时完成作业、上课时未经允许频繁说话、坐不住等问题。

3. 家长访谈

对家长的访谈主要是要了解三方面的信息：首先，需要了解儿童问题行为的具体表现以及发生频率。与教师访谈一样，在这一过程中还要了解该生是否有情绪问题（如焦虑）或其他可能导致注意力不集中的潜在障碍。其次，需要了解儿童的早期发育情况。这主要是确定儿童表现出来的与ADHD有关的行为是在多大年纪开始出现的。有研究表明，ADHD儿童在入学前，早期的行为就主要表现为活动过度和难以控制自己。但是，在很多情况下，父母在儿童入学后才发现这些问题，此时，对儿童问题行为的解释就需谨慎，有时这些问题的出现是由于学业任务要求的增强导致，也可能由于父母缺少教育经验或者对儿童期望太高，把儿童的正常行为严重化了。最后，还需要了解该儿童的家庭成员中是否有人曾有注意力问题、情绪问题或学习障碍等问题。因为有研究表明，ADHD可能会遗传，如果家庭成员中曾有人患有ADHD，那么他的后代患ADHD的概率就大大增加了。还有研究发现，在27%～32%的ADHD患者中，ADHD儿童的母亲都曾有过抑郁症病史。同时，在ADHD儿童家庭中，父亲有反社会行为的概率要比正常家庭大。

4. 家长评定和教师评定

该阶段需要教师和家长填写一些问卷来使儿童的问题行为更加明确化和量化，以便于医生确定儿童的行为的严重程度以及是否伴随其他的障碍。父母填写的问卷主要有儿童行为核查表（Child Behavior Checklist，简称CBCL）和Conners家长评定量表（Conners Parent Rating Scale）。教师需要填写的问卷主要有儿童行为核查表——教师报告表（Teacher Report Form of the Child Behavior Checklist，简称TRF-CBCL）和Conners教师评定量表（Conners Teacher Rating Scale）。如果家长和教师在访谈过程中还反映儿童有其他方面的问题或障碍，医生或学校心理学家需要对这些问题提供相应的问卷让家长和教师进行评定，这样可以获得相应的量化信息，使问题更加明确。

5. 直接的行为观察

虽然访谈法和问卷法能够提供关于儿童的一些基本信息，但是在访谈和填写问卷的过程中，很难避免家长和教师的主观偏见的影响，因此，还需要借助于直接的行为观察来获得更加客观的第一手资料。一般来说，行为观察每次会持续10～30分钟，医生或学校心理学家会在不同的情境下（如数学课，课间操，家里）对儿童进行多次反复观察，记录问题行为发生的频率、持续时间以及儿童交往风格，与同伴关系等内容。在观察过程中，医生会参照标准的关于ADHD的行为核查表进行系统观察。

医生和学校心理学家还可以借助实验法对儿童进行观察。持续操作测验（Continuous Performance Test，简称CPT）是测查儿童是否患有ADHD的经典测验，它是利用计算机程序来测试儿童的选择性注意力能力、持续注意能力以及冲动行为等。测验一般持续20分钟，不仅能够提供关于儿童注意力方面的量化指标，而且由于测验时间长，任务相对枯燥，医生可以在测验过程中对儿童的行为进行观察（比如东张西望、频繁询问测验时间、敲打键盘等）。

6. 测量学业成就

有很多ADHD儿童都会在学习中遇到不同程度的困难，因此对儿童进行学业方面的测试也是非常必要的。以往研究发现，ADHD儿童由于注意力不集中、粗心等问题，他们常常不能完成全部的任务或者是正确率非常低。主要的测验有识字量测验、阅读理解测验等。因为有研究表明，很多ADHD儿童都伴随不同程度的阅读障碍。一般都采用常模参照测验，将儿童的成绩与常模团体进行比较以获得更科学、客观的信息。测验中主要对儿童在测验中的完成数量、完成时间和正确率等指标进行统计。

三、解释结果（诊断/分类）

该阶段需要回答的问题主要有：

- 根据家长和教师的报告，判断该儿童的行为特征是否符合注意力缺损多动障碍。
- 该儿童所表现出来的有关ADHD的行为问题的发生频率是否显著大于正常对照组儿童？
- 该儿童在多大时开始表现出ADHD症状，这些行为是否具有持续性和跨情境性？

● 儿童表现出来的ADHD症状是否可能由其他问题（如学习困难）或因素（如教师对活跃行为不能容忍）引起？

在对结果进行解释的过程中，医生和学校心理学家会根据各种观测手段进行综合评定，如果同时符合以下几点则可确定为注意力缺损多动障碍，即：

(1) 根据DSM-Ⅳ，证实的症状达6个以上；

(2) 在7岁前出现ADHD症状；

(3) 至少在两个领域有不良影响（如学校、家中、与同伴互动）；

(4) 父母、教师和儿童自己认为注意力问题意义重大；

(5) 排除其他的解释（如反应性的生活障碍、恐慌症以及类似的疾病）。

诊断过程中，可能由于资料来源的不同而有明显差异。例如，父母与老师的评估有差距，或是课堂观察没有描述的那么明显。面对这种情况，在儿童生活中重要他人的评估为优先考虑。

第四节　对注意力缺损多动障碍儿童的矫正

对于学龄儿童来说，他们每天有6~8小时都是在学校和课堂中度过的，这些环境要求学生们在大部分的时间里能够遵守规则，与同伴建立良好的关系，能够积极地参与课堂的教学活动、认真学习。对于普通儿童来说，这些要求可能不算什么。但是，对于ADHD儿童来说，他们很难完全遵守这些规则，因此，在课堂中如何管理和矫正ADHD儿童的行为就显得至关重要。对ADHD儿童的治疗，主要采取个别化的治疗方法，即根据儿童的具体情况为之专门设计治疗方案。总体来说，对ADHD儿童的治疗主要从以下几个方面入手：

1. 基础训练

针对ADHD儿童注意力不够持久、缺乏自我掌控的能力等特点来进行干预治疗，这个治疗可以增进ADHD儿童基本的认知能力，如仔细看、仔细听、仔细复述、将察觉到的内容表达出来。基础训练主要包括听知觉训练和视知觉训练。听知觉训练包括培养儿童的听觉辨别能力；听记忆力；听理解力等。视知觉训练主要包括视觉注意力、视觉记忆力、视觉分辨能力等。

2. 技巧训练

技巧训练传授的是组织行动的技巧和应用时的自我指导，建立的是跨情境且一般的行动技巧。在技巧训练中，最常用的是心理模拟法，即将内在的心智活动通过言语逐步转化为外在的、可见的活动。心理模拟主要分五个阶段进行：活动的定向阶段、物质活动或物质化的活动阶段、有声言语阶段、无声的外部言语阶段和内部言语阶段。

活动定向阶段是一个准备阶段，也就是在学生从事某种活动之前了解做什么和怎么做，从而在学生头脑中构成对活动本身和活动结果的表象，进行对活动本身和活动结果的定向。物质活动或物质化活动阶段是指运用实物或实物的模型来进行教学。在这一阶段，教师主要把心智活动的步骤展开，把活动分为大大小小的各种操作，指出其间的联系，然后再进行概括，使学生从对象的各种属性中区分出这一活动所需的属性，概括出智力活动的法则。有声的言语阶段：这一阶段的活动不直接依赖实物或模象，而用出声的外部言语来完成活动。无声的"外部"言语阶段是由出声的言语向内部言语转化的开始。内部言语阶段，即智力活动完成的最后阶段，这一阶段的特点是压缩和自动化。

3. 人际交往能力训练

主要目的在于减少 ADHD 儿童社交上的困难，并建立利他行为。混合型 ADHD 儿童多数都存在人际交往方面的困难。人际交往能力的训练主要采用角色扮演的方式进行。在训练过程中，教师首先要向儿童讲解社会交往需要的基本知识，然后通过设置问题情境、采用小组讨论、角色扮演的方式应用所学到的知识，直到儿童非常熟练所学方法时，就能自觉将其应用到真实的情境中。有研究者曾提出解决冲突的六步法，将此策略教授给 ADHD 儿童，收到了很好的效果，即阐述冲突者当时的想法、描述冲突者当时的感受、分析冲突发生的原因、帮助冲突者换位思考、提出方案以及小组讨论，提出解决冲突的可能策略并找出解决冲突的最佳策略。

除此之外，在对ADHD儿童的具体治疗过程中，还需要应用行为矫正技术来改变他们的不良行为。最常用的方法有：正强化法、消退法、惩罚法和代币制法。

（1）正强化法：每当儿童出现所期望的目标行为，或者在进行一种符合要求的良好行为之后，采取奖励办法，立刻强化，以增强此种行为出现的频率。

（2）消退法：对ADHD儿童的某些不良行为，采用不予理睬的方法，使之逐渐消退。采用消退法时，重要的是寻找不良行为的强化因素是什么，并予以消除，从而减少这种不良行为的发生。

（3）惩罚法：对ADHD儿童的某一不合适的行为，附加一个令他厌恶的刺激，或减弱、消除其正在享用的强化物，从而减少该行为的发生频率。

（4）代币制法：又称标记奖酬法，是在ADHD儿童出现目标行为（期望行为）时，立刻给予一种"标记"或代币加以强化，然后再将"标记"或代币换取各种优待的一种行为矫正方法。

在具体应用这些行为矫正的技术过程中，要遵循以下原则：

- 要在诊断的基础上，明确儿童的问题行为，确定需要干预的目标行为，然后设计详细的干预方案和步骤。
- 与正常儿童相比，ADHD儿童需要更及时和明确的反馈。因此，教师或家长需要根据儿童自身的特点来选择不同的行为矫正方法。有研究表明，对于ADHD儿童来说，小的、即时的反馈要比大的延迟反馈更有效。
- 如果ADHD儿童在独立完成任务的过程中不能按照特定的步骤、有计划地完成，那么在培训的初始阶段，教师给儿童布置的任务要包含尽量少的步骤。随着治疗的进程和儿童的进步程度，教师可以逐渐增加任务的复杂性和长度。
- 在应用奖赏物的过程中，教师和家长应该尽量应用活动性奖赏或社会性奖赏，少用物质性奖赏。活动性奖赏可以分为两类：一类是儿童所喜欢的，如看电视、玩游戏机等，另一类是他们不喜欢的，如做作业等。社会性奖赏主要包括对儿童的表扬、微笑、认同等。

● 教师和家长需要详细记录儿童的训练情况，最好以量化的、直观的方式呈现，以便让儿童不断看到自己的进步，更积极配合治疗。

本章主要概念

注意力缺损多动障碍（ADHD）：这是一组以注意力缺损、多动、冲动、唤醒不足、角色管理失控为主要表现特征的行为—情绪综合症候群，是儿童期常见的心理障碍之一。

学习障碍：是指智力正常但学习成绩落后的一类儿童的总称，是指在听、说、读、写、推理或数学等方面的获取和应用上表现出显著困难的一群不同性质的学习异常者的统称。

执行功能：是指个体在实现某一特定目标时，以灵活、优化的方式协同多种认知加工过程的认知神经机制。

行为抑制：是指控制无关信息进入并保持在工作记忆中，以及控制无关信息在整体上干扰认知加工的积极的压制过程。

激活：是一种对即将进行的动作反应的激烈准备，它表现为一种剧烈变化的生理活动。

唤醒：在某一时间范围内对刺激的加工，受情境、强度和刺激的新奇度影响。

工作记忆：指完成认知任务时，负责短暂储存和加工信息的有限容量系统，属于短时记忆的一种，保持时间很短。

本章思考题

1. 什么是注意力缺损多动障碍？它主要分哪几种类型？
2. 注意力缺损多动障碍与学习障碍有什么关系？
3. 反应抑制模型与认知—能量模型有哪些区别和联系？

4. 如何对注意力缺损多动障碍儿童进行诊断？

5. 如何对注意力缺损多动障碍儿童进行干预治疗？治疗过程中要遵循哪些原则？

参 考 文 献

王玉凤. 2005 年 3 月 4 日在由中国卫生部主办，北京大学精神卫生研究所承办的"儿科及精神科医生注意缺陷多动障碍国际研讨会"报告.

American Psychiatric Association（APA）. Diagnostic and Statistical Manual of Mental Disorder, 4th（DSM-IV）. Washington, DC: American Psychiatric Press, 1994. 80.

Barkley RA. Behavioral inhibition, sustained attention and executive functions: constructing a unified theory of ADHD. Psychol Bull, 1997（121）: 65-94.

Edmund J.S., Sonuga-Barke. Psychological heterogeneity in AD/HD: a dual pathway model of behaviour and cognition. Behavioral Brain Research, 2002, 130: 29-36.

George J. DuPaul, Gary Stoner. ADHD in the schools: assessment and intervention strategies. NY, The Guilford Press, 1994: 77.

Jaap van der Meere, Nanke Stemerdink. The Development of State Regulation in Normal Children: An Indirect Comparison With Children With ADHD. Developmental Neuropsychology, 1999, 16: 213-225.

Lambert N.M., Hartsough C.S., Sassone S., & Sandoval, J. Persistence of hyperactive symptoms from childhood to adolescence and associated outcomes. American Journal of Orthopsychiatry, 1987, 57: 22-32.

Satterfield JH, Cantwell DP, Satterfield BT: Pathophysiology of the hyperactive child syndrome. Arch Gen Psychiatry, 1974, 31: 839-844.

Sergeant J. A. The cognitive - energetic model: an empirical approach to

Attention - Deficit Hyperactivity Disorder. Neuroscience and Biobehavioral Reviews, 2000, 24: 7-12.

Weiss, G., Hechtman L. Hyperactive children grown up (2ed.). New York: Guilford Press, 1993.

第八章
学习障碍儿童的元认知

第一节 学习障碍儿童的元认知缺陷

现阶段对学习障碍儿童心理特征的探讨，已经突破原有的认知范围，更加注重学习障碍的元认知、信息加工以及学习策略等实质性问题的探讨，这对于认识和逼近学习障碍的本质不无裨益。之所以被称为学习障碍儿童，是因为他们在解决问题的过程中所表现出来的无能为力。按照知识分类与学习的传统观点，根据知识的构成关系，分为概念学习、规则或原理的学习、问题解决学习等。这些认知过程，都需要元认知技能的参与。

学习并不仅仅是对所学材料的识别、加工和理解的认知过程，同时也是对该过程进行积极监控、调节的元认知过程。高元认知水平的学生比低元认知水平的学生更能成功地解决问题，甚至低才能而元认知水平高的学生也要比高才能而元认知水平低的学生强（Swanson，1990），因此元认知技能的差异是导致学习者成绩差异的重要原因。在基础知识水平相同、学习能力不同的两类学生之间造成了学习能力差异的原因是其元认知水平的不一致。在低水平的元认知能力与低成绩间的关系上，元认知水平越高，其学业成绩越好。优生与学习困难的学生在元认知的两个成分上——关于元认知的知识和元认知的体验，都表现出差异。

一、什么是元认知

人类的认知活动具有不同的水平和层次。注意、知觉、记忆、思维等是一般的认知活动,而一个人如何来控制自己的注意、知觉、记忆和思维活动的过程,学会如何学习、如何思维、如何更好地发展自己,即一个人如何能够对自己的认识活动过程进行调节与控制,则属于更高一级的认知活动(梁宁建,2003)。元认知(metacognition)就是这种更高一级的认知活动。根据元认知研究的开创者弗拉维尔(Flavell)的定义,元认识是个人关于自己的认知过程及结果的认知,以及为完成某一具体目标或任务,依据认知对象对认知过程进行的主动监测和连续协调,包括元认知知识和元认知体验(见图 8.1)。

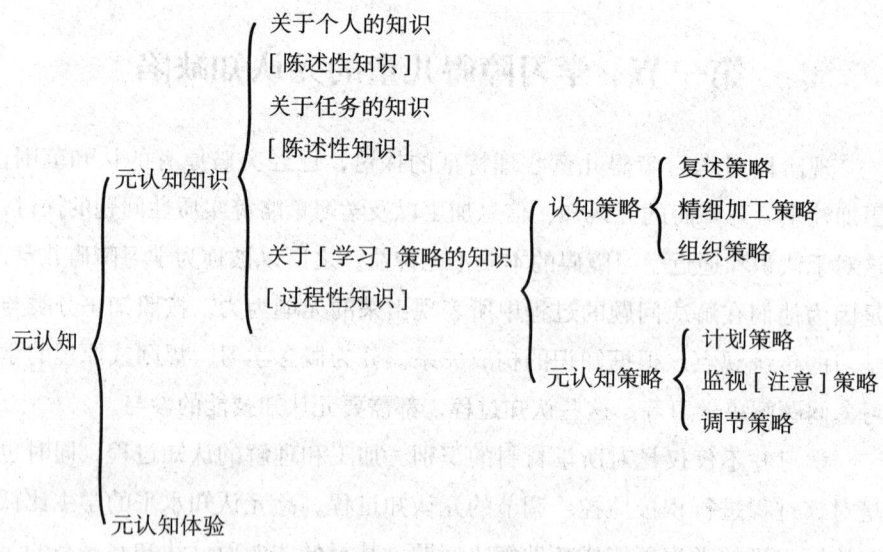

图 8.1 元认知的结构

元认知知识,是指个体所存储的既和认知主体有关,又和各种任务、目标、活动及经验有关的知识片段。弗拉维尔认为元认知知识主要有三类:①个体元认知知识,即个体关于自己及他人作为认知加工者在认知方面的某些特征的知识;②任务元认知知识,即关于认知任务已提供的信息的性质、任务的要求及目的的知识;③策略元认知知识,即关于策略(认知策略和元认知策略）及其有效运用的知识。

元认知体验，是指伴随认知活动而产生的有意识的认知体验（cognitive experiences）与情感体验（affective experiences）。弗拉维尔认为，元认知体验是关于在某一认知活动中已取得进展或将取得进展的信息，可以是对知的体验，也可以是对不知的体验，包括的内容可繁可简。

元认知策略，作为学习策略的组成部分之一，元认知策略由三种具体的策略构成：计划策略、监视策略和调节策略。

1. 计划策略

一个完整的计划策略大致包括预测结果、确立目标、决策分析、有效分配时间、评估有效性、拟定细则等环节。计划策略在整个元认知策略中，占据一个很重要的位置。因为计划无论大小，总是涉及学习活动的全局，而始终保持全局观恰恰是策略性学习的关键。而且，没有学习计划就没有评价学习效果的标准，也没有卓有成效的评价活动，更别提良好的调节了。

2. 监视策略

元认知监视策略是指在认知过程中，根据认知目标及时检查评价认知活动的结果与不足，如检查学习内容是否被领会，知识的预备度或熟练度是否不足，策略的选择是否有效，目标设定是否过高或过低，把偏差找出来。有监视然后才有调节。元认知监视策略具体包括阅读时对注意加以跟踪，对材料进行自我提问，考试时监控自己的速度和时间。在运用这一策略时应注意，既要评价与学习计划里的目标挂钩，又要正确解释测量结果，不要把与他人的比较放在核心地位，而应更加重视"学习应达到何种程度"这样的评价。

有效的元认知监视常常是成功完成认知任务的决定性因素。

3. 调节策略

元认知调节策略是根据监视的结果，找出认知偏差，及时调整或修正目标的策略。例如，在学习活动结束时，评价认知结果，采取相应的补救措施，修正错误，总结经验教训，等等。在实际运用中，调节策略总是跟监视策略连在一起的，在学习过程中发挥着重要的作用，比如调节学习时间分配、策略选择、努力程度等。以帮助个体获得最大学习效果。

元认知策略的三个方面总是相互联系在一起而工作的。一般是，学习者先认识自己当前的任务，然后使用一些标准评价自己的理解，预计学习时间，选择有效计划或解决问题，最后监视自己的进展情况，并根据监视的结果采取补救措施。

二、学习障碍儿童的元认知缺陷

认知心理学从信息加工的观点理解学习障碍，认为学习障碍主要由于信息的接收、编码、储存及提取运用过程中出现落后。近年来，认知心理学强调学习障碍的元认知缺陷方面，认为这是导致学习障碍的原因之一。研究发现学习障碍儿童不能正确产生，或根本不产生解决问题的计划；在遇到困难之后，不能进行有效的调节；了解一些元认知策略，但是不知道如何有效地运用即元认知策略参与的缺乏。学习障碍儿童元认知缺陷的研究涉及元认知知识、策略使用、元认知体验等元认知的不同方面。

（一）元认知知识的缺陷

学习障碍儿童的元认知知识相对缺乏。元认知知识是对认知知识，包括学习风格与学习方法的评价与应用。学习障碍儿童对作为学习者的自我缺乏清晰的认识，不了解自己的学习风格，不知道自己擅长的学习方法是什么，对自己的学习能力也缺乏正确的评价。学习障碍儿童在学习之前往往不能明确学习任务的难度或无推测难度的意识，对学习材料的性质、组织形式、类型特点、学习任务的目的以及应当采用何种策略等的认识都与学优生存在较大的差距。学习障碍儿童往往还缺乏对各种元认知策略的了解，不了解各种策略的适用条件，不能明确哪种策略使学习变得更容易，更不会由此订立出周全的学习计划和对学习过程进行监视和调节（孟兰洲，2007）。

（二）学习策略方面的缺陷

1994年，丹博（Dmembo）以大脑信息加工过程为基础，结合弗拉维尔元认知理论，提出一个有关学习的信息加工过程的模式。由此模式可推出：学习策略包括认知策略与元认知策略，能对信息进行直接加工的有关方法和技术属于认知策略,而对信息加工过程的控制、监视和指导方式与方法,属于元认知策略。这一观点言简意赅,说明了学习策略、认知策略、元认知策略概念的联系与区别(见图 8.1,杜晓新,1999)。

学习障碍儿童在学习策略的各个方面存在不同程度的缺陷。所谓学习策略,就是学习者为了提高学习的效果和效率、有目的有意识地制定的有关学习过程的复杂方案(刘儒德,1997)。我们认为凡是有助于提高学习质量、学习效率的程序、规则、方法、技巧及调控方式均属学习策略范畴。学习策略的应用水平是衡量个体学习能力的重要尺度,是制约学习效果的重要因素之一,是会不会学习的标志。前面我们具体了解了学习障碍儿童在整个元认知上的缺陷,现在我们谈谈学习策略上学习障碍儿童的缺陷。

学习障碍儿童在学习策略方面的缺陷主要表现为:

(1)学习障碍儿童对学习过程和学习策略的作用缺乏了解。他们既不了解学习过程以及自己在学习情境中的优势和不足,又不能认识到系统有效的学习策略能够提高学习效率并改进学习成绩。

(2)学习障碍儿童缺乏运用学习策略的基本技能。他们不知道在学习的材料中找出主要的信息,不知道哪些材料是必须掌握的。他们在学习过程中分不清主次,抓不住重点,将时间浪费在细枝末节上。

(3)学习障碍儿童缺乏记忆策略。学习障碍儿童在短时记忆和长时记忆两方面存在缺陷,前者与信息的比较、组织、加工和编码中存在的问题相关,而后者与学习障碍儿童缺乏记忆策略有关。他们不能像其他学生那样自发地使用记忆策略,自然无法保持对学习材料的识记,更不能在需要时及时提取和再现所获得的信息。

(4)学习障碍儿童缺乏元认知策略。学习障碍儿童缺乏获得、储存和加工信息的策略,不知道何时、何处使用元认知策略,不能够根据学习内容和情境选择相应的学习策略并进行策略使用的监控。

(5)学习障碍儿童存在学习策略迁移困难。他们不能将在一种情境中学习到的学习策略迁移到其他情境,更无法将在某一学科中学习到的策略迁移到另一学科。

(6)学习障碍儿童解决问题的技能和思维技能贫乏。他们的概括水平比较低，不善于将知识进行分类。他们不善于建立知识之间的联系，也不能掌握知识的连贯性和顺序性。

(7) 学习障碍儿童缺乏资源管理策略。很多学习障碍儿童不能为自己制定适当的学习计划。他们在学习目标的设定、学习内容和手段的选择以及时间管理方面均存在不同程度的问题（佟月华，2004）。

（三）元认知策略方面的缺陷

执行过程和策略使用是学习活动中元认知加工的核心成分。执行过程涉及分析任务要求、选择适当策略、分配学习时间、学习进程的监控和调节、评估结果等多方面内容。研究显示，学习障碍儿童在这些方面存在不同程度的缺陷。同时，学习障碍儿童能否主动、恰当地使用策略，是该领域研究中人们非常关注的一个问题。早期的研究显示，学习障碍儿童与一般儿童在策略使用上存在较大差异，如卡威（Kavale）发现学习障碍儿童在回答阅读理解问题时，不像一般儿童一样使用有效推理策略，斯滕伯格（Sternberg）对于阅读障碍学生成因的研究显示，阅读障碍的重要表现就是缺乏阅读策略与监控，障碍学生逐个字母阅读而非以音节或单词或句群为单位阅读，缺乏获得字义的技巧等。弗雷钦那和卡耐特（Fleischner & Garnett）发现一些学习障碍儿童尽管已获得成功解决文字题的技能，但从不在解题时适当加以使用（张雅明，2004）。还有研究发现，学习障碍儿童与学优生在解决数学问题的过程中，虽然都在使用元认知策略；但不同的是，学优生能够及时进行策略转换，根据学习内容不断地使用新策略；而学习障碍儿童则容易重复使用一种策略，即使这种策略已经被证明是无效的（Swanson & Rhine）。另外，20 世纪 90 年代以来大量涌现出的以策略使用训练为核心的干预性研究也证明了学习障碍儿童在策略使用上与非学习障碍儿童存在显著差异。学习障碍儿童常难以判断问题是否得到正确解决，他们倾向于使用计算正确与否的标准评价作业，在检查错误方面更多使用表面标准和单一标准，还常使用错误或不准确的标准。

此外，面对同样的问题，学习障碍儿童与学优生选择了不同的策略，这是因为他们对于策略有效性的理解存在差异，导致解题程序和结果的不同。学习障碍儿童在学习中的困难不仅仅是由于缺乏策略,更是由于缺乏对有效策略选择的调节能力。

学习障碍儿童缺乏元认知策略,缺乏获得、储存和加工信息的策略,不知道何时、何处使用元认知策略,不能够根据学习内容和情境选择相应的元认知策略并进行策略使用的监控。

(四) 元记忆方面的缺陷

元记忆是指对自身记忆方法和记忆策略的评价与监控。在对小学三、四、五年级学习障碍儿童和普通儿童记忆方面的研究发现,即使使用同样的策略,普通儿童的回忆成绩也比学习障碍儿童要好。随着年龄的增长,学习障碍儿童与普通儿童的差距在增大。比较正常儿童、数学学习障碍儿童、阅读困难儿童、兼有数学学习障碍和阅读困难儿童的元记忆,发现正常儿童在所拥有的元记忆知识、生成策略数量和精确性、整合策略的使用上都明显优于其他三组儿童,兼有数学学习障碍和阅读困难的儿童表现最差,数学学习障碍组和阅读困难组之间无差别。对学习障碍儿童与学优儿童的元记忆监控特点进行比较发现,学习障碍儿童在三种元记忆监测判断(学习判断、对掌握知识的自觉感、信心判断)等级上均显著低于学优儿童;学习障碍儿童虽具有元记忆控制能力,但其控制水平相对低于学优儿童,随着年级增长,学习障碍儿童也能够知觉到各种学习材料难度的不同,并在难的项目上分配较多的时间,反映了其元记忆控制能力随着年级增长而提高。但即使如此,其学习时间分配上与学优儿童的差异依然显著,表现在分配给不同难度词表的时间的差异量上。也就是说,相对于学优儿童而言,学习障碍儿童在容易的项目上分配的时间多,在难的项目上分配的时间少。尽管学习障碍儿童元记忆监测与控制能力都比学优儿童差,但仍表现出一定的发展趋势(张雅明,2007)。

(五) 元认知体验相对消极

学习障碍儿童对自己在认知过程中所产生的情感缺乏清晰的、正确的体验。由于过多地在学习活动中承受失败,导致学习障碍儿童学习的自我效能感不足。学习障碍儿童往往低估自己的学习获得成功的可能性，那么就会放弃努力，即使该活动能产生有价值的结果。具有较低效能感的学习障碍儿童在学习中常常会感到焦虑和恐惧。即便学习活动获得成功，学习障碍儿童也不会产生内在的、稳定特质的归因，从而体验不到积极的、愉悦的情绪体验。例如，在对数学的态度、数学作业方面的自我知觉等方面，学习障碍儿童对数学价值的评价同其他儿童一样高，但对数学的态度和对自己数学能力的评价方面低于一般儿童。在考查儿童实际解决数学问题时，与一般儿童相比，学习障碍儿童认为面临的数学问题更困难，他们仅花费较少时间去解决问题。学习障碍儿童对自身数学能力的知觉影响到了他们解决问题的坚持性（孟兰洲，2007）。

第二节 如何提高学习障碍儿童的元认知能力

在传统的教学中，多数学生在面临一个学习任务时，他们的重要目标是完成这一任务，而不是去理解完成这一任务是为了达到何种目的，自己在任务解决中又将发挥何种作用。学生普遍缺乏了解作为学习者的自我、学习任务、学习策略的意识，这样学生的元认知技能就得不到充分的发展。学习障碍儿童尤其如此。因此，对学习障碍儿童的转化必须充分重视其元认知能力的培养。训练学习障碍儿童自己确立目标，订出计划，选择策略，调节进程，并利用自己确立的目标体系来监控自己的学习进程。通过学习过程中的反馈、调整，使学习者、学习任务、学习策略及学习结果几个方面达到和谐统一，从而使学习达到最优化。

20世纪90年代以来，涌现出大量的以策略使用训练内容的干预性研究，这些研究大都取得了明显效果。如接受记忆策略训练加上个别化数学学习计划的学习障碍儿童，比只接受个别化数学学习计划的儿童成绩更优异。通过加强策略训练中的元认知策略，能够提高学习障碍儿童解决问题的能力。教给学习障碍儿童学习策略，并同时教给他们在学习过程中运用这些策略，必要时对他们使用策略进行干预和强化，让这些儿童运用元认知策略中的调节策略,能够使他们在记忆效果、书面表达、数学问题解决等方面的成绩有明显提高。斯旺森认为,学习策略指导与直接指导的结合将产生最大的效果。在一份对单被试干预研究的元分析研究中,他指出,从所报告的被试的智力和阅读水平看,策略教学模型对干预效果的预测要优于直接教学模型。

此外,教师还可以通过以下训练方法改进学习障碍儿童的元认知能力。

一、元认知训练

元认知训练的方法主要有自我提问法、相互提问法、知识传授法三种。

1. 自我提问法

就是在元认知训练中,通过提供一系列供学习障碍儿童自我观察、自我监控、自我调节的问题表单,不断地促进学习障碍儿童自我反省而发展其元认知能力。自我训练问题单包括计划、监控和调节三个部分。

- 计划部分包括:①这个问题是什么?②这个问题我们目前知道了些什么?已给了我们哪些信息?这些信息对我们有什么用?③我们的计划是什么?④还有其他的办法吗?⑤下一步我们做什么?

- 监控部分包括:①我们遵照计划或策略了吗?我们需要一个新的计划吗?我们需要一个新的不同策略吗?②我们的目标变了吗?现在的目标是什么?③我们的思路对吗?我们正在逐渐接近目标吗?

- 调节部分包括:①哪些策略起了作用?②哪些没起作用?③下一次我们应该有什么不同策略?

由堪萨斯大学学习研究中心的(KU-CRL)德什列(Don Deshler)和他的研究小组研究的自我提问的设计是用来帮助小学、中学和中学后教育中学习障碍儿童更有效地适应复杂的阅读要求。这一策略要求学习障碍儿童提出问题、预设问题的答案和阅读中寻找答案。图8.2列出了学习障碍儿童阅读的五个步骤。

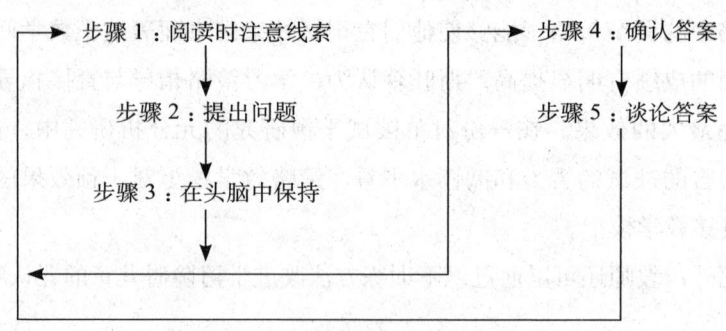

图 8.2　学习障碍儿童阅读的五个步骤

　　自我提问的优势在于：第一，它提高了学习障碍儿童参与阅读活动的积极性。第二，它帮助学习障碍儿童把阅读材料分成有联系的小单元，从而使学习障碍儿童很容易获得信息。第三，它通过让学习障碍儿童进行自我鉴别来提高学习兴趣和动机水平。最后，它通过要求学习障碍儿童描述阅读信息，从而加强了学习障碍儿童对阅读内容的理解和记忆（P.Ann，2001）。

　　大声思维，即自言自语或者低语式的思维方式，也是属于自我提问的一种策略。也就是用语言将思维过程详细、清晰地表述出来。大声思维既是评估元认知监控水平的重要手段和途径，又是培养元认知监控能力的重要环节。它的结构是：why（为什么）、How（方法）、可以用结果呈现（怎么样）、What（是什么）、Where（在哪里），分别从动机、情境因素等维度提出了大声思维的任务和内容。在课堂教学中，"引、扶、放、收"的示范模式，培养学习障碍儿童大声思维。"引"就是引入学习情境，引出学习任务和教师示范学习；"扶"就是让学习障碍儿童尝试地运用所学方法去体验新的学习活动；"放"是指放手让学习障碍儿童用所学的方法去学习，并在学习过程中，不断地调控自己的元认知策略；"收"就是在学习活动即将结束时，还要回头看看，反思学习过程，再一次总结学习方法，内化知识。学习障碍儿童的大声思维内容可以定为："我学得怎么样？"，"我是如何学习的？"，"哪些地方学得不够好？为什么？该采取什么方法来补救？"等等。

　　在对学习障碍儿童运用这些方法时，需要教师有更多的耐心，循序渐进，要确定学习障碍儿童能对一个阶段提出适合的问题，并能自己解答，再进入下一个阶段。

2. 相互提问法

相互提问法就是将学习障碍儿童每两人分为一组,给每个学习障碍儿童一份类似于上述自我提问的表单,要求学习障碍儿童在尝试解决问题的同时根据提问表单相互提问并做出回答。研究表明,相互提问法能有效地促进学习障碍儿童的思考与竞争,发展元认知。

在运用此方法时,由于学习障碍儿童的特殊性,需要由教师在旁指导,及时纠正不适当的提问,并且控制整个过程的时间,不要让相互提问的过程太拖拉。

3. 知识传授法

知识传授法是不同于以上训练的另一种方法。它主要通过传授学习理论的有关知识,特别是关于元认知的知识,使学习障碍儿童通过学习,认识到元认知在学习中的重要性,自觉地将元认知运用于学习中,生成适当的元认知策略,提高学习效果(高智军,2004)。学生是否善于学习,与其所具有的元认知知识密切相关。因此,教师在课堂教学过程中,除了进行学科内容的教授外,还应该将元认知的知识纳入教学,以帮助学生在学习中进行自我判断和任务分析。当学习障碍儿童从教师那里学到了元认知知识后,他就可以对自己、对学习材料、对任务要求等有一个明确的判断。更为重要的是,当学习障碍儿童从教师那里学到了关于学习策略方面的知识后,在面对具体的问题时,学生就能采用相应的策略和方法去处理问题。因此,向学习障碍儿童传授元认知知识的具体内容,是培养他们元认知能力的第一步。

二、主体、任务、策略训练

弗拉维尔将元认知知识分为三类:主体元认知知识、任务元认知知识、策略元认知知识。

1. 教授学习障碍儿童对认知主体方面的认识

这方面的元认知知识主要来源于教师、家长以及同伴等人的外部评价,而教师对学习障碍儿童的关注对学习障碍儿童的元认知知识起着潜移默化的甚至是根深蒂固的影响。只有当学习障碍儿童具有了正确的关于认知个体的知识,才能以此来指导监控或调节自己的学习过程。为此,教师要指导学习障碍儿童认识到每个个体的能力在类型方面存在着差异,教师应当帮助学习障碍儿童了解自我,比如,自己在哪些方面比较擅长,哪些方面有不足,喜欢什么样的学习方式,如何分配学习时间,等等。

2. 教授学习障碍儿童对认知材料、认知任务等方面的认识

帮助学习障碍儿童获得正确的关于认知任务的知识,教师可在布置认知任务(如学习课文、解决某个数学问题等)时提醒学习障碍儿童意识到诸如理解并记住复杂的、不熟悉的信息是比较困难和费时间的,还应提醒学习障碍儿童注意关于认知任务的信息性质如何,是丰富的或贫乏的,是简约的或冗余的,是有组织的或无组织的。这些信息的性质对学习障碍儿童将要进行的认知活动产生的影响有时是意识到的,有时是意识不到的,因此要求学习障碍儿童学会自觉主动地分析认知任务的目的。

要求教师在这里的教授不要仅仅是单方面的传授,教师要确定学习障碍儿童是否掌握了这些知识,对他们进行提问以检查其掌握的情况。

3. 教授学习障碍儿童对元认知策略的认识

元认知策略中的计划策略、监控策略、调节策略等,是个体用以调节和控制认知行为的方法和规则,监控和指导认知策略有效和灵活的运用,它对决定如何学习是非常重要的。因此,教学过程中,不仅教给学习障碍儿童有关认知策略的知识,告诉学习障碍儿童应用策略的步骤和解决问题的方法等,而且要在教给学习障碍儿童认知策略时,使学习障碍儿童明白什么时候用什么策略解决问题更有效,什么情况下使用哪种策略更能达成目标。掌握这些对于学习障碍儿童可能会比较困难,所以可能需要教师反复教授,反复让学习障碍儿童进行练习(王金良,2005)。例如,教师要通过直接的教学告诉学习障碍儿童各种学习策略是什么以及如何使用这些策略。比如教会他们在听课或读书时如何记笔记,以促使新、旧知识形成联系。帮助学生用提纲法、图示法、列表法等方法重新组织所学过的知识,促进记忆。最初,教师可以通过榜样示范来向学习障碍儿童演示如何使用这些策略,让他们在教师的指导下,反复地练习这些策略的使用。学习障

碍儿童学会了这些策略之后，就可以在学习活动中尝试着使用这些策略，并在使用的时候获得反馈，最终，他们的元认知就会逐步由外界控制变成自我控制。

研究表明，以上几种元认知训练都能一定程度地提高学习障碍儿童的元认知水平，特别是对于复杂问题，元认知的训练更有效。

三、训练中应当注意的问题

而在以上这些元认知训练方法的运用中，教师应该还要注意和结合以下几点内容。

1. 激发内在学习动机

学生内在的学习动机能激发学生的学习兴趣和求知欲望，调动学生学习的积极性和主动性。它是培养元认知能力不可缺少的内部条件。学习任务的完成依赖于主体的学习积极性和主动性。研究表明，学生具有内在的学习动机，就能明确地确定学习目标，进行积极主动的学习，所以，教学中可以创设问题情景，采用有趣的与变换的呈现方式，以及使用游戏或模拟、动机迁移等手段，激发学生的求知欲，调动其学习的积极性（王金良，2005）。学习障碍儿童的学习动机比一般正常儿童要低，所以需要教师在这一点上特别注意。

2. 增强学习障碍儿童的元认知体验

元认知体验的重要作用之一是激活元认知知识。这个过程实际指的是学生对自己认知过程中有关情况的觉察和了解。在教学中，我们经常会发现学习障碍儿童不会分析问题，他们在解题时瞎碰乱撞，劳而无功。还有的习惯使用过滤法解题，事倍功半。这些都是缺乏元认知体验的表现。因此，在教学过程中要重视知识发生过程的教学。教师创造出问题情境后，要让学习障碍儿童有思考、探索的机会和时间。很多教师在教学过程中急于把问题的最后结果告知学习障碍儿童，以为他们只要记住了最后的结果，教学目标就算达成了，却不知对学习障碍儿童而言，最为重要的是学习的过程以及在这个过程中所获得的认知或情感上的体验。学习障碍儿童只有亲自参与了学习过程，才能在此过程中产生对知和不知的体验以及适度的紧张和喜悦的体验，从而激发学习动机，提高掌握知识的程度，丰富学习经验。如此，思维才能得以开启，元认知体验才能得以发生（孟兰洲，2007）。

3. 给学生创设和谐、民主的反馈条件

在对学习障碍儿童的教学过程中，教师应给他们提供一个和谐、民主的反馈环境，不但使每个人都能自由地评价他人的学习方法与策略，而且还要使他们愿意接受别人的评价。在这样一个环境的基础上，教师应逐步地引导学习障碍儿童从以教师为主导的外部反馈转化为他们自己的内部反馈，并逐渐培养他们养成一种良好的学习习惯，使他们真正学会元认知学习。

4. 注重引导学生对非智力因素的调控

对学习效果的影响不仅有智力因素，也有非智力因素，而且往往是两者协同作用的结果。学习障碍儿童一般在非智力因素上有缺陷。因此，教师除了注重培养他们对学习和认知活动的调控外，还应注重培养他们对非智力因素中的努力程度、动机激发、个人性格特点、认知风格等方面的调控。最终使学习障碍儿童能把对智力因素和非智力因素的调控有机地结合起来（高智军，2004）。

本章主要概念

元认知：个人关于自己的认知过程及结果或其他相关事情的知识，以及为完成某一具体目标或任务，依据认知对象对认知过程进行主动的监测以及连续的调节和协调，包括元认知知识和元认知体验。

元认知知识：是指个体所存储的既和认知主体有关又和各种任务、目标、活动及经验有关的知识片段。

元认知体验：是指伴随认知活动而产生的有意识的认知体验与情感体验。

学习策略：就是学习者为了提高学习的效果和效率、有目的、有意识地制定的有关学习过程的复杂方案。

本章思考题

1. 什么是元认知？什么是元认知策略？两者的关系是什么？
2. 学习障碍儿童元认知策略缺乏的表现是什么？
3. 元认知训练的方法有哪些？各有什么特色？
4. 教师在训练元认知过程中应当注意什么？

参 考 文 献

佟月华，宋尚桂.学习障碍学生学习策略干预研究述评.中国特殊教育，2004，2.

杜晓新.元认知与学习策略.北京人民教育出版社，1999.

高智军.关于元认知策略的几点思考.教育理论研究，2004，7：6-7.

刘儒德.论学习策略的实质.心理科学，1997，21：179-181.

梁宁建.当代认知心理学.上海教育出版社，2003.

孟兰洲，苏春青.学困生的元认知特征分析及教育干预.赤峰学院学报，2007，23（3）：34-136.

王金良，简福平，徐晓飞.元认知能力的构成、作用与培养概述.涪陵师范学院学报，2005，21（4）.

张雅明，俞国良.学习不良儿童的元认知研究.心理科学进展，2004，12（3）：363-370.

张雅明，俞国良.学习不良儿童元记忆监测与控制的发展.心理学报，2007，39（2）：249-256.

P.Ann，Exceptional Lives：Special Education in Today's Schools（3rd Edition）.Prentice Hall，2001.

J. H.Flavell Cognitive monitoring. In：W P Dickson ed. Children's Oral

Communication Skill. New York: Academic Press, 1981.

J. H.Flavell Metacognitive aspects of problem solving. In: L B Resnicked. The Nature of Intelligence. Hillsdale, NJ: Erlbaum, 1976.

H L.Swanson Influence of Metacognitive Knowledge and Aptitude on Problem Solving. Journal of Educational Psychology, 1990, 82 (2): 306-314.

第九章
学习障碍儿童的动机与情绪

第一节 学习障碍儿童的学习动机与情绪特点

学习障碍儿童由于学业方面的成就低，不得不面对更多的挫败和无助感，这会造成他们比正常儿童更多出现低自尊、社交障碍及心境恶劣等适应不良的倾向，这些倾向又会反过来影响学业成就。假如没有良好的家庭、学校等社会支持，他们会比正常儿童更容易表现出学习动机和情绪方面的问题，从而导致更多人格与社会方面的适应不良。

动机是目前学校心理学研究的一个中心课题，它是由一种目标或对象所引导、激发和维持的个体活动的内在心理过程或内部动力。所以说，动机必须有目标，目标能够引导个体行为的方向，并且提供原动力。个体对目标的认识，由外部的诱因变成内部的需要，成为行为的动力，进而推动行为。学习动机是指激发个体进行学习活动，维持已引起的学习活动，并引导行为朝向学习目标的内在过程或内部心理状态。已有研究证明，学习动机强的学生较学习动机弱的学生更能坚持学习，更有成效。

情绪是人对客观事物的态度体验及相应的行为反应，它是以主体的愿望、需要等倾向为中介的一种心理现象。如果事物发展符合主体的需求和愿望，会引起积极的、肯定的情绪，相反就会引起消极的、否定的情绪。

具体来说，学习障碍儿童在动机与情绪方面容易表现出与正常儿童的明显差异有：

1. 学习动机水平低

研究证明，学习动机水平低是学习障碍学生普遍存在的问题，学习障碍学生和普通学生的学习动机之间存在极显著的差异。学习障碍儿童更容易表现出对学习缺乏兴趣，尤其是对某些科目常表现出厌学、怕学或应付了事。

一方面，对于学习障碍儿童而言，他们在学习中遭遇失败的可能性大，习惯性的学业挫折，使他们对自己的能力缺乏信心，怀疑自己为克服障碍所做的努力，于是学习障碍学生容易对任何事情都采取放弃的态度，贬低努力的作用，因而产生习得性无助（learned helplessness）。习得性无助是指一个人经历了挫折和失败后，面对问题时产生无能为力的心理状态和行为。学习障碍学生的习得性无助表现为在学习时毫无动力，缺乏进取心，遇到挫折时倾向于放弃，乃至对力所能及的任务也不能胜任，认为自己无论怎样努力都不能取得成功。

另一方面，学习障碍儿童在成就目标的选择上也与正常儿童有着显著的差别。20世纪80年代，有研究者将成就目标的概念引入成就动机领域，并使之成为90年代动机研究的一个热点。根据成就目标理论，成就目标分为两种类型，一种是掌握目标，个体的目标定位在掌握知识和提高能力上，认为达到了上述目标就是成功。个体对自己的评价往往依据任务标准和自我标准；另一种是成绩目标，个体的目标定位在好名次和好成绩上，认为只有赢了才算成功。这种目标常常表现在把自己和别人进行比较，并且根据一般标准来评价自身的表现。研究发现，不同的成就目标对应着不同的动机和行为模式。具有掌握目标的个体，往往会采取主动、积极的行为，如选择适当的有挑战性的任务，并使用深层的加工策略等；而具有成绩目标的个体，往往有较高的焦虑水平，有时不敢接受挑战性的任务，遇到困难有时容易退缩。随后，有研究者将趋近－回避状态引入到成就目标理论中，进而把成就目标分为四种，即：

● 掌握趋近目标，指个体关注的是掌握任务、学习和理解，根据自己的进步提高和对任务的理解深度来评价自身表现；
- 掌握回避目标，指个体关心的是如何避免不理解和没有掌握任务的情况，判断成功的标准是在自我比较基础上准确无误地完成任务；
- 成绩趋近目标，指个体关注的是如何超越他人，显得自己最聪明、最棒，根据常模标准来评价自身表现，如在班上考得最好；
- 成绩回避目标，个体关心的是如何不让自己显得低能、不显得比别人笨，与成绩趋近目标相同，是根据常模标准评价自身表现，但该类型主要评价自己是不是班内最差的。

由于失败的学习结果所产生的负向激励，在成就目标的选择上，学习障碍儿童容易采取避免失败的倾向，而非力求成功的倾向。他们更多地采取成绩回避目标，在学习中不是争取优异的成绩，而是尽量避免不及格；不是争取表扬与奖励，而是争取避免批评与惩罚。因而他们通常选择难度最小或难度最大的学习任务，因为难度小的学习任务容易避免失败；而难度大的学习任务，失败了可以不承担责任（潘玉进，陈凤燕，2006）。

2. 自我效能感低，缺乏正确归因能力

班杜拉（Bandura，1977）的自我效能理论认为，个体对自己是否有能力来完成某一行为的推测和判断，就是个体的自我效能感。个体确信自己有能力进行和完成某一项活动，即具有高自我效能感，否则就是低自我效能感。班杜拉认为自我效能感的高低，直接决定个体进行某种活动时的动机水平。自我效能感建立在四种信息源的基础上。一是个体自己成功和失败的经验。成功的经验往往会提高个体的自我效能感，而多次失败的经验则会降低自我效能感。二是替代性经验，即个体通过观察他人的行为而获得的信息，对自我效能感也有重要的作用。如看到与自己水平差不多的人考上了大学，就会增强自己考上大学的信心。三是言语说服。他人的建议、劝告、解释和激励等也可能改变人们的自我效能感。四是情绪唤起，积极情绪可以增强自我效能感，消极情绪则会减弱自我效能感。学习障碍学生的自我效能感低，正是因为他们在以上的四种信息源上都有明显的缺乏，与正常儿童相比，他们更缺少成功经验，更缺少教师与同伴的积极支持，也更容易产生消极情绪。由于他们对自己完成学习任务的能力持怀疑和不

确定的态度,因而倾向于制定较低水平的学习目标以避免获得失败的体验。与其他学生相比,他们更多地想象到活动失败的场面,并将心理资源主要投注于活动中可能出现的失误。

归因是反映个体社会认知的重要方面,反映了个体是如何看待外部事物之间及其与自身的关系的。从人们行为的结果寻求行为的内在动力因素,称为归因。韦纳(Weiner,1971)提出了系统的动机归因理论,证明了成功和失败的因果归因是成就活动过程的中心要素。韦纳把成就行为的归因划分为内部原因和外部原因,同时把"稳定性"作为一个新的维度,把行为原因分为稳定的和不稳定的。如能力、任务难度是稳定的,其中能力是内部原因,任务难度是外部原因;而努力和运气是不稳定的,其中努力是内部原因,运气则是外部原因。同时,韦纳还发现,归因会使人出现情绪反应。如果把成就行为归结为内部原因,在成功时会感到满意和自豪,在失败时会感到内疚和羞愧。但是,如果把成就行为归结为外部原因,不论成功还是失败都不会产生太突然的情绪反应。杨心德(1996)研究发现学习不良儿童有一个共同特点,就是对学习不感兴趣、缺乏信心和动力,自我效能感低于优秀学生,原因主要在于他们不正确的归因所致。俞国良(2004)、雷雳(1998)等都证明了学习不良儿童的归因特点与一般儿童存在显著差异,如对积极事件的归因,一般儿童的归因风格更积极,更多地把积极事件归因于内部的、稳定的、普遍性的,学习不良儿童的归因更消极,认为成功具有偶然性,且这种倾向较稳定无年级差异;而对消极事件的归因,学习不良儿童更多地认为消极事件的原因是稳定的,在各种情景下都会出现,但一般儿童认为消极事件的出现原因归于个人内部因素且是可控的。学习不良儿童常将原因归于内部不可控因素。学习不良儿童较少将学习失败归因于努力的程度不够,却归因于能力低。许多学习障碍儿童认为他们对所发生的一切无法掌控,他们不能控制事情的发生和结果,而且他们觉得自己总是运气不佳,这不仅会导致他们对挫折的容忍度很低,做事很难坚持到底,也会导致他们在学习过程中时常伴随着焦虑或沮丧情绪。

3. 容易有焦虑、沮丧、愤怒等不良情绪,情绪调节能力差

情绪是人的精神活动的重要组成部分,在人类的心理活动和社会实践

中，有着极为重要的作用。这些作用主要通过情绪对行为的调节，对行为效率的影响以及对外界环境的适应等方面，最终影响人的学习效率、人际关系、心身健康等。从情绪的个别差异方面来分析，一般情况是，平时情绪比较稳定，不容易冲动的人比容易冲动的人有较好的学习成绩。学习障碍儿童由于学业上面临的困难，容易陷入焦虑、沮丧、愤怒等不良情绪中。再加上长期以来，学校与家庭过分强调教育的选拔功能和工具价值，重视学习结果而忽视学生的学习感受，使学习障碍学生沦为学习的"奴隶"陷入被动学习之中，体验不到学习和成长的快乐，从而陷入习得性无助状态及各种适应不良的情绪。

面对这些情绪，一方面，处在儿童时期的学生还缺乏正确的情绪识别能力，他们不能清楚地判断自己为什么会有一些烦躁不安的反应，甚至会因为自己的一些反常的行为感到沮丧与自责。另一方面，他们缺乏适当的情绪调节能力，不知道该如何应对这些不良情绪，不能认识并接纳自己的情绪容易导致他们的羞耻感和退缩行为，愤怒情绪处理不当则会导致攻击行为及反社会行为。压抑不良情绪对儿童的身心成长是不利的。

在不同年龄阶段的学习障碍儿童，表现出的情绪问题也有一定差别，有研究证明高年级的学习障碍儿童相比之下会表现出更多的疏离、冷漠和问题行为。而低年级的学习障碍儿童则表现出更多的谨慎、坚定，更易受规则约束。由此看来，社会和情绪方面造成的适应不良行为会随着年龄的增长而增长。因此，假如这些适应不良的行为没有在学生处于较低年级时被鉴别出来并予以适当的干预，就会在随后几年产生更有破坏性的影响。

4. 社会交往存在一定障碍

学习障碍儿童的社会交往主要指学习障碍学生在社会交往中形成的亲子关系、同伴关系和师生关系。近年研究表明：学习障碍学生的亲社会行为水平显著低于学习优秀和学习中等的学生；与一般儿童相比学习障碍儿童的孤独感偏高，同伴接纳水平明显偏低，多表现为同伴拒绝或忽视，主要是因为学习障碍儿童的社会行为不良和社会能力缺乏。学习障碍儿童容易表现出人际交往方面的不友好，经常被同伴认为是鲁莽、轻率的。例如，他们会在伙伴已经开始显得窘迫或是恼怒的情况下，仍然继续他们不合时宜的玩笑，或是在成人正在进行重要谈话时随意打断，很难注意到别人是否对他们的话题感兴趣。有些学习障碍儿童的父母会对子女表现出过度的关注和过多的帮助，在学校里，这样的学生一遇到问题，也会习惯于依赖别人，而不是先考虑自己是否可以独立解决，他们会表现出对父母或成人的过度依赖。

此外，学习障碍儿童在学习动机与情绪方面的各种问题，使得他们表现出更多的攻击性、破坏行为、退缩行为，以及在课堂上表现出难以管理的行为。这些情绪与行为问题如果不能很好地处理，会导致产生更多的社会问题，比如家庭支持减少、与正常儿童间的差距增大、辍学率增高，甚至是吸毒或犯罪。因此，在教育中仅仅孤立地解决学生的学业成绩落后的问题是远远不够的，我们的教育方案中必须考虑学生健康人格的培养、情绪和行为的特点以及他们在解决学习困难方面的特殊需求。

第二节　教师如何解决学习障碍儿童的人格与情绪问题

在解决学习障碍儿童的人格与情绪问题时，教师要面对一个事实，那就是学习障碍儿童面临着比正常儿童更多的适应困难，他们需要教师给予更多的关注和支持。很多问题正是由于我们期望用一种放之四海而皆准的方法去解决所有学生的问题，或者是忽略了理论与实际情况之间的差别才导致的。帮助这些学生发展出健康的人格，正确地处理不良情绪，也正是帮助他们认识到自身的学习潜能，努力成为独立的对社会有贡献的人的过程。

要做到这一点，教师需要树立三个信念：第一，每个学生都有学习的能力，尽管并非每个学生都能学习相同的内容，但绝大多数都可以掌握学校的基本课程；第二，那些有教育天赋的人就存在于现在的学校中，他们可以通过对教育理论的积极实践，帮助所有学生依据自身潜能去学习；第三，所有学生都需要一个安全、被关注和积极正向的学习环境，最好的关注方式便是教会他们获得成功的方法。

目前，对于应对学习障碍学生学习动机低下与不良情绪、行为等问题，已经有了大量的研究，以下提供几种有效可行的方法与技巧。

1. 关注需求，区别对待

在教学实践中，教师应该摒弃偏见，停止抱怨学习障碍儿童的不良表现，或是对这些学生进行简单粗暴的批评教育。教师需要意识到，学习障碍儿童与正常儿童的区别只是他们是"有特殊需求的学生"，只要给他们更多的关怀，正确的指导，学习障碍儿童也能达到正常儿童的水平。学习障碍学生一般都不会仅仅表现出单一类型的情绪或行为问题，作为教师，要注意多观察，与学生家长和其他同学多沟通，及时而准确地了解学生各方面的情况，有重点、分阶段地解决学生的问题。比如，对那些缺乏自信的学生，需要教师们对他们表现出更多的兴趣与支持，以减轻他们由于成绩不佳而带来的焦虑。同时，也要教给他们对待失败的正确态度，不论他们的成绩是否有提高，都会赞扬他们所付出的努力，也可以分配给他们一些教学助理的职务以提升他们的自我价值感。对于过度依赖型的学生，一味的支持显然是不够的。可以考虑为他们提供难度适当的学习任务，让他们可以在解决问题的过程中积累一定的成功体验，对这些学生来说，及时而适度的反馈是非常重要的，这一方式也适用于缺乏自信的学生。面对那些缺乏社交技巧的学生，可以在一些学校活动中加入社交技巧课程，或是当教师注意到某些学生们在交往中有过多冲突行为时，在活动中有针对性地进行角色扮演或角色互换的游戏。关注学生的心理需求，让他们有机会去体会更多积极愉悦的情绪，也才会让学生表现出更多的适当行为。

2. 激发学生内在学习动机

学习动机是学业成绩的一个良好预测指标，因而从学习动机入手，对学习障碍学生进行学习动机的激发，以提高学习障碍学生问题应对能力，促进其学业成就的发展是我们在学习障碍学生教育中所应关注的，教师需要运用一定的教学艺术让儿童感受到学习中的乐趣，培养他们学习中的愉悦感、自豪感。

首先，教师要提供有效教学，并对学生进行及时反馈。有效的教学才能促进学生学业的进步，这种进步对于那些希望能通过学习获得自我价值感的学生来说，是很重要的。有效的教学包括让学生体验到较高概率的成功，对教学过程实施有效监控，向学生提供及时的反馈，以及创造积极的支持性学习环境。及时的反馈对学业成功具有重要的作用，反馈的方式不同，对学生学习动机与情绪的正常发展也以不同的方式发挥作用。第一种方式是积极反馈或是强化，它取决于学生的表现，比如，学生会在完成那些需要付出一定努力的任务之后受到教师的表扬，但是这种反馈方式的不利之处在于当学生没有接收到反馈或是表扬时，就会认为是自己没有很好地完成任务，这样，学生会得出一种结论，那就是他们的学习能力不足。另一种方式是批评或纠正性的反馈，韦斯坦（Weinstein，1982）认为高成就的学生经常会将批评或纠正性的反馈也看作是积极的，这种反馈说明教师相信学生可以做得更好。也就是说，这种反馈传达了一种信息，即教师对学生的潜能持有积极的看法。随后，布瑞恩（Bryan，1986）通过研究证明了纠正性的反馈能帮助学习困难的学生提升他们的自我价值感。此外，纠正性的反馈可以传递教师对学生的关心。因此，教师在教学环境中要根据学生的具体情况，采用不同方式的反馈，以达到鼓励学生、促进成功的目的。

另外，要提高学习动机，还需要帮助学生学会正确归因。自我轻视会降低学生的自我价值感，反之，自我欣赏或是积极的自我对话能够帮助学生提升自尊，教师应该鼓励学生对自己更多地运用积极的评价。正确的归因是纠正错误的自我概念、激发学习动机的重要因素。那些持有内部控制归因方式的学生倾向于将他们的行为结果解释为基于自己的能力或努力，而持有外部控制归因方式的学生则倾向于认为行为的结果是在他们的控制之外，如运气或是任务的难度等。学习障碍学生比正常学生更容易相信成功是由外部因素导致的，因此教师要正确了解学生的归因，对学生进行归因训练，引导学生进行正确的自我归因，认识到成功是自己努力的结果，学习是自己可以控制的，从而培养其独立自主的学习行为。教会学生把学业失败归因于努力得不够，而不是自己能力差，有助于提高学习障碍儿童的自我概念水平，提高他们面对困难与挫折时的坚持性和自信心。此外，教会他们将失败归因于无效的策略与学习方法，对他们也是有益的。

3. 帮助学生体验成功

许多研究证明，在进行课业补习的同时，进行针对低自尊的心理干预是提高学生应对问题和适应能力的最有效的方法。如何让缺乏控制感的学习障碍学生感觉到自己不是被动地生存而是可以拥有内在的控制力量？那就是帮助学生有效地应付与学习有关的挫折和压力，去体验成功，让这种体验成为他们自身的经验。这包括三个方面的技巧：

第一，设定合理目标。学生通过努力达到目标可以使自我价值感得到提升，但是设置何种难度的目标效果则不尽相同。设置较高的目标与好的学业成就有很高的相关，但设置目标时要避免目标太高，不符合学生的发展现状；也要避免设置太容易实现的目标，这通常会导致学生们以为教师对他们取得较高水平的学业成绩没有信心，也就是说，如果学生感觉到教师们对他们的期望较低，那么他们对自己学习问题的解决也会缺乏信心。因此，教师要帮助学生学习如何根据自身的能力确立合适的目标，学生需要通过一些努力才能实现的目标便是中等适度的目标。在达到目标的过程中，教师要始终强调学生们自身努力的重要性。

第二，承担班级工作。学习障碍的学生虽然在学业上经常遭受挫折，但当他们感觉到教师愿意将一些事务性的工作分配给他们的时候，他们会很高兴，因为那表明了教师对他们某些方面能力的信任，这可以作为对他们能力认可的一种补偿方式。这些事务性的工作可以是帮助教师拿教具，分发作业，帮教师传递口信，作为教师的助手帮助其他同学等。

第三，提高学生的自我管理能力。很多学习障碍学生，尤其是低年级学生，都不能有效地解决困难和做决策，这也影响着他们在学校、课业方面的表现。那些与困难解决、人际关系、一般学习能力有关的问题都被看作是属于自我管理技能所涉及的范畴。自我管理通常由三个成分组成：自我监控、自我评价、自我强化。学生每一个成分能力的增强都需要特殊的指导。一些研究者通过对学习障碍学生进行自我管理能力的训练使他们在学业进步方面获得了成功。教师需要向学生教授以下三个技巧以帮助学生提高自我管理的能力：自我记录、自我评价以及自我强化。

- 教学生做好自我记录，首先要选择需要改变的行为，如学生希望能完成更多的课堂作业，接下来需要确定记录的方式和观察的方法，教师可以帮助学生设计记录的表格。
- 自我评价是教会学生如何判断自己的行为结果，首先要向学生强调评价可以使他们确定怎样的表现才是令人满意的，也可以使他们知道还需要在哪些方面做更多的努力。这一技巧通常可以对学生的行为采用记分的方式，如"好"记2分，"中等"记1分，"差"记0分。
- 自我强化，教师可以和学生讨论，确定衡量其行为表现是否有进步的标准，以及在什么时候以何种方式获得奖励。学生可以根据自我记录和自我评价，及时地进行自我强化。

4. 示范目标行为及积极的情绪与认知模式

情绪调节是个体管理和改变自己或他人情绪的过程，在这个过程中，通过一定的策略和机制，使情绪在生理活动、主观体验、表情行为等方面发生一定的变化。情绪调节可以发展为一种能力，这就是"情绪智力"（EQ）。情绪智力是指个体监控自己及他人的情绪和情感，并识别、利用这些信息指导自己的思想和行为的能力。迈尔（Mayer，1997）认为，情绪智力包括一系列相关的心理过程，这些过程可以概括为三个方面：准确地识别、评价和表达自己和他人的情绪；适应性地调节和控制自己和他人的情绪；适应性地利用情绪信息，以便有计划地、创造性地激励行为。良好的情绪调节能促进身心健康，不良的调节或情绪失调会破坏身心健康。

格罗斯（Gross，1998）的研究发现，情绪调节可以减少表情行为，降低情感体验，从而减轻焦虑等负性情绪对人们的不良影响，因而对身心健康有益。从学生的学习方面来看，积极的情绪有助于学习效率的提高，而消极的情绪则会影响学习效率。但培养学习障碍儿童适当的情绪调整及认知行为模式，仅仅告诉他们"按我说的来做"，是远远不够的，他们还需要有目标行为可以效仿。教师可以通过三个步骤来实现自我指导过程的教授，首先，由教师在某一情境下示范如何正确行动，并大声说出自己的思考过程；接下来，由学生模仿相同情境下的处理模式，同时也要说出这一思考过程；最后便是学生将这一思维过程内化的阶段，让他们学会用内部语言指导自己的行为。

在课堂上，教师可以向学生教授下列"自我描述"的技巧：提出关于任务的问题（"老师要我做什么？"），回答这个问题（"我不能在班级里大声吵嚷"），以自我指导方式解决问题（"首先，我必须先举手，等待老师叫我"），自我强化（"我真的这样做到了"）。

在认知方式的模仿中，教师不仅要示范完成任务过程中的策略运用，也要示范如何运用积极的归因方式应对挫折与失败。首先，教学生客观地陈述面临的问题；其次，教学生将困难归因于无效的策略，最后，引导学生运用新的策略在学习中获得成功。此外，还可以向学生教授如何使用积极想象，如学生在面对挫折时，可以想象自己是一个充满自信的人，以降低焦虑沮丧的情绪。

5. 鼓励同伴交往，促进合作关系

要想让学生们发展出积极的社交、情绪和行为状态，教师们需要为他们创造一种合作学习的环境。包括以下三个方面：

第一，鼓励学生间的积极互动。教学生学会如何积极地与人交往对每个学生都是有益的。如果学生能够学会积极互动，他们会在交往中获得快乐，反过来也会以友好的方式做出反应。教师可以将学习障碍儿童与正常儿童进行配对，形成学习活动或游戏中的小组或拍档，这些配对儿童可以相互分享积极快乐的体验。斯布瑞克提出了三种鼓励学生积极互动的技巧：①在教学中向学生示范怎样的交往方式是积极的互动；②通过在进行不同场合的角色扮演练习积极互动；③在日常交往中强化积极的互动方式。

第二，指定一些同伴助教。根据学习障碍学生学习困难的具体情况，教师可以安排能力较高的学生作为助教与他们配对。除了帮助学习障碍学生提高学习技能，一个成功的同伴助教也可以帮助其提高自尊、强化适当行为，培养出同伴间积极合作的关系。例如，如果对学生的评估表明一个学生缺乏朋友，或是被其他学生所排挤，安排同伴助教就可以成为一种提高积极互动水平的策略。

第三，合作学习。合作学习也是一种教学管理模式，安排小群体的学生作为一个合作团队，一起学习以努力达到团队的奋斗目标，只有团队中每一个成员都努力学习，才能实现整个团队的目标。这种模式可以促进学

生对于自主学习的责任感，有助于提高学生的内在学习动机，也可以促进学生之间的相互学习。

除了以上提到的各种技巧，教师还要注意到来自低社会经济水平家庭学生的特殊性。许多有学习障碍的学生来自背景不同的家庭，因此作为教师，评估学生的家庭环境和支持水平是非常必要的。那些低社会经济地位家庭对学生所抱有的积极态度相比而言会比较少，教师在指导学生应对学习障碍带来的各种人格与情绪问题时更应该考虑到这一点，更多地表达对他们的热情与鼓励，让学生知道教师会随时准备为他们提供支持，并主动为他们提供调节紧张焦虑、应对压力的知识。引导学生尊重同学之间的差异性，培养学生们积极的自我价值感与学习动机。

第三节 指导家长创造良好的家庭环境

家庭是儿童人格形成的一个重要影响因素，家庭心理环境、父母教养方式、父母的评价等都影响着儿童人格的形成。

从家庭环境来说，以往研究表明，学习成绩优良儿童与学习障碍儿童的父亲文化程度、职业及教养方式存在明显的差异，学习成绩优良者，父亲的文化程度与职业地位高于学习障碍儿童。学习障碍儿童更多地生活在父母关系紧张的家庭中。

父母的教育态度会影响子女对其自己生理特征、道德伦理价值观、自我能力、自我形象和作为家庭成员的胜任感、与人交往中的价值感、自我信任感等的理解，这种理解的结果会决定儿童是接纳自己还是拒绝自己。父母教育态度的一致性、父母期望、父母关系和家庭结构对学习障碍儿童亲子关系和师生关系均有较大影响，尤其是父母教育态度、父母关系对其自我概念发展举足轻重，父母期望与其行为问题显著相关。

父母教养方式也是决定学习障碍儿童健康人格发展水平的重要因素之一，情感温暖的教养方式有利于促进健康人格的发展；惩罚严厉、过分干涉和拒绝否认的教养方式对健康人格的发展有较大的消极影响。父母对孩子学业、运动能力和亲子关系的评价与孩子对自己的评价有紧密的正相关。由于学习障碍儿童在形成自我认知的过程中表现出一种偏狭的倾向,他们容易误会社会性暗示,对信息做出不准确的解释,依据关系并不很大的个别方面来形成对某方面的自我认知和评价。因此,在对学习障碍儿童学习动机与情绪的发展进行教育矫正时要从家庭入手,作为教师,需要与父母保持定期的联系,多与家长沟通,做好家长教育工作,不仅要让家长了解家庭对于改变学习障碍儿童的自我概念、社会技能和行为问题的重要性,更重要的是让家长了解怎样的家庭环境有利于儿童人格与情绪的健康发展,以及如何才能为儿童创造良好的家庭环境。以下是对于家长在处理学习障碍儿童人格情绪方面问题的一些建议。

1. 积极关注与接纳,了解儿童情感需要

家长应该随时注意孩子在学习中的点滴进步,并给予及时的鼓励。帮助孩子在课堂学习之外寻找并建立一种个人优势,如体育运动、音乐、美术等,让孩子获得必要的自信与自尊。尤其要注意的是不能夸大孩子的缺点,或因为孩子学习不好而全盘否定孩子,这样会给孩子建构自信、自尊的心路历程上增加沉重的负担。鼓励孩子勤奋学习、喜欢自己、接纳社会。

2. 正确识别儿童的不良情绪,引导他们及时疏解与调整

家长不仅要正确地识别儿童的情绪,同时,也要引导孩子阅读自己的情绪类型,告诉孩子怎样是快乐,怎样是愤怒,什么是敌意,什么是伤心。鼓励孩子与父母分享情绪的感觉。要让孩子知道,情绪本身没有好坏之分,情绪是受身体内部心理与生理共同影响产生的。但情绪需要管理,教会孩子适当地释放或表达自己的情绪,让孩子在愉快轻松的气氛中学习,在成功体验中学习。

3. 帮助儿童提高自我管理的能力及责任感

学习障碍儿童的父母时常会抱怨孩子作业拖拉,对于这些孩子,首先要鼓励家长了解孩子所面临的困难,在理解孩子的基础上教给他们解决问题的策略与技巧,提高他们的自我管理能力。家长可以帮助孩子确立规律性的时间表,使孩子能够逐渐做到独立完成家庭作业和自我记录。家长还可以用自然结果去处理孩子的叛逆情绪。让孩子明白做作业是他们自己的事，家长不能代替他们承担责任。当家长看到学习技能和自我管理能力的提高有助于孩子实现将来的学业目标时，他们会更愿意与教师合作，并在家庭中创设一种有利于学习的环境。

学习障碍并不可怕，最可怕的是爱的丧失、自信的丧失和进取心的丧失。只要我们对学习障碍儿童充满爱心、耐心和信心，他们就会努力克服自身的能力缺陷，取长补短，取得学习的成功。

本章主要概念

学习动机：是指激发个体进行学习活动，维持已引起的学习活动，并导致行为朝向学习目标的内在过程或内部心理状态。

归因：从人们行为的结果寻求行为的内在动力因素，称之为归因。归因是反映个体社会认知的重要方面，反映了个体是如何看待外部事物之间及其与自身的关系的。

自我效能感：个体对自己是否有能力来完成某一行为的推测和判断，就是个体的自我效能感。个体确信自己有能力进行和完成某一项活动，属于高自我效能感，否则就是低自我效能感。

情绪：情绪是人对客观事物的态度体验及相应的行为反应。它是以主体的愿望、需要等倾向为中介的一种心理现象。

本章思考题

1. 学习障碍儿童的学习动机与情绪有什么特点？
2. 教师应该怎样处理学习障碍儿童的学习动机与情绪问题？
3. 如何指导家长处理学习障碍儿童的学习动机与情绪问题？

参 考 文 献

雷雳，张钦，侯志瑾. 学习不良初中生的成败归因与学习动机. 心理发展与教育，1998，14（4）：37-40.

潘玉进，陈凤燕. 小学生学习障碍与学习动机、学习能力的相关研究. 应用心理学，2006，12（4）：312-318.

杨心德. 学习困难学生自我有效感的研究. 心理科学，1996，19（3）：185-187.

俞国良，王永丽. 学习不良儿童归因特点的研究. 心理科学，2004，27（4）：786-790.

张登印，俞国良，林崇德. 学习不良儿童与一般儿童认知发展、学习动机和家庭资源的比较. 心理发展与教育，1997，13（2）：52-56.

Bandura A. Self-efficacy：Toward a unifying theory of behavioral change. Psychological Review，1977，84：191-215.

Weiner B，Frieze I，Kukla A，et al. Perceiving the causes of success and failure. Jones E，Kanouse D，Kelley H，et al. Attribution：perceiving the causes of behavior. New York：General Learning Press，1971.

Weinstein，R.S.（1982）. Expectations in the classroom：The student perspective. Invited address，Annual Conference of the American Educational Research Association，New York.

Bryan，T.H.（1986）. Self-concept and attributions of the learning disabled. Learning Disabilities Focus，1，82-89.

Mayer J D，Salovey P. What is emotional intelligence? In：Peter Salovey，Sluyter D J，ed. Emotional development and emotion intelligence，educational implications. New York：Basic Books，1997，3-31.

Gross J J. Antecedent and response-focused emotion regulation：Divergent consequences for expressive expression and physiology. Journal of Personality and Social Psychology，1998，74（1）：224-237.

第十章
学习障碍儿童的课堂问题行为及其行为矫正

学习障碍儿童由于在学科学习上存在能力上的缺陷，在课堂上跟不上老师的节奏，听不懂教学内容，更容易出现课堂问题行为，如上课睡觉或扰乱课堂纪律等，经常影响到教师的教学和其他同学的学习。本章我们将介绍有关学习障碍儿童的课堂干扰行为及其原因，并对如何矫正这些行为问题做出阐述。

第一节 学习障碍学生的课堂问题行为

一、什么是课堂问题行为

课堂问题行为是指在课堂中发生的违反课堂规则、妨碍及干扰课堂活动的正常进行或影响教学效率的行为（马晓春，2001）。我国学者对儿童课堂问题行为的研究，一直列入品德研究的范畴，并着重于品德不良行为方面的研究。根据上海儿童青少年心理研究专家忻仁娥等人的调查，我国4~16岁儿童少年问题行为平均检出率为12.43%，其中上海为12.25%，武汉为13.89%，南京为13.84%，湖南为14.89%。以上结果均高出美国儿童问题行为检出率的11.5%，丹麦儿童的8.8%（马瑾，石学云，2005）。可见，目前我国中小学生问题行为的发生率是比较高的。

课堂问题行为是教师经常遇到而又非常敏感的问题，处理不好就会损害师生关系和破坏课堂气氛，影响教学效率。国外的有关研究发现，一个学生的不良课堂行为不只影响他自己的学习，同时也可以破坏课堂上其他学生的学习。在一般情况下，一个学生的问题行为可能会简单地诱发另一个学生不听课，也可能把问题蔓延开来，诱发许多学生产生类似的问题行为，即产生所谓的"病原体传染"现象。它会波及全班，破坏课堂秩序，影响教学活动的正常进行。

二、学习障碍学生课堂问题行为的类型

学习障碍的学生由于学习能力落后，注意力不集中，非常容易出现课堂问题行为。马瑾和石学云在2005年采用Achenbach儿童行为量表、智力量表并结合学业成绩指标对儿童行为进行问卷测评。测试结果发现，在多动这个因子上，男童和女童这两个群体中，学习障碍儿童都要显著高于学习优秀的儿童；同时结果还显示，在攻击性这个因子上，学习障碍的男童要高于学习优秀的男童，但并不显著，然而学习障碍的女童则在攻击性这个因子上远远高于学习成绩优秀的女童（马瑾，石学云，2005）。

目前，主要从两个方面来理解这种问题行为：一类是外向性问题行为，一类是内向性问题行为。

1. 外向性问题行为

这类行为主要包括相互争吵、挑衅推撞等攻击性行为；交头接耳、高声喧哗等扰乱秩序的行为；做滑稽表演、口出怪调等故意惹人注意的行为；以及故意顶撞班干部或教师、破坏课堂规则的盲目反抗权威的行为等（张明，刘岩，2002）其具体表现和发生概率可见图10.1。外向性问题行为容易被觉察，它会直接干扰课堂纪律，影响正常教学活动的进行，教师对这类行为应果断、迅速地加以制止，以防在课堂中蔓延。由于外向性问题行为通常具有破坏性，所以有外向性问题行为的学生常常会给自己惹来麻烦，他们通常被同学所排斥、被老师所讨厌。这些问题行为很不利于学生今后的学习和生活，更严重的是，将会对其社会性的形成和发展的造成不良影响。

第十章 学习障碍儿童的课堂问题行为及其行为矫正

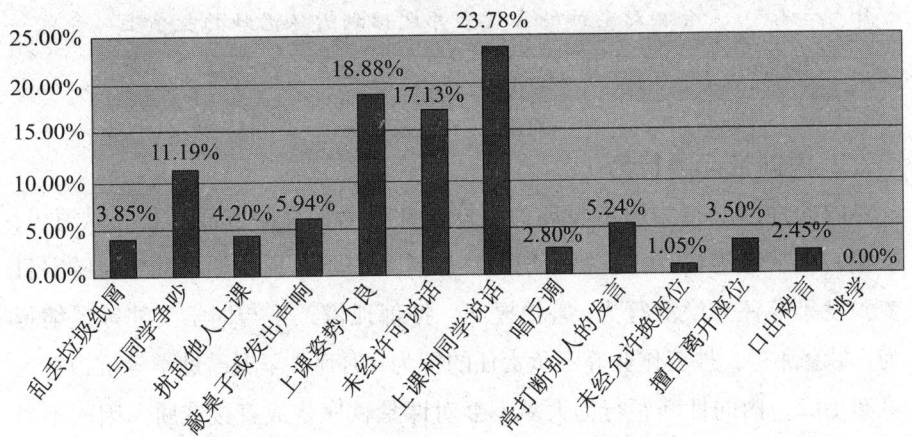

图 10.1 外向性问题行为的具体表现与发生概率（朱佳，2007）

案例描述

六年级的小凡在课堂上经常冲动任性，随意发泄情绪，以此引起老师的注意。

英语课上，大家正学习一首欢快的儿歌。老师和同学们边击掌边在有序的节奏中愉快地哼唱着，课堂气氛热烈。两遍结束后，同学们开始做作业。

小凡却似乎还沉浸在儿歌中，安静的教室里突然传来"咚咚咚，咚咚咚"的声音。大家扭头一看，小凡正得意地用尺子敲打着桌面，还不时望望老师又看看同学，似乎在等待老师的反应。

案例分析

一些学习障碍学生无法从学习成绩上引起老师的注意，就千方百计在课堂上做点小动作来引起老师关注，但他们并没有恶意。老师如果格外注意尊重学生的自尊心，蕴藏在他们内心的积极因素才会被激发出来。因为这类学生本身很希望成为注目点，很要"面子"。老师如果满足了他们的"面子"，那么他们会因为得到老师的尊重和关注而格外有"义气",会把对老师的喜爱全部迁移到听从老师的教导上,会从老师的话语、眼神和表情中体会用意,从而主动地改正缺点。

2. 内向性问题行为

内向性问题行为通常表现为与外向性行为相反的方面,它会以消极、依赖、服从等为特点。主要表现为在课堂上心不在焉、胡思乱想、做白日梦、发呆等注意涣散行为;害怕提问、抑郁孤僻、不与同学交往等退缩行为;胡涂乱写、抄袭作业等不负责任的行为;迟到、早退、逃学等抗拒行为见图10.2。内向性问题行为大多不会对课堂秩序构成直接威胁,因而不易被教师察觉。但这类问题行为对教学效果有很大影响,对学生个人的成长危害也很大(张明,刘岩,2002)。因此,教师在课堂管理中不能只根据行为的外部表现判断问题行为,不能只控制外向性问题行为,对内向性问题行为也要认真防范,及时矫正。

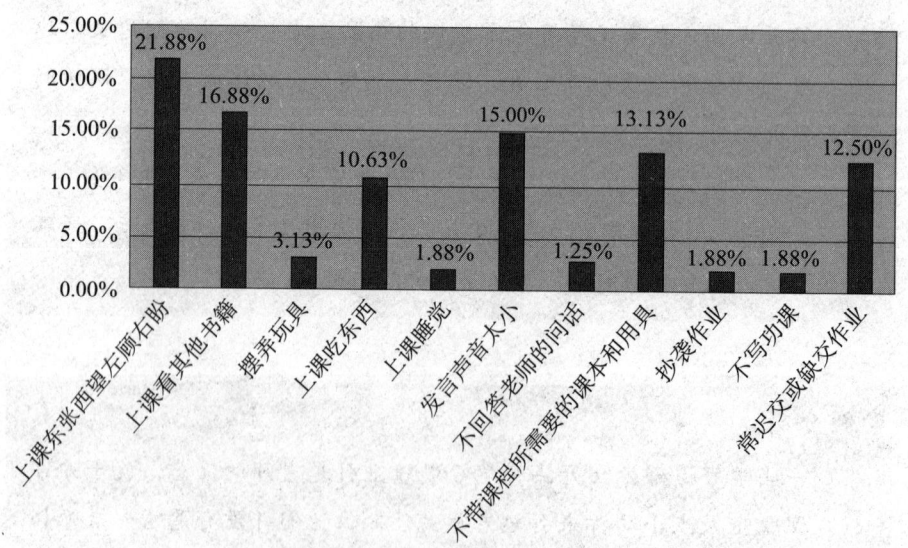

图 10.2 内向性问题行为的具体表现与发生概率(朱佳,2007)

案例描述

英语课上，同学们都在热烈地组成小组对话。

沉默的小杰独自一人坐在那儿，不去找小伙伴。他随意地翻看着英语书，似乎只留意书上的图片。后来，他干脆不停地在书上画鬼脸、画恐龙……充耳不闻其他同学的对话声。

案例分析

一些学习障碍学生性格内向，沉默寡言，上课时不能主动参与小组活动，独自发呆。这种问题行为虽然不会扰乱课堂教学，但是会影响教学效果。本案例中的小杰存在英语学习障碍，一贯的不自信、沉默寡言，使他失去了许多表现自我和体验成功的机会。老师如果及早发现他的问题，给予他适当的鼓励和启发，请小伙伴帮助他，通过成功地完成合作对话，培养他的自信，使不参与课堂小组活动的行为变成开启他自信之门的钥匙，则可以有效补偿小杰在学习能力上的不足。

三、学习障碍学生课堂问题行为的原因

学习障碍学生的课堂问题行为与他们的学习障碍、认知能力发展不平衡、注意力缺陷、动机偏低及不良的情绪、心理特点密切相关。学生所处的外部环境，包括家庭环境、教师教育方式等也很大程度上影响着课堂问题行为的严重程度。

（1）在学习障碍学生中，普遍存在着阅读障碍、书写障碍、计算障碍等现象，这可以说是导致他们学习障碍的直接原因。这种学习能力落后也会影响他们学习的效果，尤其是对学习态度和动机产生消极影响（黄丽娟，2006）。

（2）学习障碍儿童认知结构零散无序，难以激活和利用相关的知识。学习障碍学生其认知结构的内容难以有效地唤起相关知识，不能有效地利用已唤起的知识。因此，上课不能跟上教师的讲课内容，容易产生问题行为。

（3）元认知发展滞后。学习障碍儿童认知的失调不仅表现在基本认知过程上，而且还表现在对认知的认识与调控——元认知上。研究表明，学习障碍儿童在元认知知识与策略运用两方面均不及正常儿童，他们缺乏对认知过程的自我调控，或者在自我调节中采用单纯地反复、延长时间等低水平策略，缺乏连续性监控与评价（邹涛，2004）。学习障碍儿童缺乏计划性，追求即时满足，不能克制自己，一旦对课堂教学内容产生厌倦，他们会很快游离出来，从事其他与学习无关的活动。

（4）认知风格上以分析型与冲动型为主。认知风格指个体相对稳定的认知活动倾向。尽管学习障碍儿童在各类认知风格中均有一定数量的分布，但是研究也发现该类人群在认知风格上存在着明显的偏分布，即分析型与冲动型认知风格的比例远远高于其他类型。

（5）伴随注意力缺陷。学习障碍学生的注意存在突出的问题。不少研究发现，学习障碍学生在学习活动中表现出明显的注意缺陷。在选择性注意、多动与冲动方面的发生率远远高于一般学生。

（6）学习动机偏低。学习障碍儿童经常在课堂上捣乱，最直接的原因就是对学习内容没兴趣，缺乏学习的动机。科文顿（Covington）在1992年提出的自我价值理论中认为：自我价值的肯定是人的第一需要，因为能力的强弱可以代表自我价值的高低，所以学习的动力就等同于增强和保护自己的能力。这种能力需要在竞争中以战胜对手而获得，但是在不能战胜对手的情况下，人就会采用回避参与、掩饰努力、故意拖延、设置高难度目标等方法来维护自己的价值。在教学大纲的要求下，教师和家长对学习障碍学生所制定的目标过高，以他们目前的能力很难或根本不能达到，从而不能获得自我价值感。这时，他们就只能采用自我设障的方式来使自己获得价值感。从本质上讲，学习障碍的学生是把太多的精力和注意力花费在对自我价值的保护问题上了。学习障碍的儿童上课不能专心地听老师讲课，是因为他们在心理上害怕即使认真听讲以后也还是不能明白书本上的知识，这样作业和考试就依然不会拿到好的分数，也就是说他们的努力就不能得到回报和成功，自我价值感也就不能提高。而如果他们不好好听讲的话，无论别人还是自己，就都会把成绩不好的原因归因于没有认真、没有努力，从而实现自我维护。而正是因为学习动机偏低，导致了他们倾向于通过其他方面的表现来达到自我肯定和自我认同的需求。学习障碍儿童很容易选择通过课堂问题行为来吸引老师和同学的注意。这种关注，即使是消极的，也比忽视自己存在的结果要强。

四、课堂行为问题与环境

（一）教师

教师课堂管理失策、教学技能低下会加强学习障碍儿童的课堂问题行为（张小玲，2007）。比如教师教学缺乏艺术性与吸引力，教学方法落后、陈旧，程序机械，缺乏灵活多变，在教学新知识时缺乏应有的过渡与衔接；教师教学语言呆板、缺乏感情，语速太快或太慢，提出的问题没有意义，缺乏思考的价值等，都不会引起学生的兴趣。

同时，教师建立民主和谐师生关系能力的缺乏也会极大影响学生的课堂表现。只有尊重学生的需要，与学生交流，了解学生的所思所想，才能形成良好的师生关系，维持良好的课堂纪律。学生只有在不感到压力的情况下，在喜爱任教老师的前提下，才会乐于学习，减少问题行为的发生。

（二）家庭

对于学习障碍的孩子，家庭是否营造出充满关爱与理解的氛围对孩子的自我评价会产生重要影响。家长应多鼓励孩子，看到孩子一点一滴的进步，即时给予正强化，不要让孩子感受过大的压力；谨慎批评，不要让孩子感到自己是被轻视的，对他们要多使用"哄、诱、骗"的技能。适当地"哄"着他们去学习，同时还要多多观察，在学习过程中不断寻找刺激点来激发学习障碍学生的学习动机，还要注意平时多对他们进行鼓励，最好再适当地加以善意的谎言来增强他们的自信心，找一切机会在班级里对其所取得的进步进行表扬。

第二节 学习障碍儿童课堂问题行为的矫正

课堂问题行为的干预就是在心理学理论指导下有计划、有步骤地对课堂中发生的问题行为施加影响，使之发生指向预期目标的变化。

一、学习障碍儿童课堂问题行为矫正的原则

课堂问题行为矫正是一个复杂的过程，需要做深入细致的工作，在整个过程中应遵循特定的原则。

1. 奖励多于惩罚的原则

奖励和惩罚是矫正学生问题行为最常用的方法，但在课堂教学实践中，教师面对学生的问题行为，往往首先想到利用惩罚手段，把惩罚作为最易使用的优选方法，这是不正确的。实践证明，奖励的矫正作用远远大于惩罚，多奖少惩对于矫正课堂问题行为能起到更有效的作用。频繁惩罚反而会对错误行为起强化作用，无意中助长了问题行为，而且还会导致学生为逃避惩罚而产生新的问题行为。而且过度惩罚，会使学生变得粗暴和具有破坏性，产生对抗性严重的问题行为。因此，在矫正过程中应以奖励为主（胡亚夫，2001）。

2. 坚持一致性原则

课堂行为问题的产生是由多方面因素引起的，因此，课堂问题行为的矫正就不能仅仅考虑课堂内部因素，还要同家庭、大众媒体等因素联系起来。这就要求教师协调有关人员，按统一目标行动，保持一致性，以避免各自为战、互相抵消矫正效果的不利倾向。

3. 与心理辅导相结合的原则

课堂问题行为的根本矫正不仅在于改变学生的外部行为表现，形成新的行为模式，而且要把良好的行为模式内化为学生的自觉意识与行动。这就要求在矫正过程中做好学生的心理辅导工作，以调整学生的自我意识，排除自我潜能发挥的心理障碍，以及帮助学生正确认识与评价自己，从而

真正转变问题行为。尤其是比较复杂的问题行为，更需要进行心理辅导。把行为矫正与心理辅导结合起来，无疑会收到更好的效果。

二、学习障碍儿童课堂问题行为矫正的有效步骤

学习障碍儿童课堂问题行为矫正的有效步骤主要有：

(1) 觉察课堂中的问题行为和潜在的问题行为。教师要善于观察与分析，敏锐地发现问题行为（马慧，2004）。

(2) 发现了问题行为，就要立即运用有效的方法，如访问、谈话、测验等，深入了解问题行为产生的原因，准确了解这些原因是合理矫正的基础。通过了解，判明问题行为的性质及严重程度。

(3) 在诊断的基础上制定矫正目标，并确立为达到这一目标所要采取的有效的矫正措施和方法。

(4) 目标和方法确定之后，就要改正问题行为。由于学生的行为是各种强化物综合作用的结果，因而在改正的过程中既要排除强化问题行为的刺激，又要选择适当的、新的强化物和强化方式，给予积极强化。

(5) 对问题行为改正的成效应及时加以评定。如发现效果不良，应进行检查，看觉察有无缺失、诊断是否正确、目标是否合理、改正过程是否得当，直到完全消解问题行为为止。

(6) 消除了问题行为，还要进行追踪，进行新的强化，塑造和发展良好的行为，直至良好行为的表现趋于稳定为止。

三、学习障碍儿童课堂问题行为矫正的方法

（一）强化

强化 (reinforcement)，就是指有机体的一个行为造成对其有利的结果，并使其以后在类似情景中，提高发生类似行为概率的过程。

小毅上课经常开小差、走神、东张西望、或者看闲书，老师每次注意到他都没在专心听课，所以成绩很差。老师注意到他的情况后，决定对他进行行为矫正。

利用强化原理的矫正步骤：

1. 确定学生行为标准

确定学生的行为标准，找到目标行为，并且将其标准化、客观化、定量化。

确定学生常规的行为标准是一种有效的先行控制方法。因为这样可以事先确立起对学生在课堂中的期望行为，让每一个学生都明确什么行为是好的，什么行为是不好的，哪些行为是可以被接受的，哪些行为是不能被接受的。一般而言，确立学生的行为标准时，应考虑以下几个方面的问题：①所确立的行为要求是否有利于学生的身心发展；②行为要求是否影响课堂秩序和学生的学习；③行为要求是否体现了对课堂成员的尊重；④行为要求是否具有切实可行性；⑤行为要求是否具有改变或修正的可能性。课堂行为标准确立之后，还要及时加以巩固，必要时还要予以修正。

老师根据小毅平时的课堂表现，对他的行为目标确定为，能保持连续5分钟（大概的时间）注意力集中、不分心、不走神。操作定义为，老师能够在授课过程中感觉到他和小毅之间存在着眼神交流。

2. 找到一个合适的强化物

在强化的过程中，对行为结果造成影响的物质称为强化物（reinforcer）（伍新春，胡佩诚，2005）。

强化可以按照强化物的性质分为正强化和负强化两种。正强化（positive reinforcement）是指在有机体产生一种目标行为以后，给予其积极强化以使目标行为以后出现的概率变大的过程。比如，小毅是一个有学习障碍的学生，他在上课的时候做到了持续5分钟认真听老师讲课，老师就立刻给予他一颗五角星（五角星在班级里可以作为换取综合成绩的代币）作为奖励，这就是给予他的一次正强化。负强化（negative reinforcement）是指在有机体产生一种目标行为以后，对其撤销一种消极的惩罚物（见本章第三节），以使这种目标行为以后出现的概率变大的过程。比如，小毅由于私底下做与课堂无关的事而被老师叫起来站在最后面。但是他在5分钟内没有任何小动作，而且他一直在跟随老师的思路认真听讲。这时老师宣布，他可以回到自己的座位上坐下。在这个例子里面，小毅的惩罚是罚站，但是由于他后来的良好行为，使这个消极的惩罚物撤销了，我们说这就是老师给予他一次负强化。

在案例中，据了解，小毅平时非常地渴望得到"班级综合成绩"。考虑到诸如表扬、关注等强化物对其起的效果将不如给予其"班级综合成绩"的效果明显，所以老师决定采用将"班级综合成绩"作为对小毅进行行为矫正过程中的强化物。老师在班上公开表扬他在上课时的主动举手回答问题的行为，并且在他的"班级综合成绩"（这是班级特有的一种考评制度，这个分数决定着他们最后期末的平时成绩）中加了一分，此后小毅更加愿意主动举手回答问题，我们就说他举手回答问题这个行为被老师给予他的奖励和表扬所强化了。

3. 把握强化的时机

根据设定强化物出现的时间，强化分为连续性强化和间歇性强化。连续性强化（continuous reinforcement）是指在有机体每一次产生某种目标行为之后都给予其一次强化物，使这种目标行为以后出现的概率变大。间歇性强化（intermittent reinforcement）是指间断地对有机体产生的某种目标行为进行强化，这种过程也会使目标行为出现的概率变大（伍新春，胡佩诚，2005）。例如：小毅在上课时做到了持续5分钟专心听讲，老师就立刻奖励他一颗五角星，之后他又一次坚持了5分钟没有分心，老师却没有像上次那样再对其进行奖励。像这样的两种情况随机发生，这个过程就叫间歇性强化。

在课堂情境中，运用连续性强化的可能性比较小，因为在课堂上需要老师集中注意力，不可能有时间或精力去每时每刻关注一个学生的课堂表现。所以应选择间歇性强化模式，即如果这段时间的课堂内容比较放松，就多关注小毅一下，若计时满5分钟，就给予他点名表扬一次并且承诺他在其"班级综合成绩"中增加1分。

间歇性强化在目标行为的维持上比较有效，而连续性强化的作用相对较弱。因为在间歇性强化中，人们不知道强化物出现的具体时间，在一定时间内一直对强化存在期待，目标行为难以在短时间内消退。而连续性强化，则由于每次都会给予强化，就地会出现"餍足"效应。也就是说，每次都得到同样的强化物，会使强化物的强化效果有所消退。同时，间歇性强化还有一个优点，那就是比较符合客观现实。试想，不会有老师在每个5分钟都能给予学生强化，也不可能时时刻刻去计时。所以，采用间歇性强化的方法是比较合理且现实的。

最终，在对小毅实施为期1个星期的间歇性强化后，小毅从无法保持5分钟安静到最后做到在10分钟之内专心听讲，取得了很大的进步，对其进行的强化结果是理想而且成功的。

4. 使用强化的注意事项

（1）直接性。在强化的过程中，最重要的一个条件是在目标行为出现之后，要立即给予强化物（伍新春，胡佩诚，2005）。一个行为结果如果要想得到最有效的强化，则相应的强化物就应该在行为发生之后随之立即发生。拖延的时间越长，其所达到的强化的效果也就会越弱。例如：小毅在上课的时候持续5分钟认真听老师讲课，遵守纪律，没有分心，老师却没有及时对其进行表扬，而是在5分钟后讲完了一道数学题才给予他一颗五角星。我们认为，这样的效果就不是很理想，因为在这5分钟之内小毅可能又做出了一些别的不良行为，此时老师再给他进行强化，他可能会认为是因为某个不好的行为而被给予了强化。效果就会与我们最初的目的背道而驰。

（2）一致性。如果希望强化能得到有效地应用，还需要有一个前提条件就是，强化物必须在目标行为发生之后再进行给予（伍新春，胡佩诚，2005）。通常，我们把目标行为发生，且只有目标行为发生之后，才给予被矫正者强化物这种现象称为强化具有一致性。需要注意的是，在强化过程中，只有具有一致性，最终才会产生理想的效果。如果强化过程中不具有一致性，那么它就还并不具备成为一种强化的必要条件。例如，小毅在上课时并没有做出什么特别优秀突出的行为表现，老师就给了他一颗五角星，那么，这个以五角星作为强化物的强化没有达到一致性，而这样的做法并不能够使小毅的上课分心行为有所改善。

（3）强化物的数量和品质。在强化这个过程中，对强化物的选择是一个十分重要的环节，它对于强化的效果将产生着不可估量的影响。

一般来讲，强化物的数量越多，强化的效果就会越明显（伍新春，胡佩诚，2005）。举个例子来说，分别用10块钱和5块钱来作为目标行为的奖励，那么10块钱的奖励效果会比5块钱的效果明显，但这也不是绝对的。如果说所给强化物数量超出了一定的限制，就会适得其反，出现我们上文所提到的"餍足"效应，甚至导致强化物的失效。尤其是对于原始强化物（比如水、食物等）而言，如果超量给予，就不能获得好的强化效果。

从强化物的品质方面来看，由于每一个接受矫正的人都有着自己的个性和自己的选择，矫正者需要做的，是找到被矫正者最喜欢、最在乎的事物，把这种东西作为强化物，才是最有效的，这样也就可以更容易地达到最终目的。

个体在强化进行过程中，会出现剥夺（deprivation）和餍足（satiation）两种状态。当个体出现剥夺状态的时候，强化物的效果就会随之大大增加，而且随着剥夺的时间增加，所得到的强化效果也将随之增加。但是，当个体处于餍足状态的时候，强化物的效果就会大打折扣，甚至会出现无效果的状态。所以在强化时，对于个体状态所做的评估是否恰当准确也对强化结果有着重要影响。

（二）惩罚

惩罚（punishment）是指有机体的行为所造成的对其自身不利的结果，而且这个结果将会使其以后在类似的情景中，发生类似的行为概率降低的过程（Evertson，2006）。

小毅在课堂上经常欺负别的同学，这样的行为不但影响到其他同学的听课效果，同时更破坏了课堂的纪律。最重要的是，他经常欺负女生，常常把女生掐得在课上大叫出声。由于考虑到事态比较恶劣，老师在经过思考以后，决定给予小毅惩罚。

1. 利用惩罚原理的矫正步骤

（1）首先需要确定惩罚的目标行为，即在课堂上欺负其他同学的行为（包括打、骂、掐同学等）。

（2）对惩罚物进行慎重的选择。惩罚的种类可以分为两种，正惩罚和负惩罚。正惩罚（positive punishment）是指在有机体产生一种目标行为以后，对其给予一种消极的刺激，并最终使这种目标行为在以后出现的概率逐渐变小的过程。（例如：小毅经常在上课的时候嘴里发出怪声，严重影响了课堂秩序。老师认为应对这种行为进行惩罚，于是后来小毅在课堂上一旦发出怪声，老师就会立刻停止讲课，惩罚小毅做 5 个俯卧撑，并对小毅的不恰当行为在全班面前做出批评。这就是给予小毅正惩罚的过程。负惩罚（negative punishment）是指在有机体产生一种目标行为以后，对其撤销一种积极的强化物刺激，并最终使这种目标行为以后出现的概率变小的过程（Weinstein，2006）。例如：小毅经常上课时跟周围的同学做鬼脸，致使别的同学不能安心听课。以后老师只要发现他上课时做一次鬼脸，就不允许他在课间休息，只能站在班级的最后一排罚站，而且其他的同学也不可以跟他说话。这种取消小毅休息的惩罚被称作负惩罚。

在案例中，由于小毅的体形比较胖，所以他最讨厌体育这门课程，所以老师认为惩罚他跑圈或者做俯卧撑等都是比较妥当的。但是由于跑圈不能立刻执行，所以最终还是选择俯卧撑的惩罚。虽然做俯卧撑也会影响到课堂的进度，但是比较而言，欺负同学而且导致别人上课时发出尖叫的情况更加恶劣，所以老师还是决定给予小毅惩罚。具体的惩罚规则是，在课堂上掐或打别的同学（无论别的同学有没有大叫），只要有两名同学指认他，老师就会立刻停止讲课，让小毅做俯卧撑 5 次。

有一点需要注意的是，对进行指认的同学也要有所选择。毕竟惩罚过程是耽误课程进度的，所以需要选择品德公正，与小毅没有私人矛盾的同学，而且必须是要大家都认可的同学。最终确定人选为班长和学习委员。

（3）在惩罚过程和惩罚物都确定下来以后，老师告诉小毅惩罚规则，尤其是对于惩罚物的实施进行了详细说明，使小毅认可了惩罚的所有措施。

惩罚的过程连续进行了两周，最初的基线水平是：一周五天 40 节课中，小毅会在 6 节课左右出现掐、打同学的行为。两周后观察的结果显示，一周的 40 节课中小毅没有出现一次掐同学的行为。由此证明，惩罚的效果确实是非常显著的。但是考虑到目标行为复发的可能性，老师决定，将这个惩罚的规则长期执行下去。只要以后小毅在任何一节课上有这种欺负同学的行为，就会立刻被给予 5 个俯卧撑的惩罚。

2. 使用惩罚的注意事项

在我们使用惩罚时，绝对不能随性而用，还需要考虑和了解很多有关惩罚的特性和问题，在处理好这些关键环节后，再去安排惩罚的过程，已达到事半功倍的效果。

(1) 直接性。和强化的原理一样，如果惩罚物是紧接着目标行为而出现的，那么这种目标行为消失的概率就会随之增加。可以试想，如果在一位学生做了一次鬼脸 10 分钟之后，老师才对他进行罚站的惩罚，一定会让学生迷惑不解，他不会知道自己受到惩罚的原因是什么，惩罚的效果几乎等同于零。

(2) 一致性。如果矫正者希望惩罚能够得到有效的应用，还需要有一个必要的前提条件，惩罚必须是在目标行为发生之后实施。一致性就是指只有在目标行为发生之后，才给予被矫正者惩罚物。在惩罚的过程中，只有目标行为和惩罚物之间具有一致性，才会产生我们所想要达到的理想效果。

(3) 惩罚物的选择。前文已经提到，强化物对强化过程起着至关重要的影响作用，同理，惩罚物也是惩罚过程中的一项重要指标。一般而言，惩罚物的数量越多，效果就会越好。但与"餍足"现象相反，有一种被称为"疲态"的状态，简单地说就是由于惩罚物的数量施予过多，使得被惩罚者不再受到惩罚的影响，这样就宣告了整个惩罚过程的彻底失败 (Miltenberger, 2001)。同时，惩罚物的选择也要有个体差异，不同个体所排斥的、害怕的、不愿接受的刺激都不一样，所以矫正者对惩罚物的选择就特别需要注意因人而异。为被矫正者确定一个适合他的惩罚物，就可以说整个惩罚过程就成功了一半。

(4) 反复性。虽然在强化过程中，被强化了的行为也会因某些原因而自行消退，但是在惩罚中，这种反复的现象则会表现得更加明显。所谓惩罚的反复性是说，在一个惩罚过程顺利地结束后，目标行为的发生率降低了，此时惩罚也到了结束的时候，但是在惩罚撤销一段时间以后，目标行为再次出现，而且可能恢复到原来的水平，这种现象就被称作惩罚的反复性。

3. 惩罚中的道德问题

我们对惩罚的使用需要做到小心而慎重，因为无论惩罚过程是否成功，它都会关系到学生的自尊、自信和师生关系、社会道德等问题。所以在使用惩罚之前一定要考虑以好下几个方面的问题：

(1) 知情同意 (informed consent)。所谓知情同意，是指被惩罚者有权知道惩罚物是什么、惩罚的时间将持续多久、被惩罚的目标行为是什么以及惩罚物的副作用等所有关于惩罚的内容，而且实施惩罚的人必须在被惩罚者同意的情况下才可以进行惩罚这个行为。

(2) 寻找替代方式。由于惩罚会具有副作用并存在一些其他问题，所以就需要我们把惩罚这种矫正不良行为的方式放在最后一个去选择。在矫正的过程中，首先要在其他方式中先行挑选，如果在使用其他方式以后都没有能达到令人满意的效果，最后再慎重考虑运用惩罚方式解决问题。而且在惩罚时我们也要注意，尽量使其副作用降到最低限度。总之，只有当问题的严重性达到一定程度的时候，才推荐使用惩罚作为矫正的主要方式。

（三）订立行为契约

行为契约 (behavior contract) 是在行为矫正的过程中，由矫正者与被矫正者共同签署的，并且彼此都同意的条款。这些条款中规定了当事人在出现（或没出现）契约中所规定的行为表现时，将被执行的相关强化结果。其实质就是以文字为形式的，以强化良好的行为表现为目的的，以双方自愿签订协议为前提的奖惩机制 (Smith, Marcia Datlow, 1993)。小毅上课经常接下茬，而且声音非常大，因为他接完下茬后大家上课的气氛就被打乱了，老师的情绪也会因此受到一定的影响，所以他的行为严重影响到老师的讲课进度和同学们的正常听课。心理老师准备运用行为契约的方法帮助小毅改正这个坏习惯。

订立行为契约的步骤：

1. 确立目标行为——即上课随意接话茬

操作定义是：上课时，小毅没有提问也没经过老师的允许就随便说话的不良行为。

2. 确定如何测量目标行为

当上课时出现老师没有提问，或没有经过老师的允许就随意说话，而且这句话让除他自己之外的另外两个人听到的情况时，就算接话茬。

3. 确定强化物

在老师和小毅商量之后，强化物最终确定为他自己非常想得到的"班级综合成绩"（这是他所在的班级中特有的一种考评制度，这个分数将决定着他们最后期末的平时成绩）。而得到此分数有两种途径，一种为学生在考试中取得的成绩突出，一种为学生在课堂上很遵守纪律，但这些却都是小毅平时所做不到的。

4. 确定实施强化的人

在对小毅的好朋友和班主任的访谈中发现，小毅最怕班级中的两个人，这两个人曾经因为看不惯小毅的行为而打过他，需要说明的是这两个人都是正直的人，这是得到班主任老师认可的。考虑到这两位同学能管住小毅，所以非常合适作为这份行为契约的实施强化者，于是把他们安排坐到小毅旁边。因为这份契约的目标行为的测量是需要旁人监督的。

全部准备工作做好以后，老师和小毅商量后决定，在他一节课不出现目标行为时就奖励他一颗五角星，一天一共8节课，得到5个五角星就可以在"班级综合成绩"中加1分。如果这一天少于5个，那得到的五角星便作废，第二天重新算起。

签订的行为契约如下：

关于小毅"接话茬"的行为契约

日期：2008年3月3日 到 2008年3月16日

在一节课中，小毅如果不随便接一次话茬，那就奖励他一个五角星。

不随便接话茬的定义是：当上课时出现老师没有提问，或没有经过老师的允许就随意说话，而且这句话让除他自己之外的另外两个人听到的情况时，就算接话茬。

如果在一天中的8节课里，小毅得到了5个五角星，就在"班级综合成绩"中加1分。

但是如果在一天中得到的五星少于5个，那就说明在这一天小毅的行为不理想，那得到的五角星就全部作废，第二天重新计算个数。

如果在一天中8节课里得到了7个五星或者8个五星，那就在"班级综合成绩"中加2分，以资鼓励。

签约人：
2008年3月2日

从中我们可以看出，行为契约有五个基本组成部分，每一个行为契约都需要包含这五项内容。

- 确定目标行为：签订行为契约的第一步就是要确定目标行为。这个目标行为可以是一种不良行为的减少，也可以是一种良性行为的出现或增加，当然，也可以是两者兼有。我们对这种目标行为的要求大致有两点：①这种行为必须是让人们可以客观观察和描述的；②这种行为要有价值、有意义，而且难度适中，如果难度太大就会造成不好的效果，比如当事人会气馁，丧失信心，最终放弃，而难度太小则达不到行为矫正的目的。

- 确定测量目标行为的方法：为了避免冲突所导致的最终行为契约的失败，很重要的一点就是确定测量目标行为的方法。也就是说，签订契约的甲方（寻求帮助者）、乙方（矫正者）需要对目标行为的出现与否达成一个共识，并且这个共识一定要是客观的依据。可以根据此来判断是否应该给予强化或惩罚。比如行为发生的频率、持续的时间等。

- 确定目标行为必须执行的时间：为了有效地进行强化，在签订行为契约时必须规定目标行为出现（或不出现）的时间范围。例如：在第一节课到第四节课的上课时间，如果甲同学没有随便接老师的话茬，就奖励他1朵小红花。这里所提到的第一节课到第四节课的上课时间就是时间范围。

- 确定强化与惩罚的发生：在行为契约中，乙方（矫正者）运用正强化（在目标行为出现时，提供正性刺激对其进行强化）、负强化（在目标行为出现时，阻止负性刺激来对其进行强化）、正惩罚（在非目标行为出现时，提供负性刺激来对其进行削弱）或负惩罚（在非目标行为出现时，失去正性刺激来对其进行削弱）的形式对寻求帮助者进行行为的矫正。这其中，在双方共同承认目标行为之后，需要进一步的协商并确定与目标行为相匹配的强化或惩罚。在这里我们要注意两个方面：①要明确强化物和惩罚物的性质和强度；②如果超出原来的预期，将会得到什么样的额外强化或惩罚。

- 确定实施强化或惩罚的人员：在行为契约中，最后一个关键步骤就是确定实施强化或惩罚的人员。这个执行者必须按照计划来实施强化或惩罚。但有时候做到这一点是比较困难的，尤其是当由家人或朋友来执行计划时。当甲方（寻求帮助者）没能做到目标行为时，他很可能会恳求执行者徇私。这就要求执行者应该是受过行为矫正训练、且与甲方没有私人关系的人，或者是甲方比较害怕和尊敬的长辈。例如，如果乙同学每天不在上午7点之前把作业交到班长手中，老师就要惩罚他在班级门口罚站一节课。这里，老师就是实施惩罚的执行者。

在这份行为契约签订之后，以两个星期的时间作为试用期，需要对这份契约进行试运行并进行修正和完善。修正后，行为契约再次被签订。然后长时间实行，直到目标行为频繁出现。

（四）行为的保持和转移

现在，小毅又出现一个问题：

经过老师对小毅设定在教室中为时一周的训练，小毅改正了随便在教室里骂人的坏习惯。但是训练结束一周后发现他又出现了在教室里骂人的行为，而且老师与家长联系后发现，在小毅回到家以后，也会出现骂人行为说脏话的行为。这就表明，小毅没能成功地把自己行为改变加以保持并进行转移。我们如何解决这种情况，如何在矫正过程中避免这种情况呢？

在这一节里，我们将对行为改变后的保持和转移做一个详细而系统的说明，只有了解了这些知识，才能使矫正的结果富有真正而深远的意义。

1. 保持和转移的定义

(1) 保持的定义

保持 (maintenance) 是指被矫正者跨时间的行为的耐久力。也就是说，在行为矫正过程结束之后，个体在与矫正过程所处的时间不同而空间一样的状态下，呈现出了矫正后的目标行为或类似的行为 (Kazdin, Alan E, 2001)。或者说，个体能够随时独立地做出矫正后的目标行为，而不需要其他人的任何帮助。例如，小毅是一名有学习障碍的学生，经过老师的矫正，他已经可以做到在上课的时候不随便拉扯前面女生的辫子。但是在放学之后，他还是会欺负女生，因为他认为这时没有人可以约束和惩罚他的行为了。如果出现了这种行为，我们就可以说，矫正的效果没有得到保持。

(2) 转移的定义

转移 (transfer) 是指被矫正者跨空间的行为的持续作用力。也就是说，在行为矫正结束之后，个体在与矫正过程所处的空间不同的状态下，呈现出了矫正后的目标行为或类似的行为。或者说个体能够随时随地地独立做出矫正后的目标行为或类似的良性行为，而不需要帮助 (Kazdin, E.Alan, 2001)。例如：小毅在班里被老师所进行的矫正训练矫正后，可以坚持10分钟认真专心地听老师讲课。而且，在回家写作业的时候，他也能保持长时间地思考问题，不会因为一点小的事情而转移注意力。我们可以说，小毅的这种行为矫正就做到了转移，所以该矫正的效果很理想。

我们之所以要在行为矫正的过程中重视保持和转移这两个概念，是因为进行行为矫正的最终目标并不是为了在特定时间、特定场合使当事人的不良行为得以矫正。而是要在日常生活中，使被矫正者可以自己管理、约束自己的行为。甚至可以自觉创造出符合社会规范的、对自己和别人都有益的良性行为。所以归根到底，保持和转移才是我们的最终目标。

对于保持和转移这两个方面有两个主要的影响因素：一是行为矫正计划设计的合理性与实施的可行性；二是是否是在自然的环境下（或者半自然的环境下）来进行行为矫正 (Smith, Marcia Datlow, 1993)。

2. 行为保持的方法

(1) 长时间的行为矫正。研究结果充分显示，长时间地坚持执行行为矫正计划，即使是在计划停止后，目标行为也不会再恢复到计划开始之前的状态(Kazdin，E.Alan，2001)。也就是说，当矫正过程结束之后，虽然所学到的目标行为会因为无强化物（或惩罚物）而减少，但是也绝对不会减少到零行为。那么为什么会出现这种状态呢？有两种可能性：

在长时间的行为矫正过程中，个体既受到了强化物A（或惩罚物A）的影响，也从矫正过程里面出现的一些细节处找到了新的强化物B（或惩罚物B），虽然强化物A已经在矫正过程结束后被取消了，但是在这个场景中，那个新的强化物B却仍然存在着，所以在矫正结束后，个体还是会有目标行为的出现。当然，由于矫正强化物的选择是经过矫正者精心挑选的，所以，强化物B不可能产生像强化物A一样强烈的效果。这样就产生了虽然目标行为有所消退，但是还会有存留一点的现象。

比如小毅在上课时的注意力总是不能集中。老师为了矫正他分心的行为，就使用了惩罚这个措施，即在小毅走神3分钟之后，立刻给予他俯卧撑5个的惩罚。在惩罚进行了一周后，小毅的目标行为逐渐地消退，注意力也慢慢可以集中。小毅发现在注意力集中后，上课效率明显比之前好了，写作业时所用的时间也明显减少，对知识的理解更加深刻，成绩也随之提高，并得到了老师和家长的表扬。所以，即使矫正过程结束了，在没有惩罚物的时候，小毅也可以自己集中注意力。这是因为注意力的集中这个目标行为让他发现是对自己是有好处的，目标行为也就成为了天然的强化物，而不必给予其他新的强化物。

虽然长时间的矫正过程可以达到一定的效果，但是我们还是要认识到，这种方法相比之下是比较费时、费力的，而且它的效果也并非每次都有效。所以还是需要矫正者谨慎构思矫正的设计。

(2) 间歇性强化。针对小毅上课无法集中注意力的表现，老师决定给予他直接性强化和间歇性强化相结合的强化过程。

具体过程如下：
- 选定目标行为：小毅只要能够坚持10分钟专心听讲，老师便可以给予他强化物。
- 选定强化物：考虑到小毅是一名自尊心很强的同学，同时他也非常想得到班级的"班级综合成绩"。所以老师决定将强化物定为：当他成绩合格时给予他口头表扬一次和一个五角星（五角星在班级中可以换取"班级综合成绩"）的奖励。

- 强化过程：在开始的第一周，为了能使目标行为快速得到强化，老师对小毅使用连续性强化。而为了使目标行为能固定住，第二周则开始使用间歇性强化，同时也是为了后面要采取的停止强化做一个铺垫和心理上的准备。第三周和第四周则突然停止强化，检测小毅的行为能够持续多久。

结果如图10.3所示。从图中我们可以看出，在开始的一周里，连续性强化的使用确实起到了作用，目标行为提升的速度非常快，而第二周开始使用的间歇性强化则使小毅感到措手不及，也导致了目标行为的出现次数有所下降。但是紧随其后的间歇性强化又使小毅恢复了信心。图10.3显示，在这一周中，强化结果还是有了一定的提高。在最后的两周，老师没有再给予强化，虽然目标行为在没有强化物的时候还是坚持了一周左右，但那是因为这时目标行为还处在间歇性强化的缓冲期中。终于，小毅在发现无论怎么努力也都没有强化的时候，目标行为开始快速下降，但是我们也可以看出，与最初的基线水平进行对比，小毅的目标行为还是有了很大的改善。矫正过程的结果也就可以说是理想的。

自然化矫正，就是要把强化和惩罚的过程设置在自然的场景下，而

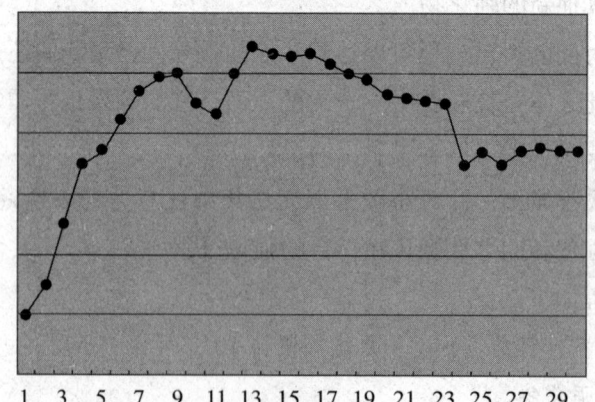

图 10.3　小毅目标行为次数图

且强化物及惩罚物也要求是在自然的条件下进行选择 (Martin, Garry, 1992)。这样做矫正过程和保持过程的条件变化不大，所以可以无意间便把保持这个过程变得轻松很多。当然，在纯自然的情况下进行矫正在多数情况下是不现实的。所以，我们只能尽力做到使矫正自然化，尽量扩大矫正的自然度。例如，我们可以把强化物从加分变为表扬、称赞。

当然，在矫正过程开始以后，选择一种最适合被矫正者的矫正物对矫正过程而言将是非常重要的，这样可以比较容易地建立目标行为与矫正物之间的联系。在联系建立完成之后，就可以慢慢地改变强化物。

针对小毅写作业时很难集中注意力的问题，老师把矫正者的职责交给了小毅的家长，具体步骤为：

- 选定的目标行为是半个小时内写作业不分心，操作定义为半个小时内小毅作业的完成量要和其他同学一样，而且要求题目的错误率低于10%（这两个指标由老师传达给家长）。
- 强化物在开始的时候被定为奖励20分钟看电视的时间。但是在目标行为稳定以后，就要变为家长的鼓励，比如可以表扬他写作业的正确率又提高了，或者对他说，你今天的作业不但完成得又快又好，而且字写得也比以前漂亮工整等诸如此类比较自然化的强化物。
- 在持续一周的看电视时间奖励后，把强化物变为了称赞和鼓励，结果是小毅可以接受称赞这个自然强化物，并且他写作业的行为也明显得到改善。在矫正之后他能够在学习时集中注意力，保持的效果也很好。

(3) 同伴支持及异性效应。人是群居动物，具有社会性。所以人们的行为都会受到来自社会及团体的影响。比如同伴支持和异性效应就是人们受到团体和他人的影响而形成的。

同伴支持是指在矫正过程结束之后，由团体中的同伴给予被矫正者适量、适当的赞美和关注，这样做不仅可以使被矫正者在团体中找到归属感，而且还能重新找到自尊、自信，也算是一种变相的强化。

异性效应是指在群体中，如果有异性表现出关注，个体的行为通常就会向着好的方向改变，甚至会做出以前不能达到的良好效果。所以在行为矫正的过程中，异性效应应该引起我们足够的关注和重视，尤其是在学生的行为矫正过程中。因为正处于青春发育期阶段的学生，对于异性的关注会表现出比成人更多的敏感和重视，如果矫正者了解这些情况并对其加以合理应用，将会收到非常理想的效果。比如，在上文提到的小毅阅读障碍的行为矫正过程中，如果让某个女生作为监督者，对其进行督促或者关注，则即便是在行为矫正结束后，目标行为也会呈现高水平出现率。但是，这里还需要注意到一个关键因素，那就是这个异性需要选择被矫正者尊敬且无矛盾的。如果他们之间本身就存在着过节，反而会产生相反的结果。

3. 行为转移的方法

虽然有研究显示，行为矫正后会出现行为的转移，但是在这里需要明确的是，这种转移只是非常少量的，与在矫正过程中所出现的行为发生率更是不在一个等级上。所以就需要我们动脑筋来寻找一些有效的办法去促使目标行为发生转移。

(1) 强化转移。所谓强化转移，是指在一个矫正过程结束以后，当目标行为 A 发生转移，我们就要对转移后的这个新目标行为 B 来进行强化，使目标行为 B 在转移成功后保持下来 (Martin, Garry, 1992)。这种方法固然可以说是最容易执行的方法，但同时也是最需要矫正者毅力的方法。因为我们需要周而复始、不厌其烦地对寻求帮助者的任何一个良性行为进行强化。虽然这种强化转移的效果肯定是很不错的，但是也不可避免地存在着局限性，在目标行为很少时推荐使用这种方法进行转移，但在行为量很大时就不可取了。

(2) 多情景刺激训练。所谓多情景刺激训练，是指在矫正训练过程中，可以同时给予被矫正者多个情景的训练。这样做的好处是，只要在这些场景中，目标行为便都可以顺利出现并保持下去。而且通过研究还发现，如果在多个场景中可以出现目标行为，则目标行为转移的可能性也会随之大大增加 (Martin, Garry, 1992)。

例如：小毅在上课时不能专心听讲，经常走神。老师经过考虑，在给予他的强化过程中包含了：①在课堂上做到认真听讲；②在家中能够专心地完成作业。经过了为时两周的矫正，小毅的注意力问题得到了改善，不仅是在上课和写作业时可以集中注意力，同时在学校听讲座或在科技馆里听导游讲解时也都可以做到专心致志。

(3) 一般性情景刺激训练。所谓一般性情景刺激训练，是指在矫正训练中，要更多地增加在日常生活中和矫正训练中都存在的共同刺激 (Martin, Garry, 1992)。举例来讲：在矫正小毅写作业时无法集中注意力的问题时，由于考虑到矫正训练需要在家中进行，所以需要在矫正过程中找到一些和教室中的环境有相似之处的事物去作为矫正刺激物。这样做可以使转移变得更加顺利和容易。所以如果把孩子写作业的地方摆上一张书桌、一把学校用的椅子，这样的效果可能会更好，而且可以在他写作业时注意力集中之后，更好地将此目标行为转移到在上课时也集中注意力听老师讲课的行为上。

本章思考题

1. 阐述什么是课堂行为问题？
2. 课堂行为问题可分为几种？每一种都包括什么行为表现？请举例说明。
3. 学习障碍学生的课堂行为问题的成因都有哪些？
4. 阅读下文案例，并判断下面这个强化是否是正确合理的？如果不合理，请指出其中错的地方。

小峰是一名有学习障碍的学生，他的主要问题是上课时喜欢不经老师允许就随便和同学说话。这样的行为不但会影响他自己的听课质量，而且对周围同学和老师来说也都是一种干扰。老师为了使他能够上课专心听讲，不打扰其他人，准备对其专心听讲的行为进行强化。经过调查，老师得知他很希望得到"班级综合成绩"。所以将此作为该强化过程的强化物。将目标行为设定为小峰不在上课时随便和周边同学说话，不影响扰乱课堂秩序，那么老师就可以在他的班级综合成绩中加 1 分以资鼓励。

在实施强化的过程中，老师于课上多次认真观察小峰的行为表现，一节课结束后，认为小峰确实在其中的某个10分钟内做到了没有和别的同学说话，而是自己默默地画画。老师考虑了一下认为，小峰在上课的时候有10分钟没有打扰别的同学，较之以前的确有了非常大的进步，很是值得表扬。于是履行自己的承诺，在他的班级综合成绩中加了1分。

5. 下面这个惩罚过程是否符合了惩罚的所有标准？如果不符合，指出有哪些地方是不正确的？并加以改正。

小磊好动，管不住自己，爱在上课时拉扯前面女生的辫子，考虑到行为后果比较严重，老师决定对其进行惩罚。在对惩罚物进行选择的时候，老师知道他很怕班上力气最大的学生——张飞，还知道张飞和小磊曾经因为一些小事而产生过矛盾。于是决定惩罚的执行者就是张飞，并把惩罚物规定为打手板。在和张飞进行商量之后，最终确定了惩罚过程的所有细节。即只要小磊在班里拉扯女生的辫子，张飞就要立刻制止并抓住小磊的手打3下，而打的力度由张飞自己掌握。在一周的惩罚过程中，小磊先前拉扯女生辫子的行为迅速地减少了，原来的一天要拉扯4次左右，到惩罚开始四天以后，减为了零行为。所以老师认为惩罚过程很成功，也很满意这个惩罚所取得的效果。

6. 在学习障碍学生中，行为契约所体现出的优点是什么？

7. 通过对本文的学习，哪些学习障碍学生是不适宜使用行为契约进行行为矫正？

8. 什么是行为保持？请结合一个生活中的矫正案例进行说明。

9. 什么是行为转移？请结合一个生活中的矫正案例进行说明。

参 考 文 献

黄丽娟."学困生"在课堂学习中究竟在干什么.课程与教学，2006，6.

胡亚天.预防与转化初中学困生研究.教育心理，2001，5.

卡罗尔.西蒙.温斯坦，安得鲁.J.米格纳诺.小学课堂管理（第三版）（梁钫，戴艳萍译）.华东师范大学出版社，2006.

卡罗琳．伊温特森，爱德蒙．埃蒙，莫里．沃尔森．有效地管理你的课堂（吴慧燕，王敏婕译）．中国轻工业出版社，2006．

马瑾，石学云．学习障碍儿童行为问题分析．中国特殊教育，2005，11（65）．

马慧．课堂问题行为与课堂纪律管理．现代教育科学，2004.1．

马晓春．课堂问题行为：归因及矫正．临沂师范学院学报，2001.23．

伍新春，胡佩诚．行为治疗．高等教育出版社，2005．

张明，刘岩．学习障碍学生问题行为及其影响因素的研究．心理发展与教育，2002，2．

张晓玲．学习障碍学生的行为分析．德育心理，2007，6．

邹涛．再析课堂问题行为的判断标准．安康师专学报，2004，16．

朱佳．城郊结合部小学课堂问题行为的原因分析，2007．

杜萍编著．课堂管理的策略．教育科学出版社，2005．

Martin，Garry. Behavior modification：what it is and how to do it. 4thed. Prentice Hall，c1992.

Kazdin，Alan E. Behavior modification in applied settings.6th ed. Wadsworth，c2001.

Raymond G. Miltenberger. Behavior modification：principles and procedures. Thomson Learning，c2001.

Smith，Marcia Datlow. Behavior modification for exceptional children and youth. Andover Medical Publishers，1993.

第十一章

针对学习障碍儿童的个别化教育方案

第一节 个别化教育方案概述

一、个别化教育方案的含义及功能

罗比被学校心理学诊断为阅读障碍,有关他的个别化教育方案是如何实施的?罗比的老师说:"当罗比刚到学校的时候,他明显需要帮助。我们获得了他的有关纪录并在第一天为他开了一个制定个别化教育方案会议,并给他制定了一个临时的个别化教育方案。在他的所有评估结果出来之前,我们为他开了两次个别化教育方案会议。"

(一) 个别化教育方案的含义

上面所说的个别化教育方案(individual education program,简称 IEP)指的是个别化教育方案。那么什么是个别化教育方案?简单来说是一项针对学习障碍者的学习而制定的教育计划。它是由地方教育部门的代表、医生、心理学家、教育学家、教师、学校负责人、社会工作者、学生家长或监护人和学生本人共同组成小组,为每个鉴定有学习障碍的学生制定的一份书面教育计划,作为教育学生的工作依据。个别化教育方案必须征得其家长或监护人的同意才能实施。

个别化教育方案计划源于美国，1997年美国修订后实行的《残疾人教育法》(IEDA)，规定为0-21岁残疾人提供免费的、合适的公共教育。这项法案指出了残疾学生的四项教育权利：

一是对某种残疾的特性做出全面、非歧视、科学的系统评估，任何一个评估手段都不能作为最后诊断的唯一依据；

二是学生有权接受满足其个别需要的免费、合适的教育；

三是教育安置的原则是"最小限制环境"，宗旨是使学生积极参与到普通教育课程当中，最大限度地把学生安排在与健全学生一起的环境中学习；

四是提供辅助性设施和服务来保证教育课程的成功实施。

（二）个别化教育方案的功能

个别化教育方案必须针对每一名学习障碍的学生进行设计与实施。比如，在美国，根据法律内容，个别化教育方案对管理功能、沟通功能和明确义务职责功能，都存在相应的规定。

1. 管理功能

管理功能体现在该计划保证为学生提供并实施满足学生自身需求的、合适的教育服务。

2. 沟通功能

沟通功能体现在该计划需要一个包括各学科专业人员组成的专家组，合作开发出书面计划，详细列出合适的教育服务内容和预期结果等等。

3. 明确义务职责功能

明确义务职责功能体现在专业人员有义务参照制定的各项具体目标，监控学生进展情况并定时评估。

二、个别化教育方案的内容

在美国，根据《残疾人教育法》(IEDA)，个别化教育方案的内容应包括：该学生受教育的现状；应达到的短期目标和年终目标；为该生提供的专门服务设施；该生参与普通教育计划的程度说明；实施本计划的预定日期和期限；衡量本计划目标实现与否的标准和评估手段。就目前来看，我国的个别化教育方案设计的内容与美国没有太大的差别，主要内容如表11.1：

表11.1 个别化教育方案必须包括的内容

个别化教育方案是关于每个障碍学生从3-21岁情况的书面陈述，不管它在什么时候被制定或修改，都必须包括以下内容：

1. 学生目前的教育成就水平。包括：① 6-21岁学生的障碍状况对他们参与普通课程并取得进步有哪些影响；② 3-5岁学前儿童的障碍状况对其参与合适的活动有哪些影响。
2. 可量化的年度教学目标与短期教学目标。目标的制定必须适应两方面的要求：①障碍儿童参与普通课程学习并有进步的需求，或学前障碍儿童参与合适活动的需求；②障碍儿童的其他教育需求。
3. 所提供的特殊教育、相关服务、辅助性器材及服务；或是为了学生的利益要对特殊教育计划做哪些调整，对学校教学人员提供哪些资源。其目的在于：①帮助障碍学生尽可能地实现年度教学目标；②障碍学生能够参与普通课程的学习以及课外及其他非学术性的活动并有所进步；③使障碍学生能与其他障碍学生以及身心正常儿童共同接受普通教育、共同参与活动。
4. 障碍学生不能参与普通班学习和课外活动，有其他非学术活动的范围与程度。
5. 障碍学生如能参加州或学区的学习成就评定，评定计划需要根据学生的障碍情况做哪些调整；如无法参加州或学区的学习成绩评定，则需要说明评定计划为什么不适合该障碍学生以及该生的学习成就应如何评定。
6. 各项计划与服务开始的日期、频率、地点及持续时间。
7. 衔接计划，包括：①障碍儿童14岁开始及以后每一年需要哪些衔接服务，尤其要说明该儿童学习课程时（如进入更高阶段学习的安置课程或职业教育方案）需要的衔接服务；②障碍儿童从16岁开始（如果个别化教育方案评定小组认为合适，可以更早一些）需要哪些改革衔接服务。这些衔接服务包括各有关机构在提供衔接服务时应承担的责任，或各有关机构联合起来时须共同承担的责任；③至少在障碍学生达到法定成人年龄（通常为18岁）的前一年，告诉他们拥有哪些法定权利。达到法定年龄时，一份关于法定权利陈述的书面文件将由父母处交到学生手中。
8. 如何测量障碍学生为达到年度目标所取得的进步；怎样让家长及时了解学生实现年度目标的进度，美国《残疾人教育法》要求学校与障碍学生家长联系的次数不得少于联系正常学生家长的次数。

个别化教育方案是由施测人员（以及其他按规定应该参加的人员）在对学生进行测评的基础上制定的，并且要求考虑学生发展的结果。

三、个别化教育方案的测评及测评方法

（一）个别化教育方案的测评

一个完整的个别化教育方案要有细致的测评，包括对儿童目前受教育程度以及其他与学习相关特征的描述。对于学习障碍儿童，心理学和教育

学工作者的第一个任务是进行测评。以美国为例，这种测评由一个专家小组进行，通常包括学校心理学家、特殊教育学家、语言障碍治疗专家和神经学专家，再加上学校的教师。一般经过初查和筛选，确定那些被怀疑有学习障碍的人选。初查之后，有关的专家与任课教师交流，去班中观察儿童，进一步确诊有无学习障碍，并为儿童下一步要做哪些心理测验提供参考意见。接下来才是正式的心理测验，包括对儿童发展史、适应行为、目前的健康状况、受教育情况、视觉与听觉的能力、心理语言能力和智力等进行测评。然后专家小组根据上述各步骤的观察结果，进行分析讨论，解释测验结果，探讨儿童特殊的教育需要。

（二）个别化教育方案的测评方法

1. 调查法

调查法通过对儿童成长中的行为、教育等现象进行有计划的、周密的、系统的间接了解和考查，并对所收集到的信息进行分析，用以了解儿童的状况。一般来说，儿童的情绪状态、对家长和教师的喜爱程度、在家里的表现以及家长的育儿观念和方法、教师对学生的期望情况以及他们的教育方式等等，都可以通过调查来实现初步的了解。

调查者可以通过与孩子有关的书面资料来了解儿童。例如，把儿童从出生到现在的体检记录收集到一起，就可以了解儿童的健康史，以便判断一些问题是由于身体疾病导致还是真正的学习障碍。有的家长会把孩子在家里面的画都收集起来，从中可以看出孩子的绘画技能、精细动作能力以及对颜色、形状、图案等认知能力的发展过程。有的家长甚至会给孩子记成长日记，把孩子发展过程中的信息尽可能详细记录下来，为孩子保存了一份极好的资料。

调查者还可以通过问卷的方式了解孩子的情况。例如，为了了解儿童学习困难的具体表现，可以通过一份学习困难调查问卷发现儿童在阅读、数学、书写、语言、写作等方面存在的问题，以及问题的主要表现等。问卷还可以调查亲子关系、师生关系等。问卷的有效性与多种因素有关，如果问卷太长，会使填写人失去耐心而乱填；问卷的设计如果社会倾向性过强，例如问家长"你会经常打孩子吗"，家长会由于希望得到社会的认可，避免自己看起来不是一个好家长而可能掩盖事实,即使真的经常打孩子,也不如实地填写问卷。

更方便的方法是谈话法,即通过与被调查者面对面的交谈来获取所需要的信息。谈话结果的可靠程度受谈话者的能力、态度等因素影响。如果谈话者表现出太多的非言语的暗示,如微笑、皱眉、点头、生气等,那么被调查者的回答就会受到影响。特别当被调查者是儿童时,他们会为了避免处罚而掩盖事实。因此这也提示我们,在家长与孩子谈话、了解孩子的事情时,要特别注意控制自己的情绪,尽量做到态度平静、温和、平等,鼓励孩子说出全部事实,这样才能获得可靠的信息。

由于调查是通过间接的方式了解儿童有关的情况,因此调查结果的可靠性就要受影响。在解释的时候,需要调查者注意反映现象的客观程度,并敏锐地发现自己的偏见和定势,做到尽可能真实地记录信息。如在询问父亲,"孩子与父母中的哪一方更亲密"时,父亲会凭自己的主观感觉认为孩子与自己更亲密,而实际上孩子认为自己与母亲更亲密。

2. 测量法

儿童心理与教育工作者们编制了很多测验和量表来测量儿童的智力、语言水平、推理能力、阅读能力、视知觉、听知觉以及各种记忆力等。这些数量化的描述比单纯的调查更精确严密,更能准确地描述出儿童的各项能力指标。如在国际上通用的瑞文儿童智力测验,主要从逻辑推理上测查儿童的智商;而韦氏智力测验则分为言语智力和非言语智力两个部分,下面又分别有若干子项目,能够较细致地检测出儿童某种具体的能力;听觉广度测验可以测量儿童的听觉记忆广度,从而为判断儿童的学习困难类型提供帮助。还有各项学科成就测验、基本学习能力测验、注意力测验、记忆力测验等,它们都不是诊断学习障碍儿童的重要工具。

3. 观察法

我们可以在自然条件下依据一定的学习障碍理论,有目的、有计划地对儿童自然发生的行为进行考查、记录和分析。这种方法对所观察的儿童行为没有加以任何的人为控制,可以使所观察的现象或行为比较客观地呈现出来。因此,通过观察法所获得到的孩子的外部特征和行为表现信息来分析孩子的发展情况,有时会获得其他方法所无法得到的信息。对孩子的观察可以是短时间的，如要了解儿童是否多动，可以在一小时内每隔5分钟对儿童进行一次观察，记录儿童所表现的多动行为频率，确定儿童是否已经达到多动的程度；也可以是长期的，如父母将儿童的行为以记日记形式记下来，作为儿童的发展资料供诊断参考。

（三）个别化教育方案的测评内容

上面介绍了测评学习障碍儿童的几种主要方法，通过这些方法，我们希望对儿童的智力状况、目前的学习成绩、学习潜能、学习方法和学习能力等方面的情况有一定的了解。这一过程包括儿童自身原因的分析和环境原因的分析。儿童自身因素包括智力、学习能力、学习动机、学习策略以及学习机会的测量和分析。

1. 智力测量

对儿童学习困难的判断首先需要排除智力落后的情况。如前文提到的，学习障碍儿童的智力是正常的，即智商处于正常值范围内，但在学习上存在严重的困难，学习能力与自身潜力存在着显著的差异。同时智力测验可以体现儿童的优势项目和劣势项目，使教育者有的放矢地帮助儿童。

2. 学习能力分析

如我们在前面讲到的，儿童必须具备健全的学习能力，才能有效地学习。学习能力不同于智力，我们会发现很多智力正常甚至超过一般儿童智力的孩子，却在某方面的学习上存在着相当的困难。因此，学习能力与智力有关，受到智力影响，同时又不等同于智力，涉及很多智力之外的因素。如视知觉-动作统合能力、阅读能力、数学能力和注意力等。有视知觉-动作统合能力、阅读能力或数学能力发展迟滞等的孩子，家长和教师的评价往往是这个孩子很聪明，就是注意力不集中，或者就是太懒，不爱学习。实际上出现类似的情况往往是由于他存在这样或那样的学习障碍所致。我们需要考查的正是这个孩子的问题究竟是哪方面的学习能力有缺失。这个孩子是不是在对课文和应用题的理解上并没有问题，但在写和读及运算方面经常表现不佳；他是不是尤其不愿意写作业，对凡是写和读的东西都表现出极大的反感；他是否常常把形近的字弄混；他是存在视知觉的注意力问题还是存在听说方面的问题等。通过使用种种心理教育测量方法，就可以得到这些资料，从而对儿童的学习能力做出较全面的评价。

3. 学习动机分析

学习动机是儿童学习的原动力。如果说学习是一辆火车，那么儿童的学习动机就是火车的内燃机和推进器。要使儿童能够较有效地学习，首先他们必须"想学习"。我们不仅要评价学习动机的强度，即是不是想学习、学习的愿望是否强烈，还要分析儿童缺乏学习动机的原因。儿童缺乏学习动机的原因，主要可以归纳为：

- 学习能力缺陷所致。这类儿童虽然希望学好，但由于某方面学习能力欠缺，导致他们即使再努力也无法学好，从而损伤了他们的学习兴趣，变得不爱学习。
- 教育内容、手段和方法等不适合儿童的接受能力（如教育内容对儿童来说过难或过简单）、兴趣和需要而引起的学习动力不足。
- 由于与家长或教师的关系紧张而产生抵触、逃避和逆反的心理，影响了学习的兴趣和动机。

4. 学习策略分析

有些儿童拥有健全的学习能力和强烈的学习动机，但欠缺良好的学习策略，无法进行有效的学习，这也是儿童成绩不佳的原因之一。家长和教师如果发现儿童有这方面的问题，就应注意教给儿童一些有效合理的学习策略，这会对他们的学习起到良好的促进作用。如有的儿童在解数学应用题上存在困难，如果不是由于阅读题目的困难，家长和教师就可以将自己的解题思维过程逐步展开，让儿童渐渐领悟解题的策略，或介绍他人的经验等。学习策略的培养可以教会儿童一些有效的学习技巧，使儿童知道怎样去学习，自然就能够更有效地完成学业任务。

5. 学习机会

除了前文提到的儿童要拥有的一些学习的基本要素，如学习能力、学习动机和学习策略之外，学习机会也是影响儿童学业成绩的因素之一。特别是儿童在早期生活环境与经验中，各种人际互动的欠缺或文化刺激的不足等因素，均会剥夺或减少儿童的学习机会。文化刺激不足的儿童多来自亲子关系不良或家庭经济状况不佳的环境。一般而言，欠缺学习机会而形成的成绩不佳的儿童，个别教学可有效帮助他们改善这种落后的状况，促进他们学业的发展。

第二节 个别化教育方案的设计

一、年度目标和短期的教学目标的设计

个别化教育方案中的年度目标是指由教育专家依据儿童个体存在的问题及影响其问题的因素所制定的以一年为期限的培养目标。个别化教育方案的年度目标是概括性质的目标，在它的指导下，会生成一些具体的、短期的、可操作的目标，这些目标被称为短期的教学目标。短期教学目标依次排序后如能按期实现，就会逐步实现整个教育的培养方案。

案例

小云（化名）：10岁，阅读时，读得特别慢，口齿不太清楚，很多字音读不准。对他进行一系列的检测如下：智力检测结果为90；经过医学检查小云的大脑言语区中枢神经受损；最后确定其为阅读障碍。然后对其进行障碍程度测试，结果为中度阅读障碍，即1分钟读15～20个字。还有错字现象，为小云制定的个别化的教育方案如下：

目前水平	长期目标	短期目标	开始执行与持续时间	特设训练	正常教育	评鉴计划	其他
1分钟读15个字左右，8、9个词，读句子很慢总有错字，智力检测结果为90。学习动机弱。	5分钟内能完整、较顺利的读完一篇二百字左右的文章，正确率85%以上	能把给定的字读准85%以上	3:01～3:04	卡片法，300个笔划简单的字，挑字法	教师多为其创造发言机会并耐心指导家长给孩子树立信心等	基本达标	阅读以外的其他能力变化情况等，教育地点是家庭、学校还是专门的训练机构
		能把给定的词读准85%以上	3:15～3:30	同上 300个词。	基本达标 学习动机加强		
		能把给定的句子顺利读	4:01～4:30	听故事，在故事中，找出	基本达标 阅读带有感情		

目前水平	长期目标	短期目标	开始执行与持续时间	特设训练	正常教育	评鉴计划	其他
		下来，错字在15%以下，限定时间内读完句子		喜欢的句子。有感情地大声朗读等训练			
		能在限定时间内读完文章片段，错字较少	5:01～6:01	听故事，读故事，讲故事等训练		基本达标阅读能力加强带有感情	

二、一般课程的设计

学习障碍学生一般课程的设计，主要是针对学习障碍学生在学习中存在的问题结合学校中所学的课程，制定的一个比较全面的课程学习计划（见表11.2）。其目的是针对学生的实际问题，编排一个合理的课程计划，以保证对学习障碍学生的教学有组织、有计划、有系统、有效率地进行。

三、学习策略课程的设计

堪萨斯大学学习研究中心的研究者将学习策略定义为：学生学习、解决问题和独立完成作业所需的技巧、原则和规则。学生学习策略发展的目标就是自己找到效果最好（帮助学生达到当前和未来课程的要求）、效率最高（帮助学生用适当的、省时的、明智的方法达到目标）的策略。教师进行学习策略教学的目标就是要求教师要力图用效果最好（学生能够掌握并迁移这些策略），效率最高（学生和教师用最少的精力来学会这些策略）的方法来传授这些策略。这个方法试图通过传授对于获得、储存和表达教学内容所必需的技能来使学生掌握课程内容。

堪萨斯大学学习研究中心的研究者提出的学习策略课程涵盖了三个方面：

- 第一个方面是信息的获得。这些策略包括单词辨认、解释、解决数学术语问题以及运用地图。

表 11.2　个别化教育方案（IEP）的年度课程计划

个别化教育方案	年度课程计划			个人信息
2007年9月2日 提出者：张文	第一学期	时间	课程	教师
		8:00-8:40	数学	李微微
2007年9月4日 父母被告知，同意评估		8:50-9:30	语文	王华 （资源教室）
2007年9月14日 完成评估		10:00-10:40	英语	Rose
		10:50-11:30	社会	赵萍
2007年9月15日 联系父母			午餐	
		13:00-13:40	体育	张于
2007年9月16日 总委会开会，小组委会分派任务。		13:50-14:30	音乐	张文
	第二学期	8:00-8:40	语文	王华 （资源教室）
2007年9月24日 小组委员会设计个别教育计划		8:50-9:30	数学	李微微
		10:00-10:40	英语	Rose
		10:50-11:30	社会	赵萍
2007年9月26日 总委会通过个别教育计划			午餐	
		13:00-13:40	美术	郝佳
		13:50-14:30	音乐	张文

个人信息（续）
姓名：李小童
学校：××小学
出生日期：1995年4月2日
年级：五年级
父母姓名：李军；韶华
地址：哈尔滨市××小区
联系电话：××××

委员会成员	测验信息			安置体系
张文 推荐教师	测验名称	测验时间	测验内容	每周小时数
赵萍 最小限制环境的其他负责人	考夫曼教育水平测试	2007年9月10日	拼写标准成绩：80 数学标准成绩：106 阅读标准成绩：76	普通教室 24 资源教师在普通教室 4 资源教室 4 阅读专家 2 言语/语言训练师 1 教育顾问 ____ 特殊教师 ____ 转衔教师 ____ 其他： ____
辛雨 父母 李军　韶华 教师 李微微 王华　张于	非正式性最优发音测试	2007年9月12日	20个发音规则掌握5个	
个别化教育方案生效日期：2007年9月20日	课程本位测量	2007年9月17日	阅读水平三年级 理解率：60% 正确率：74词/分钟	
	课程本位测量	2007年11月10日	阅读水平三年级 理解率：50% 正确率：70词/分钟	
健康状况 视力：良好 听力：良好 体格：一般 其他：____	社交技能检核表			

- 第二个方面是信息的记忆或储存。这些策略包括第一个字母记忆术、倾听策略、做笔记策略。
- 第三个方面是理解的表达和论证。这些策略包括句子书写，错误监控，测验和个别化教育方案会议安排的一些特别活动。

在任何教育中运用学习策略的第一步是评估一个学生完成一项技能水平的高低；第二步是给学生指出运用学习策略的意义，向学生解释学习策略可以帮助学生自己学习并在学校内外获得学习的成功；第三步是要特别解释当他学会这些技能时他能够干什么。在某个专门领域的学习策略，实例如下：

1. 自我提问

在信息获得这一分支中，自我提问是非常重要的学习策略。它是用来帮助小学、中学和中学后教育的学生，使之更有效地适应复杂的阅读要求。这个策略要求学生提出问题、预设问题的答案和在阅读中寻找答案。

自我提问的优势在于：第一，它提高了学生参与阅读活动的积极性；第二，它帮助学生把阅读材料分成有联系的小单元，从而使学生很容易获得信息；第三，它通过让学生进行自我鉴别来提高学习兴趣和动机水平；最后，它通过要求学生描述阅读信息，从而加强了学生对阅读内容的理解和记忆。

2. 先行组织

先行组织是教师用来帮助学习障碍学生学习的方法。组织化策略的目的是让学生明白要做什么。林茨（Lenz）提出：先行组织是教师在教学前所进行的活动。他提出先行组织是否有效，取决于三种因素。首先，教给学习障碍学生如何听取和采用先行组织者。例如，学生一边听老师讲一边按要求做一份作业。第二，做完之后，教师要和学生讨论使用这一策略的有效性，如何灵活有效地在课堂上运用。最后，在呈现先行组织之前，教师先给学生提供一个预示。

3. 掌握笔记系统

笔记系统是教师用于连接组织策略和信息储存的工具。这一系统帮助学生把作业和材料有组织地放在一起。一个工作笔记、储存文件夹和一个参考笔记是掌握笔记系统的三个组成部分。它帮助学生把重要的作业收集在一起（例如，家庭作业）去掉不重要的，以避免造成混乱。

此外，学会如何安排家庭作业、学习空间和时间也是帮助学生成功学习课程内容的主要因素。

4. 图表组织者

图表组织者（graphic organizer）也称网络地图（webs map）或概念图表（concept diagrams），是另一种帮助学生记忆信息的元认知策略。它可以促进各年龄段学生学习各门课程的技能。帮助学生：①确定主要概念和次要概念，②比较对照信息，③连接原因和结果。图表组织可根据所教的概念和学生的发展状况变换其风格。一般地，教师和学生用头脑风暴法来确定一种或两种有效的模式。

一种有效的图表组织是在黑板中间写下概念，然后让学生分享关于该概念他们还记得什么；当他们说出所记得的内容时，问他们这一点是该概念的主要观点还是次要观点。

第三节 学习障碍儿童资源教室的布置

资源教室是在普通学校或特殊教育学校建立的集课程、教材、专业图书以及学具、教具、康复器材和辅助技术于一体的专用教室。资源教室具有为有特殊教育需求的儿童提供咨询、个案管理、教育心理诊断、个别化教育计划、教学支持、学习辅导、补救教学、康复训练和教育效果评估等多种功能。资源教室可以满足具有显著个别差异儿童的特殊教育需求，为他们在普通学校接受平等的教育提供最适合的环境与条件。

资源教室坚持直观性、补偿性、趣味性、针对性的原则，在个别辅导的基础上使用辅导法、演示法、分类教学法、操作法、练习法、电教法及综合训练法等对学生进行教育和训练。根据学生的需要设置相应的区域，并针对每一个儿童的特殊需要安排学习与辅导。

一、资源教室的功能及使用要求

对于大多数学习障碍儿童来说，应以普通班上课为主，业余时间在资源教室上课。最重要的是,资源教室不仅针对儿童,而且针对普通教师。特殊教育的教师应当及时与普通班教师沟通,以促进教学效果。

资源教室最好有独立的房间,每星期特殊教育教师有半天以上的时间与普通班的教师进行交流,讨论儿童进步情况。资源教室每班儿童人数一般为6~12人。一般不能让3个以上的儿童在一间资源教室中上课,如果有专门的助理教师,则可以增至6名儿童。一般每个儿童每天在资源教室的时间不超过两个小时,教师应与家长积极沟通,以促进家长在教育上的配合。

二、资源教室的布置

资源教室的布置对教学活动的开展和课堂管理会产生巨大的影响。资源教室的布置会影响学生主动学习的时间、能否认真听讲和学生破坏性行为的出现率。富有人性化、精心布置的教室会让教师顺利开展教学,不会造成混乱,而且教师能轻易地观察到学生的一举一动,反过来学生也可清楚地看到教师、倾听教师的讲解。在布置教室的时候,教师要充分考虑如何对学生的座位、学习用具的摆放和特殊活动区等进行设计。以下仅就特殊活动区的设计进行说明。

在设计和布置教室的时候,很重要的一点就是安排好具体活动区(如:数学的教学活动区、语言课的教学活动区或自学活动区),因为教师要充分利用教室空间组织小组教学。教室里的特殊活动区有:

1. 学习区

把教学区分隔成若干个学习区是很有必要的。在低年级,这些学习区主要是指阅读学习区、数学学习区、语言学习区、书写学习区、拼写学习区和一些其他学科的学习区,如自然科学学习区、社会科学学习区和保健课学习区。学生可以在学习区里学习,存放相关的学习用具和教材。在中高年级,教室里的学习区可以少些,但相应的教学活动区、语法教学活动区、听力教学活动区和阅读教学区等是必须要有的。

2. 教师区

教师需要一定的区域进行小组教学和大组教学。此外,教师还需要存储教材和个人用具。教师区还应方便教师检查学生的学习活动。

3. 学生独立活动区

每个学生都需要自己的空间来存储学生用具，坐在教室里参加全班活动或合作式学习、独立学习等。通常，学生有自己的课桌，但对那些注意力不集中或学习困难的学生来说，教室应为他们提供安静的学习区域，如离学习区较远的书架式书桌或课桌。学生应该服从教师的安排，因为这有利于自己的学习，而不是一种惩罚。

4. 视听区

设计独立的区域，供学生看电影、幻灯片、录像，这对学生的发展是非常有益的。视听区还应配有录音机、磁带、录像机或计算机。很多教室没有独立的视听区，在这种情况下，一些区域可以行使双重职能（如阅读区也要作为听力区）等。

在布置教室的时候，教师要注意教室的整体环境应该是令人感到愉快的。教师必须根据教学内容和教学风格，充分利用可用资源和空间。资源教室的具体布置如图11.1。

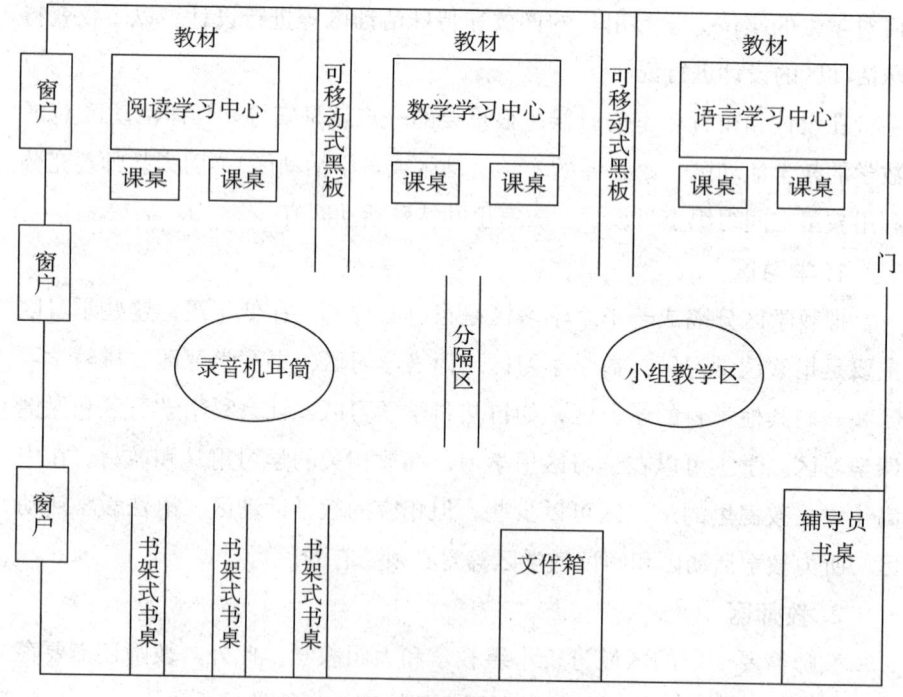

图 11.1 资源教室布置示意图

三、资源教室的教育服务

许多有学习问题的学生大部分时间是在普通班度过的,只有部分时间到资源教室上课(如每天 45~60 分钟)。资源教师在校内工作,和许多普教教师一起给学生上课。因为资源教师每天要为 20~30 位有学习问题的学生上课,并为学生各自的教师提供教学建议和咨询服务,他们一定要具备较高的能力和平易近人的优良品质。

资源教师应为普教教师提供以下的支援性服务:
- 参加家长会;
- 与普教教师非正式会谈,讨论学生进步状况;
- 在资源教室里进行补救教学;
- 提供学生行为特点的信息;
- 提供学业评估资料;
- 定期安排会议,评估学生学业进展情况;
- 提供教学材料;
- 对教学材料的选取提出教学建议;
- 提供学生活动和学业进展的书面报告。

第四节 教师与个别化教育方案

在整个个别化教育方案的实施过程中,教师的投入是关键,教师在个别化教育方案实施的过程中处于核心地位。教师是将个别化教育方案与实施融合为一体的"命脉";是将各种教育力量和信息整合为一体的纽带。

一、教师在个别化教育方案中的作用

1. 教师是个别化教育方案的制定者之一

如前所述,学习障碍学生的个别化教育方案是由包括教师在内的地方教育部门的代表、医生、心理学家等组成的小组,为每个鉴定有学习障碍

的学生制定的一份书面教育计划,并将之作为教育学生的工作依据。其中教师作为制定个别化教育方案的主要人员,要负责相关学生的基本资料的搜集工作,建立学生的个案资料;负责学生的初步筛选工作和专业鉴定的配合工作;参与制定学习障碍学生的个别化教育方案;编写资源教室的教学方案;选编教材,准备适合学生使用的教科书和其他教学材料。教师所做的这些工作,是为其具体实施个别化教育方案做前期准备。

2. 教师是个别化教育方案的具体执行者

如果说参与制定个别化教育方案的人员是以小组的形式进行的,那么具体实施方案则主要是由教师来完成。教师在实施方案的过程中,要依据方案中的目标、任务和要求对学生进行直接的教学辅导;经常与普教教师、家长等相关人员进行沟通,与他们交流信息;随时向参与制定方案的教育专家或权威人士反馈方案实施中的问题,在方案调整过程中提出意见或建议;还要对方案的进展情况及学生的学习效果进行评价等。可见,教师是个别化教育方案的具体执行者,是个别化教育方案得以贯彻落实的关键。

二、个别化教育方案的实施对教师的要求

个别化教育方案能否成为有效的方案,教师所起的作用是巨大的。这就要求执行个别化教育方案的教师有着不同于一般教师的素质。

1. 有比较丰富的学习障碍方面的理论知识

执行个别化教育方案的教师,要具备一定的有关学习障碍方面的理论知识。理论指导下的实际操作才会有目的,才会灵活地执行方案,才会在实际操作中及时发现问题、总结经验、顺利实现方案制定的目标。

2. 具有丰富的普通教育经验

一般来说,从事个别化教育方案的教师应当具有一定的在普教教学岗位工作的经验和技能。执行个别化教育方案的教师即使是在普通学校里执行,也是在从事着特殊教育。特殊教育有其特殊性,但与普通教育有其共性的方面。如果一名执行个别化教育方案的教师具有了普通教育的经验和技能,他只要掌握特殊教育的特殊性,就不难把方案执行好,把方案的目标完成好。普通教育的经验是教师执行个别化教育方案的宝贵财富。

3. 了解学习障碍儿童的心理

通过观察发现，学习障碍儿童多数因学习成绩不良而受到学校教师、家长及同学的不公正待遇。这些儿童可能在学习障碍问题的影响下已经产生了诸如自卑、胆怯、孤独、自暴自弃等心理问题。作为执行个别化教育方案的教师，对学习障碍学生的心理问题的了解是执行方案前应做的重要工作之一。这也是对个别化教育方案实施者的一项基本要求。

4. 具有一定的组织管理能力

个别化教育方案的实施，主要是在教师对学生直接进行学习辅导的过程中完成的。教师对学生进行的学习辅导虽然人数很少，但教师也要管理好学生，如辅导中的学生的行为表现、注意力和辅导过程各环节的进展或调整等。这就要求教师要具有一定的组织管理能力，教师的组织管理能力是完成方案的保证。

5. 有为学习障碍儿童服务的热情和耐心

学习障碍儿童因学习问题，可能会有许多让教师不能理解的问题出现，如简单的两位数乘法教几天也教不会；一个汉字怎么教他也记不住等。学习障碍儿童在学习上表现出来的这些问题是经常的，也是普遍的，当然对他们来说也是正常的。但对教师来说，这是一种极大的耐力考验。这需要教师有着为学习障碍儿童服务的热情和耐心。教师的热情和耐心是保障个别化教育方案能否顺利实施以及能否执行到底的重要因素。

三、教师在执行个别化教育方案时应注意的问题

1. 严格执行个别化教育方案

学习障碍学生的个别化教育方案是由包括教师在内的特殊教育小组针对学习障碍学生的个人情况制定的矫治计划。教师作为方案的执行者，肩负着执行方案的任务，对方案的执行要做到不折不扣，严格按方案的要求操作。

2. 做好方案各环节的实施工作

在方案实施过程中，教师要依据方案的要求，做好学习障碍学生学习辅导的备课、辅导、作业批改和教育后记等工作。教师学习辅导前的备课

要针对性强,要求每个个别化教育方案都有一个教案;学习辅导过程中教师要有耐心,一方面要按计划进行,另一方面还要依学生在辅导中的表现,改变自己的辅导内容、方法或策略;辅导内容结束后要对学生进行学习效果的考查,考查的卷子或作业,最好能当着学生的面进行批改;辅导后,教师要认真做辅导后记,记录辅导过程中学生的实际表现,辅导计划的执行情况及提出下次辅导的改进办法。

3. 及时反馈方案执行情况

教师在方案的执行中,根据方案实施过程中各环节、各阶段学生的表现及学习效果,要及时向特殊教育小组或教育专家反馈情况,以便及时调整方案。

4. 对方案执行后无成效的学生提出转介意见

教师是个别化教育方案的制定者和执行者,学习障碍学生接受个别化教育方案的情况,教师最有发言权。由于学习障碍学生接受特殊教育的机构不同、权威性有差异。教师在执行个别化教育方案基本无效的情况下,要针对学习障碍学生的实际状况,提出将学习障碍学生转介到其他更具权威性的特殊教育机构去矫治。

本章主要概念

个别化教育方案:是一项针对学习障碍者的学习而制定的教育计划。它是由地方教育部门的代表、医生、心理学家、教育学家、教师、学校负责人、社会工作者、学生家长或监护人和学生本人共同组成小组,为每个鉴定有学习障碍的学生制定的一份书面教育计划,作为教育学生的工作依据。

年度目标:是指由教育专家依据儿童个体存在的问题、原因及影响其问题的因素所制定的以一年为期限的培养目标。

学习策略:学生学习、解决问题和独立完成作业所需的技巧、原则和规则。

资源教室：是在普通学校或特殊教育学校建立的集课程、教材、专业图书以及学具、教具、康复器材和辅助技术于一体的专用教室。

本章思考题

1. 什么是个别化教育方案？个别化教育方案测评的内容有哪些？
2. 个别化教育方案中学习策略课程设计包括哪些内容？
3. 什么是资源教室？资源教室中的特殊活动区主要有哪些？
4. 教师在执行个别化教育方案时应注意什么问题？

参 考 文 献

方俊明.今日学校中的特殊教育，第三版上册.华东师范大学出版社，2004：80.

Cecil D. Mercer，Ann R. Mercer 著.胡晓毅，谭明华译.学习问题学生的教学.中国轻工业出版社，2005：51.

第十二章
针对学习障碍儿童的计算机教学

计算机辅助教育（computer-based education，简称 CBE）是指教师将计算机作为教学媒体和课堂管理工具，学生通过与计算机的交互作用进行学习的一种教学形式。CBE 的应用主要是两个方面：计算机辅助教学（computer-assisted instruction，简称 CAI）和计算机管理教学（computer-management instruction，简称 CMI）。在一些地区，特别是在欧洲，又经常使用术语计算机辅助学习（computer-assisted learn，简称 CAL）。我们这里主要关心的是计算机辅助教学（CAI）。

在特殊教育领域，计算机辅助教学得到了广泛应用。对于学习障碍者来说，由于他们受到自身阅读能力、注意力、计算能力等方面的限制，使他们在课堂中不能像正常学生一样跟随教师的节奏进行有效的学习，导致学习成绩落后。而计算机作为一种十分有用的教学媒体，它能在屏幕上呈现文字和图表，而且通过键盘、控制杆、指针及其他控制装置接收学生的反应，能够根据学生自身的学习能力和现有的知识水平进行个别化教学。它不仅可以让学生根据自己的现有水平和接受能力调整学习步伐，还可以有效地帮助学生进行思考。这种一对一的指导方式使学生们不必因担心失败而不敢做出尝试，并通过营造一种积极的氛围来提高学生的自信心。

第一节　学习障碍儿童的计算机辅助教学

一、计算机辅助教学对学习障碍儿童的作用

对于有轻度和中度学习障碍的学生来说，他们可以从计算机辅助教学中获得更多的收获。首先，从学习的动力角度来看，计算机教学与传统的课堂作业不同，它可以更好地帮助学生在学习过程中维持注意力，使学习过程变得轻松快乐，有助于提高他们的学习动机，因此很受学生欢迎。很多教学软件会以娱乐的方式指导学生学习，并且在学习过程中设计一些奖励，这也有助于保持学生们的学习兴趣。同时，计算机还可以强化学生的适应性行为。比如，对待一些很难控制自己行为的学生，如果他们的表现达到了老师的期望，那么就可以把使用计算机作为奖励，强化他们的正确行为。

但要注意的是，不能仅仅将计算机作为吸引学生兴趣的工具。计算机教学最终还是要服务于教学目的。因此，它的第二个角色是耐心的指导者。对于有学习障碍的孩子来说，学习初期的有指导练习是非常重要的。在他们刚刚学习一门新知识时，教师应该仔细观察学生是否掌握了所学内容，同时要对他们的表现进行及时的反馈和有针对性的指导。当教师确定学生已经熟练掌握所学知识后，他们才可以进行独立的练习。对于这些学生来说，教师的指导必须是一对一的，这样才能照顾到学生的个体差异，因此，如果没有外界的辅助设施，教师的工作量会非常大，而且教学效果也不能保证。此时，计算机提供的操作和练习软件就发挥了作用。它每次给学生提供相关的学习内容，并且能够进行有效的指导和反馈。即使在没有教师在旁边时，学生们也能进行有效的练习，这种方法有时还会加快学生的学习步伐。

好的学习软件对于学生来说，是耐心的指导者，对于教师来说，就是他们的得力助手。因此，计算机辅助教学还可以帮助教师提高教学的质量和工作效率。有些学习软件可以让教师来设定练习的各项指标，如练习的

时间、速度和难度等。有时，教师也可以根据需要在软件中加入新的课程。这些都会使练习更符合学习目标，让课堂练习变得更加有针对性。

概括来说，学习障碍儿童一般有以下特点，计算机教学大体可以从这些方面对其进行改进（杨坤堂，2000）：

- 缺乏学习兴趣——计算机较能引起学习动机。
- 精细动作协调较差——计算机可增进其视知觉-动作的协调能力。
- 自我概念较低——计算机可给予正面反馈，增强自我效能感。
- 学习速度较慢——计算机可适应其学习步调。
- 挫折容忍力较低——计算机是耐心的指导者，不会给予学生压力。
- 长短期记忆较差——计算机可给予重复及充分练习的机会。
- 注意广度较小——计算机除了立即给予学生强化外，还鼓励其在学习过程中积极主动地参与。
- 容易分心——计算机是一对一的学习方式，并能立即给予强化和反馈，这有助于增强学生的学习动机，促进其积极投入学习过程中。
- 学习策略较差——有些计算机软件可以训练学生记忆、排序、概念形成、归纳、类化、综合等技巧。
- 缺乏高级思维技能——有些软件可以增进学生阅读理解、问题解决、推理等高级思维技能。

我们可以从下面这段话中体会到计算机对学习障碍儿童的影响（Langone, 1990）：

"很显然，对于有学习障碍的儿童来说，计算机是一件非常特别的工具。它虽然不能用于治疗，但却是他们从未遇到过的最好的伙伴。计算机可以帮助他们像其他同龄人一样生活和学习。"

二、教学模式

计算机辅助教学（CAI）的基本教学模式即教学策略（instructional strategies）一般有六大方面：

（一）操作和练习（drill and practice）

在掌握一门新知识时，教师一般会要求学生通过不断的练习而巩固新知识。这种模式通常适用于完成小任务，如词汇的拼写或记忆，算术运算练习等。大多数的操作和练习是基于行为主义的教学原理，设计成"配对结合"的教材，以产生刺激－应答状态。

操作和练习还可以放在游戏的环境中，以增强学习的趣味性，在这些游戏中附加有时间因素，以帮助学生提高完成游戏的速度。同样的练习和操作还可以用作学生的测验材料。许多操作和练习程序包含有把学生分成不同等级的完整标准。例如，在 20 个题目的操作和练习中，教师可以要求学生有 19 个题目完全答对才算通过，少于 19 个题目就是没有通过。

（二）个别指导（tutorial programs）

个别指导旨在帮助学生在没有教师协助的情况下学习新知识。这种方法对于学习障碍儿童来说特别有效。学生们可以根据自己的步伐进行学习，不会迫于外在的压力而感到紧张。因此，与传统的教学模式相比，这种学习方法对学习障碍儿童更有吸引力。一个好的个别指导软件应该包括各种不同等级的知识水平，以便于学生能更清楚地看到自己的进步。

（三）模拟（simulation）

模拟是指在控制状态下对真实现象的表现。模拟可以用于真实实验无法实现或表现不清楚的教学中。当真实实验太昂贵或者是很难实现，或者是包含危险因素，此时，设计成模拟实验是特别合适的。教学模拟大体上有三种类型：任务执行模拟、系统模型模拟、经验／遭遇模拟。

任务执行模拟是帮助学生获得成功地完成一个特定任务的能力。这种模拟的一般目标是帮助学生增加完成任务的技能。

系统模型模拟用于帮助学生获得和理解有关系统的信息。这种模拟经常是面向过程而不是面向目标，最重要的是通过模拟让学生理解对模型系统的操作和变化过程，而不是达到系统中任何一个指定的目标。

经验/遭遇模拟经常用于给学生提供处理他们不熟悉的那些事件的想法和经验。在美国，有一个名为"俄勒冈小道"(oregon trail)的计算机模拟，它引导学生利用一辆隐蔽的旅游汽车，横跨19世纪早期的美国进行旅游，学生必须步行准备他们的旅游汽车、军火、燃料、衣服和个人用品等。他们开始对准备工作的选择，对后来的决定以及脱离基本路径后的遭遇都有重大的影响。

模拟能够提高学生的认知发展水平，并使他们在完成任务的过程中练习多种任务解决的方法。对于学习障碍儿童来说，模拟软件应该尽可能避免设置太多的规则，同时也不能分散学生太多的注意力，对学生已有的知识技能水平也不能要求过高。

（四）游戏

所谓游戏是指通过熟练地使用一套规则而成功达到目标的过程。玩游戏（即以不同的方式使用规则的过程）时，经常会给做游戏的人设置一种拼搏和解决问题的环境，游戏者受到刺激，并根据自己对获得最终胜利的期望而进行激烈拼搏。在许多方面，游戏与模拟相同，它们都给学习者展现一个过程，使学习者在过程中取得经验和技能。二者又有明显的不同，模拟不像游戏那样，给学习者提供一个强烈的刺激环境，它强调的是用日常的方式给学习者提供一个学习环境。教学游戏的游戏内容和过程要与教学目标一致。

在游戏中，学习者通过角色扮演来完成事先指定的任务，它要求学生自己做决策来决定每一步怎么办，因此游戏可以培养学生的逻辑思考能力，以及对全局的掌控能力。

三、教学原则

有一些研究者发现计算机辅助教学的效果并不那么理想，有的人甚至开始怀疑我们花那么多的时间、金钱和精力把计算机融入到教学中是否值得，他们认为计算机辅助学习的具体缺陷主要有：

● 有些教学软件的质量太差

- 这种教学方式使学生在课堂上过于忙碌，有时所学的知识与日常课程无关
- 计算机有时更像是"保姆"和"玩具"，而失去了教学的功能
- 课程的开发和系统的维护很繁琐

这些批判都有其合理性，但是我们也要承认如果具备高质量的教学软件和合理的课堂设计，那么计算机辅助教学的优势就会显现出来。成功的计算机辅助教学模式应该使学生在这种教学方式中受益最大。因此，有研究者认为教学软件必须达到如下要求 (Ariel, 1992)：

- 教学软件必须有明确的教学目标
- 教学软件必须与课程的范围和顺序一致
- 材料的呈现必须与技能的掌握顺序一致
- 材料呈现必须清晰、有足够的学习空间
- 学习软件必须允许学生根据自己的步伐进行学习
- 学习软件必须好操作，应用方便
- 学习软件应该能提供足够多的操作和练习
- 学习软件应该能为学生提供连续的反馈和强化

同时，美国特殊教育基本法《障碍者教育法》(IDEA) 规定了计算机辅助教学中的一些教学原则 (Langone, 1990)：

第一，教学软件首先应该服务于学生的需要和教学目标，要以此为出发点谨慎选择合适的学习软件。

- 计算机可以作为动力因素激发学生的学习兴趣，但不要仅仅把计算机当作休闲娱乐的工具或是对学生的奖励，而忽略了计算机在教学中的重要价值。
- 当学生们还处于知识的掌握阶段时，不适宜用操作和练习软件，它们不能替代教师教授学生一些基本的概念。
- 在知识的掌握阶段，可以利用计算机呈现教学材料。当学习新的材料时，指导软件可以给学生提供即时正确的反馈和强化。
- 当学生掌握了所学的知识，他们必须通过不断地应用来进行巩固，以达到熟练程度。此时，可以选择合适的操作和练习软件，这有助

于加速学生掌握所学知识。这类软件不适用于那些还没有充分掌握基础知识和技能的学生。

- 计算机辅助教学虽然可以帮助学生熟练掌握一些基本的技能和知识，但是，如果要把所学知识应用到日常生活中，老师最好要组织学生在真实的环境中进行。
- 模拟软件在特殊教育中应用广泛。一般来说，这种软件不是针对某一门特定课程，而是强调通过在实际解决问题的过程中来了解知识的应用过程。模拟可以为学生创造一种真实的生活情境，这是课堂中无法做到的。
- 在应用模拟软件时，教师要切记以下两点：第一，有些学生可能是通过猜想策略来完成任务，此时他们就不能从这种学习方式中获益，这就需要教师在旁边进行指导。通常，有轻度和中度学习障碍的学生不能自动获得问题解决技能。老师应该有步骤地对他们进行指导，强化正确的行为，并且指出有助于解决问题的相应的信息。

第二，在应用模拟软件学习时，有些学生通过小组合作学习会获益更大。团体之间的互动可以提高学生的社会技能和交流技能，并且学会通过团体成员之间的合作来解决问题。

- 虽然当学生应用学习软件时不需要教师在旁细心的指导，但是教师也要注意监控学生的表现。首先要确保学生理解了练习的内容，一般来说，当练习时的正确率在70%～90%时，就表明学生们已经理解了所学的知识。多数软件自身都带有记录系统，可以把学生练习时的表现记录下来，这样就有助于教师了解每个学生的练习情况。

第二节 学习障碍儿童的教学材料

一、注意力缺损多动障碍儿童的计算机教学

注意力缺损多动障碍儿童的典型特点就是多动、冲动，难以集中注意力，自我调控能力差。对于这样的儿童，计算机教学的优势主要体现在以

下三方面：
- 计算机允许儿童以自己的速度学习，有研究表明ADHD儿童以自己的速度进行学习效果最好
- 计算机可以提供连续强化，有研究者指出ADHD儿童在连续性强化下，学习效果要比间隔强化效果好，而传统教学一般是采用间隔强化的方式
- 计算机能以图形和色彩等吸引ADHD儿童的注意

但同时，在使用教学软件时我们也要注意一些负面影响因素：
- 图形、动画和色彩也可能使儿童分心，使他们不能注意到重要的部分
- 连续强化如果强度太大，可能会使儿童过于兴奋而分心
- 若儿童不熟练键盘的使用，也可能使其产生挫折感

奥地利的一名医生曾在1989年发明了一套计算机辅助治疗系统，称为REHACOM，主要是针对轻度障碍者部分脑功能失调的现象而设计的。其中就包括了训练注意力的软件。现举两例：

(1) 注意力和集中精神(attention & concentration)。主要训练注意力的基本要素：广度、转移能力和集中精神。训练的方式为视觉辨认，在计算机屏幕上有一组图片(3、6或9个)，其中有一张图片是和其他图片不一样的，学生的任务就是要找出这张特别的图片。该软件共有464张图片，难度则分为24个等级。

(2) 警觉性(vigilance)。训练维持注意力和警觉性。计算机屏幕上出现一条不断移动的输送带，输送带上有许多物件。学生的任务是，当他发现有的物件与标准物件(单独显示)不同时，需要按钮反应。该软件有15种难度，48种物件(每种物件有4种不同的变化)。

ADHD儿童不仅注意力不集中，而且常常出现认知加工的困难，由于中枢神经系统的反应抑制能力落后，使他们在加工听觉、视觉和计算等与学习有关的信息时，出现落后。但是通过视、听和计算方面能力的培养，可以有效地改善他们的认知能力。

二、阅读障碍儿童的计算机教学

阅读障碍者通常短时记忆差，在阅读、书写及概念形成等基本技能上需要较多的练习。计算机能毫不疲倦地提供练习活动以增强基本的学习技能，为其他方面的学习打下基础。大部分的阅读障碍儿童问题在于认字，他们必须花费时间与精力去猜单字的意思，因而占用其短时记忆，无法了解所阅读的内容。一个好的阅读者能迅速正确地认字，他们阅读非常的流利，常把数个字当成一个意义单位，并注重内容的了解。传统的教学方法在教授有阅读障碍的学生时，效果往往不太好。如果长此以往，将会影响学生的学习热情，降低他们的学习动机和自我效能感。在最初的教学阶段，激发学生对阅读的兴趣，增强学习语言的动机是非常重要的。计算机可维持学生的注意与兴趣，监视反应速率，测量及影响反应时间，并利用各种游戏引发学习动机。计算机还能够提供传统教学无法提供的认字流利性练习。

目前，国内外已经开发了大量有关阅读，拼写等方面的学习软件。它们的分类非常细致，从语音、拼写、到阅读理解都有大量的软件可供选择。在教学过程中，我们首先要了解学生已有的基础，才能选出适合他的学习软件。每个学生的情况都不尽相同，有的学生可能是拼写方面有问题，有的可能是阅读理解有问题，因此一定要根据学生们的实际需要结合教学目标进行选择。下面我们就分类来介绍一些学习软件：

1. 初级阅读

对于初级学习者来说，首先要教授的是基础知识。"阅读和我"（Talking Reading and Me）是为4到7岁儿童设计的学习软件（Lewis, 1993）。该软件一共包括了12个精心设计的学习活动，包括4个主题：预备，字母，语音，词汇，每个主题有三类活动。

(1) 预备：包括配对，辨别，分类三个学习活动。在配对中，一幅图画（如猫）会出现在屏幕上方，同时屏幕下方会出现4副图画（如椅子、狗、猫和苹果）。计算机会问学生："哪两个是一样的？"在辨别活动中，会有4个小丑出现在屏幕上，计算机会问："哪一个与其他三个是不同类的？"分类活动中，屏幕上会出现4幅图画（鼓、喇叭、小提琴、安全带），学生要辨认哪一个与其他三个是不同类的。如果学生没有作对，计算机会说"再试一次"，如果第二次学生还是做错了，计算机会呈现正确答案。

（2）字母：这一学习阶段，包括认识字母，给字母配对和排序三项活动。首先是认识字母，开始电脑会发出声音"A，apple"，然后屏幕上会出现大写A，小写a和一幅苹果的图画以及"apple"这个单词。儿童在电脑的指引下依次从A，B，C一直到把字母全部学会为止。第二个活动是字母的大小写配对，屏幕上首先会出现一个带有引擎的火车和两辆小汽车。第一辆汽车在火车上，在第二辆汽车上，有个小写的字母，当儿童能成功地从四个选项中把与之对应的大写字母选出来的时候，第二辆汽车上的小写字母就移到了第一辆汽车上，火车就开动了。第三项活动是排序。屏幕上会出现4只海豚，每只海豚都顶着一个球，上面写着一个字母，前三只海豚的字母是按顺序排列的，儿童的任务是从四个选项中为第四只海豚选出合适的字母。

（3）语音：在这一学习阶段包括选择首尾的辅音字母和选择单词三项活动。在选择辅音字母活动中，电脑首先会发出声音如"kite"（风筝），然后屏幕上会出现"ite"，儿童要从屏幕下方的四个选项中选出"k"。在选择单词活动中，电脑会选择一些符合发音规则的有韵律的单词，如cat（猫），让儿童根据单词的发音进行选择。

（4）单词：这一阶段的学习使儿童从前期准备阶段过渡到了真正的阅读阶段。在前两个活动中会有图画来辅助儿童进行学习，第三个活动就只有单词而没有图画。在第一个活动中，屏幕上会出现一个短句"The cat ran away from me."（那只猫从我身边跑走），其中"cat"这一单词被猫的图像代替，儿童的任务就是从四个选项中选出和图画对应的单词。在第二项活动中，"cat"这一单词加下划线，儿童的任务是从屏幕下方的4幅图画中，选出猫的图像。在第三项活动中，"cat"被抹掉了，也没有图画的辅助，儿童要从四个选项中选出合适的单词来完成短句。

2. 阅读理解

CREATE是一个由美国联邦政府提供基金、研究如何以计算机科技教授学习障碍学生的四年研究计划。有些学习障碍学生可能缺乏某些认知处理技能以致使得其阅读远远落后其智力水平之下。这个项目发展了一个软件来加强学习障碍儿童的知觉能力。经过每日一小时、共约 8 至 12 个小时的练习，其视觉辨认能力颇有进步。这不仅有助于其认字，更有助于提高阅读能力。他们还发明了另一套软件内含三个故事：①迷失的弟弟（在迪斯尼乐园找迷失的弟弟），②找寻幽灵船（海洋皇后号），③遗失的脚踏车。这些故事均附有很多问题，答对可获得奖金（计算机上的积分）。学生大多喜欢此类计算机软件。后测成绩显示他们的阅读理解能力有显著提高。

《谁要亚瑟》是由 Media Vision、Imagination Pilots 和 Taylor Associates 三个公司联手打造的阅读软件 (Morrison & Morrison, 1996)。这是一个普通小黄狗的故事。小黄狗发现自己因为无人收养而被困在宠物店里。于是，为了吸引来宠物店的顾客，它学会像蛇、兔子、鱼、鸟以及许多其他能找到家的动物那样行事。最终，它放弃了这些努力，回到原先的它——一只普通小黄狗的本来面目。正在这时，一个小女孩来买一只普通的小黄狗，于是亚瑟找到了家。

进入《谁要亚瑟》的第一步是注册，键入你的名字，不久它就能单独同你进行交流。屏幕上首先允许你浏览一遍或进入主菜单。导游性的浏览让你能快速地通览《谁要亚瑟》，并对它的功能和行动有所了解。

结束浏览后，便可进入主菜单。由主菜单可以进入游戏的任何一个部分，或者重复已经阅读过的部分章节。弹出式菜单方便孩子们选择适当的选项。主菜单提供四种不同的选择："看与听"，"跟我读"，"想想故事"和"自己读"。当选好选项后，一个名叫布卢派的小狗就开车来到被选项。"看与听"部分在没有任何文本显示的情况下让你阅读概述。画面随着背景音乐及故事叙述者的声音一起显示出来。在"跟我读"部分，有人给你讲故事，同时你也可以看到屏幕上的故事内容。"想想故事"部分以交互式方式帮助孩子们抓住故事的思想并且解释不熟悉的术语。最后，"自己读"部分，让孩子们阅读故事全文，单击不了解的任何单词都能获得满意的解释。

在"看与听"方式下，你可以坐着看和听故事，并浏览显示在屏幕上的彩色画面。当你使用文本屏幕时，就像在其他三个部分中一样，屏幕画面的颜色会稍微褪色而文本内容会出现在屏幕上端，随着旁白的开始，文本内容就会自动放大以帮助孩子们集中注意力。在"跟我读"部分，旁白缓慢而清晰，以方便孩子跟着一起朗读。

在"思考部分"，你会被问及故事的各个方面的内容。故事被显示和读出来，然而，一些单词被漏掉了，你必须从三个词汇中选出漏掉的单词，这有助于词汇辨别以及词义理解。如果你选错了单词，旁白会提示性地指出为什么你选的单词是错误的。

《谁要亚瑟》还为家长提供了管理功能。管理屏幕上可以显示出孩子们不断进步的信息。家长可以看到孩子已经完成的部分以及他们在每课中选对的和选错的单词。同时，他们还为家长提供了操作手册，提醒家长们注意哪些事该做，哪些事不该做。

三、数学学习障碍的教学

针对数学学习障碍的学习软件非常多，分类也很细致，有的是培养初级阶段的数学知识，有的是培养计算能力，有的是培养日常的一些算数知识，如关于钱、时间、测量等方面的知识。从20世纪80年代开始，对于数学障碍者的教学已经越来越强调情境化，重视教授学生一些实用性技能。施瓦兹（Schwartz）和布德（Budd）将实用数学定义为"可以在假期、消费、社会、娱乐以及家政中应用的数学知识。"

1. 初级阶段的学习软件

《米勒的数学迷宫》是BLT公司专门为3到6岁的儿童设计的，将集中式学习和分散式学习相结合。在集中式学习中，孩子们要学习一些基本技能，或者经历一些锻炼他们自己的过程；在分散式学习中，孩子们做他们想做的事。

游戏中，米勒是一头奶牛，当你移动屏幕上的光标时，米勒的眼睛就跟着光标移动。如果你点击它一下，它就会告诉你，它叫米勒，它请你到它的数学迷宫中去玩。在游戏中有一项叫作"拼臭虫"。在这项游戏中，孩子们将学习数量的概念，并且用它来描述事物的某些特征。在"拼臭虫"游戏中要用臭虫身体的各个部分组成一只臭虫，可以拿许多部分在屏幕上移动、增减数量、拼凑。这种构造活动很受儿童欢迎。当选择了一个数字时，计算机就会读出来（例如："四"），而当选择身体上某一部分时，机器同时读出数字和这个部分的名字（例如："四只眼睛"）。该游戏给孩子充分的自由来学习词汇而不是通过填鸭式的方法整体做练习。

游戏的另一个方面是能让孩子学习事物的大、中、小的属性，以及如何使用这些属性来识别事物。游戏设有三个个子高矮不一的人，同时有三种尺码大小不一的鞋子，要给这三个人分别配上合适的鞋子。首先，如果给某个人的鞋子不太合适，他就会做出一种滑稽的表情。接着，这个人还会告诉你他想要什么样的鞋子，他还会提醒你"这双鞋太小了"，同时露出一副失望的表情。

2. 培养计算能力的学习软件

"New Match Blaster Plus!"（新突破数学）是一个练习软件，该学习软件主要包括4个主题：基本运算（加、减、乘、除）、分数、小数和百分数。其中每个主题下又区分了不同的难度等级，供各种水平的学生进行选择练习。

第一个学习活动叫作"火箭发射"（Rocket Launcher），在这里儿童学习一些基本的数学知识（如2+3-5）。第二项活动叫作"消灭垃圾"（Trash Zapper），儿童要完成一些简单的运算，如18+_____=20。第三项活动叫作"回收者"（Recycler），儿童的任务是判读正误。活动四叫作"突破数学"（Math Blaster），在这个活动中儿童主要是解决一项实际的任务，而且只可以尝试一次。

这个练习软件最大的亮点就是教师可以随意加入自己认为需要的内容，把教学目的和练习充分地结合起来。

本章主要概念

计算机辅助教育：是指教师将计算机作为教学媒体和课堂管理工具，学生通过与计算机的交互作用进行学习的一种教学形式。

警觉性：是指维持一个灵敏状态以接收信息的传入，它是与警戒或唤醒紧密相连的一种注意形式，是注意的基本成分。

本章思考题
1. 什么是计算机辅助教学？
2. 计算机辅助教学有哪些教学模式？这些模式各自的特点是什么？
3. 计算机辅助教学对学习障碍儿童有哪些作用？
4. 教师在应用计算机教学过程中应遵循哪些原则？
5. 针对不同的学习障碍儿童，有哪些适合他们的教学材料？

参 考 文 献

杨坤堂. 学习障碍教材. 台北：五南图书出版公司，2000.

麦克. 莫里森，珊蒂. 莫里森. 多媒体电脑教育综艺大观（史福元，史亚炜译）. 北京：机械工业出版社，1996.

Abraham Ariel. Education of children and adolescents with learning disabilities. NY：Macmillan publishing company，1992.

John Langone. Teaching students with mild and moderate learning problems. Boston：Allyn and Bacon，1990.

Rena B. Lewis. Special education technology classroom applications. California：Brooks/cole publishing company，1993.

附录一
学习障碍儿童也能走向成功

乔纳森的故事

乔纳森是美国著名作家，他毕业于美国常春藤名校布朗大学，主修英国文学和教育。上学时平均成绩 4.0 分，是全班第一名。他 21 岁时开始整理个人成长经验与对教育的看法，写出了畅销书《在界限之外学习》，现正热卖到第八版，他的第二本著作也即将出版。

可谁会想到乔纳森曾经是一个患有 ADHD 兼阅读障碍的学生呢？他的拼写能力只有小学 3 年级程度，阅读能力相当于 7 年级或 8 年级学生。打从一进小学的那一天起，他的噩梦就开始了。对他来说，黑板上的字在大脑中流动但总是抓不住。老师反复提醒他，上课要专心，但是他坐在椅子上时间只要超过 5 秒钟，全身就会扭动；超过 30 秒钟，就开始打闹；超过 5 分钟，他的心像火箭一样飞向外太空，他的脚会举向头顶，接着砰的一声，连人带椅子摔倒在地。在学校，他待在教室走廊和校长室的时间比在上课时间还多。

乔纳森总觉得，学校这么大却没有自己的容身之处。放学后，老师常常把他妈妈叫来，数落着他今天的所作所为。回到家，爸爸总是大声对他吼："你为什么不用功？"从老师、同学和父亲口中，他慢慢觉得，自己永远是一个又笨又懒惰的小孩。但是，妈妈理解他，从不言放弃。每周五的拼写考试是乔纳森的最痛苦的时刻。即使事先知道要考什么字，妈妈使出浑身解数来教他，星期一认字卡，星期二拼字母积木，星期三用舞蹈动作来记字母，星期四沙地盘写字，但是，到了星期五，他还是考不及格。经过一年努力，上了二年级，乔纳森的拼写成绩依然没有任何起色，拼写依然困难重重。妈妈决定，把星期五的拼写考试日改成动物园日，每逢星期五，不再让他上学，而是带他去动物园，玩上一整天。只有在动物园日，乔纳森才觉得自己不是一个失败的人。小学三年级，罗柏森老师的出现，改变了乔纳森的命运。乔纳森记得，罗柏森老师走近自己，问了两个关键性的问题。罗柏森老师问："你好吗？"乔纳森说："嗯！还好，但我不怎么喜欢上学。"罗柏森老师再问："那你喜欢什么？"乔纳森说："我喜欢读故事，但我不会拼读和写字。"罗柏森老师说："那就把拼读丢掉吧！"乔纳森的拼写课终于停止了。

一个月后，罗柏森老师和乔纳森又重新开始练习拼读和拼写，并建议他去专门机构去做评估。诊断结果为，乔纳森患有ADHD兼阅读障碍。听到这个消息，他如释重负，想到自己真的不是一个坏孩子。医生建议他服用相关药物，但是，他的父母拒绝了医生的建议。

四、五年级时，罗柏森老师离开，乔纳森的学习成绩又开始下滑。六年级时，12岁的乔纳森辍学一年。

有一天，父亲带着辍学的乔纳森去看棒球赛。乔纳森担心，父亲会像以往一样严厉地责骂他不去上学，出乎他意料的是，父亲深情地对他说："孩子，不管你有没有去上学，我都一如既往地爱你，因为你是我在这个世界上最爱的人"。乔纳森听了之后，心中深受感动，隔了一天后，他决定重返学校，继续中断的课业。

高中阶段，学校的学习方式有了变化。学习变得更加灵活了，如提供听助读的读物，磁带书，用口头报告来代替书面报告。这使得乔纳森可以凭借听、说能力来进行学习，他的成绩开始突飞猛进。高中毕业，他顺利考入布朗大学。

进了大学后，学校有更多科技手段和教具来帮助乔纳森的学习。不但有磁带书,还有口译计算机软件,只要对着计算机说话,即可转换成文字。而且,考试方式也更具有灵活性和弹性,他可以要求考试时与同学隔离,以免分心;考试时间也可以延长,甚至要求完全没有时间限制的考试。

乔纳森凭着优异的学习成绩,赢得了多项奖学金。他还在布朗大学创办了"眼睛对眼睛"计划,召集 ADHD 兼阅读障碍的大学生,安排他们去帮助 ADHD 兼阅读障碍的小学生,进行一对一的辅导,分享彼此的成长经验。在美国,这个计划扩展到许多州,参与人数约有五六百人。

在美国,和乔纳森一样患有 ADHD 儿童有上百万人,从小学到大学博士班都有。教育机构规定,学校必须为这些特殊学生提供适合的教材、教具、教学方式和考试方式,否则家长可以对学校提出起诉。

现在,不专心、多动症状还是不是令乔纳森困扰的问题呢?他回答说,既是又不是。"我当然比以前更加专心,而且更有能力改变环境,使之来配合我的学习与工作。但最重要的是,我生来就和其他人不同,我就是我自己。人类的所有创新和发明,不都是来自这种与众不同的特性吗?我以这样的独特性为骄傲。

学习障碍并成功着的世界名人

从古到今,许多名人被后来的医生认为患有学习障碍,但是,他们凭着自己的努力及周围人的帮助,成为世界知名人物,为人类的发展做出了巨大的贡献。一个人只要相信自己、以积极的态度去面对挑战,不轻易放弃,就一定有机会开创出属于自己的一片天地。

安徒生的求学经历就充满了坎坷。小时候,他的学习非常吃力,常常被留级。他 17 岁的时候还在上着小学六年级,班上的同学几乎都小他 6、7 岁,直到中学毕业,他也没有拿到高中的文凭。但是,安徒生从未放弃努力,他请了家庭教师来辅导,通过自学考试拿了大学文凭。虽然后人在他的手稿中发现许多拼音及语法上的错误,但他的作品充满了创造力,其童话成为全世界的财富。

爱因斯坦是有史以来最伟大的物理学家之一，发现了相对论，改变了人们对宇宙的看法。可谁会想到，他小时候是一个学习障碍儿童。4 岁时他还不会说话，9 岁时，还没学会阅读。爱因斯坦小时候的成绩非常糟糕，他的父亲在给朋友的信上写着："他中学的学业并没有完全符合我的希望和预期。一直以来，我已经习惯他的成绩总是不太好这一事实。"爱因斯坦的儿子汉斯提到他的父亲时说："他告诉我他的老师对他的评语是：智力迟钝、不擅社交，永远在自己愚蠢的白日梦中游荡。"

温菲尔德是美国一位商人，从 1879 年开始，他成功地建立了全国 5 美分和 10 美分钱连锁店。21 岁时，他在一家商店打工，但是商店的老板却不让他直接接触客人，因为他"太笨了"。他经常说话不经思索，言谈举止非常冲动，非常符合注意力障碍的行为特征。但是，人们不得不承认，这一点并没有阻止他成为世界上最富有的人。

卡什是美国商界巨子，曾创办 J·C·彭尼连锁店，并率先实行员工分红制度。他做事很容易分心，注意范围很窄。但是当他从事感兴趣的事情的时候，他就可以高度集中。57 岁时，他被认为是"疯子"而被关进了精神病院，当时，他已经拥有 600 万美元的财富。到了 92 岁他去世的时候，他的财产又增长了无数，成为亿万富翁。注意力缺陷在这个辉煌面前简直可以忽略不计。

列夫·托尔斯泰是举世闻名的苏联小说家和文学家，他的代表作《战争与和平》《安娜·卡列林娜》享誉全世界。他有极强的想象力和对人类的同情心，可以近乎完美地描写人们经历爱、恐惧、仇恨时的心理体验。可这个世界顶级的大文豪却因为考试不及格而被迫从大学退学。他的行为组织性特别差，并且很难在一个主题上保持长时间的注意力。

马克西米连·冯是世界著名的德裔美籍火箭工程师和物理学家。他任美国第一颗人造卫星挑战者Ⅰ号的总设计师。但是，他上学时数学却学不好，他在某些方面很有才华，甚至是极有天赋，但在乘除法的简单计算上却困难重重。幸运的是，他的母亲并没有失去信心，总是尽其所能的帮助他，终于使他渡过难关，走向成功。

著名音乐家莫扎特小时候是一个典型的注意力缺损多动障碍儿童。他学习时总是没有耐心，行为冲动，情绪控制不成熟，容易分心。但是，他精力旺盛，富有创造性，总是独树一帜。美国精神病学教授哈利维尔评价莫扎特的作品时说："作品的结构忠实地表达了ADHD儿童特有的思维方式，跳跃、飘浮不定。实际上，这正是他作品的独特性。ADHD儿童经常具有巨大的潜力，一旦被开发出来，力量无限。"

美国著名神经学专家威廉因其对大脑和脑垂体的研究而闻名于世。后来，他所著的《奥斯勒传记》而获得美国新闻类最高奖——普利策大奖。而他小时候是一个阅读障碍儿童，直到博士阶段的学习，他依然具有拼写障碍，不得不让别人代他书写博士论文，尽管研究工作是他自己的。每当写作时，他的拼写总是错误，写出来的都是一些自造的词汇。写的东西也颠三倒四。

保罗是德国著名的细菌学家，因在免疫方面的发现和成就而获得1908年度诺贝尔奖。但是，他患有学习障碍，连预科班都没毕业，更别说大学了。他小时候在拼写方面有很大困难，曾被诊断为严重的阅读障碍。

巴斯德是法国历史上著名的化学家和生物学家，创立了现代微生物学，在微生物学和免疫学成就非凡，发明了巴氏杀菌法，并且改进了炭疽、狂犬病和禽霍乱的疫苗，他的发明挽救了上亿条生命。他上学的时候表现平平，计划性和组织性很差，但这些都不妨碍他成为最伟大的生物学家。

巴克利·莫兹是美国著名的一位艺术家。上学时，她被认为多动、注意力分散，学习效率低下，学习速度很慢，是个笨孩子。整个学生时代，她赢得的唯一的称赞是她的绘画。经过努力，她目前已经是在全世界享有盛名的画家，经常通过捐赠她的画来支持美国的学习障碍协会和ADHD协会。

杰伊·利诺是美国著名的一位戏剧演员，他在口头表达上很有天赋，可是书面语言却不行。他被诊断为阅读障碍，阅读和拼写对于他都是一件困难的事情。但是，他的表演天赋使他在《今晚秀》节目中获得了极大的成功。

爱德华·哈利维尔是美国哈佛大学医学院著名精神病专业的教授，专门研究注意力障碍和学习障碍。但他小时候，患有严重的注意力缺损多动障碍，学习成绩落后。他说他有时可以像林肯一样进行出色地演讲，有时又像小孩一样笨拙。

汤姆·克鲁斯是家喻户晓的美国好莱坞影星,他从小就被 ADHD 的症状所困扰,据他本人回忆,从 7 岁起他便发现自己有阅读困难,不管他如何专心、用功,读了之后脑中仍然一片空白,他曾经为此感到焦虑、难过、恐惧。在 18 岁以前,他曾经换了 15 所学校,高中毕业时没有拿到文凭,同学们都歧视他,认为他是一个不认识字的文盲。刚开始试镜时,他曾为读不懂剧本而困扰,后来他通过与导演或制作人聊天来了解他们对角色的观点。汤姆·克鲁斯现任好莱坞非营利机构"教育与阅读写作基金会"的董事。他希望帮助每个学习上有困难的孩子,让他们会读、会写、有能力解决碰到的所有问题,不要重走他走过的弯路。

杰克·斯图尔特是美国出色的修理工。直到今天他还是不能背诵字母表,是个文盲。但在汽车修理和故障诊断领域,他非常有名气。他负责检查汽车的新轮胎,建议设计师从哪些方面做出改变。他为自己不识字感到遗憾,但是他还是找到了令他成功的行业。

三毛是中国台湾著名作家,上高中时数学成绩开始落后,听不懂老师所讲的内容,经常受到父亲的责骂,父亲认为三毛的姐姐数学成绩好,考上了名牌大学,抱怨三毛成绩不好,赌气之下,三毛离家出走,来到了非洲的撒哈拉沙漠,凭借写作的小说,一举成名。

琼瑶上初中时数学开始落后,上课不能长时间集中注意力听讲,发展到辍学,在社会上漂泊。30 岁之后,在丈夫的引导下从事写作,写出了《几度夕阳红》等脍炙人口的文学作品。

著名学者钱钟书考清华大学时,数学成绩只有 16 分,但文科学习成绩极为突出,具有天赋,尤其是记忆力惊人地出色,读书一目十行,而且学过之后倒背如流,在社会科学院,其博学强记,无人能比。

成功者的启示

学习障碍者只是听说读写或注意力集中方面有一定的困难,在需要组织和计划的活动上表现落后,但其他方面并没有出现困难。他们可能在某些能力方面，甚至是对于成功很重要的能力上，表现超常。所以，他们的成功并不令人意外。一位人力资源专家曾经说过，所谓人才就是将自己的长处发挥到极致，并产生社会效益。人才是各种各样的，成功也表现在各个领域，所以，除了学习能力和注意力专注外，人还有各种能力可以对获取成功有所助益。听说读写和注意力集中这个优点和长处，与学校的学习成绩和表现有较高的相关，但毕业之后工作中的表现可能需要更加综合的能力。在工作中，人的主动性、创造性、特殊的才能可能与成就有直接的关系，而学习能力的作用则大大减少。从上述成功的名人身上，我们可以得到如下启示：

(1) 在教育学习障碍儿童的过程中，一定要扬长避短，要善于发现孩子的长处并帮助其加以发扬。这一点看似容易，但要真正做到并不轻松。因为成年人总是容易看到孩子在中小学阶段与同年龄人相比的学习表现和学校行为表现，而这恰恰是显露学习障碍儿童缺陷的方面。相对于听说读写和注意力而言，孩子的其他能力，如绘画、音乐和运动才能或经商的才能，在学校的学习适应中并不具有重要作用，他们的价值可能在将来的工作和职业生涯中才能表现出来，所以，教育者必须从长远和非功利的角度才能发现这些才能的价值。此外，教育者（家长）若要发现这些才能，还必须有强烈的安全感。在一个升学竞争激烈的社会，教育者通常缺少安全感，认为孩子即使上大学还不一定有好工作，何况学习成绩不佳，纪律性差，考不上理想的大学。一些家长往往觉得真正的才能是远水解不了近渴，只有与学习成绩有关的才能才是真正有用的才能。但问题是孩子在学习上只是铁不是钢，你恨铁不成钢也没有用，你只能接纳孩子学习上的不利之处，而发掘他身上的一些出色之处。

有一个 ADHD 孩子小学初中只知道玩，无法集中精力于学习，上初中后又迷恋上网络游戏，不听任何劝阻。母亲因此愁得大病一场，父亲头发变得花白。孩子没有考上高中，天天沉迷于电子游戏，直到 20 岁以后，孩子不再想玩了，也许是懂事了，也许是玩够了，他开始找工作。一家游戏软件公司的老板相中了此人的游戏才华，聘用他为销售部门经理。由于这个孩子善于与顾客交流，对于游戏十分精通，怀着热情销售游戏软件，所以生意做得很好,老板提拔他为销售总监,公司副总经理。现在,这个中小学时期的"差生"精力充沛地工作着,一点也不比昔日的学习优秀生差。

面对学习困难、注意力不集中、组织性差的儿童,我们要经常问这样的问题,我的孩子什么方面有特长?除了学习外,他将来做什么更适合?他现在的能力特点适合什么方式的学习和什么科目的学习?如果学习上竞争不过别人,那么他有可能竞争过别人的地方是什么?他的哪些才能比一般人强?

(2) 从发展的角度看问题。我们作为成年人经常看到,小学时一个显得较为愚笨的同学,没有人瞧得起,但是,过了几十年长大后,这个人好像变了一个人似的,非常有出息。小时候的淘气包变成了一个稳重的经理,而小时候非常乖的学生,大学毕业后可能得了精神病。这就是发展的力量。人的命运不可预测,人的潜能无限。所谓发展是指一个人潜能随着环境的变化会得到不断的利用和开发,一个交际能力强在孩子的小学学习阶段非但不会被视为一种优势,反而会被认为是油嘴滑舌,但若他长大后到保险公司做推销员,这个才华便得到了利用,显现出极大的价值。而中小学记忆力好、学习成绩突出的学生,长大后从事保险推销工作可能就非常不适应,面对挫折,他的良好的记忆力不仅不是优势,反而是劣势。他会整天反省自己的失误和被拒绝的情形,变得闷闷不乐。所以,面对一个不听话的孩子,我们要想得远一些,看得远一些,乐观地面对孩子的未来。相信发展,相信孩子,也许在与孩子的注意力不集中做斗争方面进展不大,但可以开发孩子的潜能,培养孩子的乐观与吃苦精神,与孩子一道分享快乐时光。

(3) 永远不言放弃。教育孩子是一个长远的事业,可能是天下付出最多但得到最少的工作。所以,教育者要把教育孩子当作一种享受,成功的学习障碍儿童身后无一不有一个耐心的、无功利的教育者,一个有爱心的抚养人。这个抚养人也许并不是专家,但他一定热爱孩子、信任孩子。正是这种信任、宽容与爱给他以力量,面对无数次的挫折和失败,他能始终如一地开导和教育孩子。这种精神一定是重过程而不是重结果的。一个重结果,想要自己的教育立即得到回报的教育者,面对屡教不改的孩子可能会很快变得失望、气馁。只有一个善于分享与孩子一道学习的时光、一个对孩子本身感兴趣的人，才会具备如此的信心和耐心。

永不言放弃是一种信念和精神的力量，近乎宗教的虔诚。它是把孩子的成长和未来看得比荣誉更加重要的勇气，更是一种牺牲精神。不放弃并不是指不达目的不罢休和人定胜天的执着，而是对孩子的责任和承诺。也许你的努力就是没有结果，也许你的注意力不集中的孩子就是不听话，但你的态度并不因此而改变，你并不因为他的行为而改变自己的执着。你只是觉得，教育孩子是作为父母应当做的，陪伴孩子、努力付出是无悔的选择。你甚至在明知道没什么结果的情况下，仍然一如既往地爱着自己的孩子、仍然为改变他的行为不懈努力。这种无私的爱才是最为重要的。

孩子将来是否取得事业成功不是教育者能够掌控的，但能否给孩子爱、是否给孩子创造最好的学习环境是教育者能够掌控的。教育者能做的是给孩子创造一切可能的条件，让孩子注意力更集中一些、学习效率更高一些，但这些条件具备了，孩子能否取得学业和工作的成功仍然依赖于其他的条件。家长能帮助孩子做到的是，遇到机会时不因为自己的努力和能力不够而错失良机。

每个成功都是不一样的，成功不能重复，更不能复制。学习障碍儿童的家长要理解成功的丰富性和多元性，针对孩子的特殊性进行教育。记住，每个孩子都是唯一的，是不可取代的，他就是他自己，他的独特性就是教育的全部内容。

附录二
对一个阅读障碍儿童的评估报告

前　言

　　从第一次在雷锋小学见到王某到现在，已经过去两个多月了。在此期间，我们先后对王某本人、他的家长和老师进行了访谈，了解了关于他的一些基本情况。在此基础上，我们进行了一系列的评估，现在对王某的问题已经有了更深入的了解。

　　我们先后对王某施测了韦氏儿童智力测验、识字量测验、本德－格式塔视动统合测验、童话故事测验（FTT）、画图测验以及几个自编的小测验。通过对这些测验的分析，结合我们对王某的观察和了解，发现：王某总体智商偏低，记忆、注意力有明显缺陷，同时在系列化、视觉组织等方面也存在一定的问题，相对自身的其他能力而言，言语概括和抽象思维水平等方面较好。究其原因可能是因为早期教育缺乏、阅读量少、知识积累不够以及父母教育方法不当。

　　我们深入分析了这些原因并针对王某的问题向老师、家长提出了一些建议，期望能有助于王某问题的改善，使他更好地成长。

1. 王某基本情况介绍

  姓　　名：王某
  性　　别：男
  民　　族：汉
  出生日期：1994 年 3 月 8 日
  父母职业：私人公司老板
  父母学历：父亲　大专　　母亲　高中
  学校与所在班级：北京市雷锋小学三年级二班

1.1 我们眼中的王某

  王某给人的第一印象很普通，没什么特别。个子偏高，较瘦，背有点驼，衣着不甚整洁。能够比较自然地与我们交谈，对于我们的问题能够明确做出回答。对于他现在的问题，他自己也毫不讳言，这是我们没有想到的。性格不算内向，与我们很快就建立了较好的朋友关系，因此我们最初甚至觉得他并没有什么太大的问题。但王某回答问题时，明显有语句不连贯，用词贫乏，表达缓慢等不良表现。

  就我们对他上课行为的观察，发现他上课不积极，基本上不举手回答问题，好像对老师说的话比较淡漠，没有投入到课堂中去。对老师呈现的新奇教具兴趣也不大。课前准备不足，在老师布置作业时才慌慌张张地找课本。完成课堂作业也比其他同学慢。当大多数同学都已经做好时，他仍在继续。而且在作业过程中不断地玩橡皮擦。

  更进一步与其接触会发现，生活中的他是个活泼好动的孩子，可能是因为经常被家长带出去应酬，较同龄孩子要早熟。但是从另一方面来看，也可以认为他是一个懂事的、关心他人的孩子，比如说他记得我们每个人的籍贯，在吃饭的时候会提醒父母照顾我们的口味。并且我们还看到，他小小年纪就对朋友很讲义气。

1.2 王某眼中的自己

在成绩方面，王某对自己的成绩有正确认识，觉得只能算中下，每科都不太好。但是认为自己是聪明的，比其他同学脑子反应快，成绩不好的主要原因是上课容易走神，注意力不集中，考试时候又马虎，会做的题目也会错。对于老师教授的内容，承认只要注意听都可以听懂。喜欢那些有意思又有一定难度的题目，特别是自己会做别的同学不会做的题目。他说难的考试得分反而会高，考试越简单分数一般会越低。说自己常会看错运算符号，比如将 $1+1$ 看作 1×1。

在与老师、同学关系方面，王某觉得老师不是很喜欢自己，因为自己的行为表现不是特别好。并且认为自己犯错误时，老师的处理方式——说教没有多大效果。与同学的关系不错，有三个最好的朋友，和别的同学也能玩在一起。

在对自己的行为评价方面，也承认"慢"是自己最大的毛病，无论做什么事，速度都太慢，比如说他讲到，别的同学写一个小时的作业，自己有时候要写三～四个小时。还有自理能力有问题，东西摆放不整齐，经常找不到铅笔，所以会出现需要用笔而找不到笔的情况。虽然在听课时经常注意力不集中，可在打游戏时却不会这样，如果别人不干涉，可以一直玩下去。

在对自己做整体评价时，认为自己的优点有：关心别人、心肠好、爱劳动、有礼貌、体育好（比如踢足球）。

另外他还提到，自己最喜欢的是打游戏，认为那些杀人游戏挺好玩的，并不血腥。

1.3 父母眼中的王某

王某是足月顺产，但是小时候身体较弱，大病没有，小病不断，比如说感冒。因为父母做生意，没有时间照顾他的缘故，他之前都是在哈尔滨老家。4岁前由姥姥抚养，5－8岁时跟在爷爷奶奶身边，一年级下学期，也就是8岁的时候才来北京与父母住。在老家时，老人很疼爱他，尤其是姥姥，凡事都替他做好了，甚至会喂他吃饭，这个习惯现在偶尔还会出现。上小学后，作业完成什么的也是在奶奶的一再督促下进行的。

王某的成绩在老家时较好，参加学校的数学竞赛也获得过名次。来北京后顺利通过了雷锋小学的入学考试，没有降级。但是在学校的成绩不如从前，父母认为只能算是中上，他们认为这不是因为王某不适应学校，而是因为王某没有养成良好的学习习惯，现在又没有人来督促。他们认为，如果对王某严格要求，他也能够达优。事实上，王某爸爸对他的要求是打好基础，"跟得上就行"，妈妈虽然希望王某可以更好一些，并且也买了一些课外习题让王某做，但是由于多种原因，这些习题完成情况很差，基本上王某没有做过。总的来说，父母在考试这一问题上没有给过王某压力，即使成绩不好，也不会打他。爸爸着急时可能会吼一两句，说一些气话，比如说"孩子就这样了""以后再也不管了"等等；妈妈多半是伤心掉眼泪或者苦口婆心地讲道理。对于他的成绩，父母较一致的想法是，希望随着王某年龄的增长，他会懂事，成绩也会有所提高。有时为了激励王某好好学习，会做出物质方面的承诺，比如数学、语文都考优的话就给买游戏机什么的。

在王某的教育问题上，因为父母做生意很忙，辅导不是很多，爸爸几乎是不管王某的学习，只在周末时陪着王某玩，用钱满足王某的一些物质要求，比如说买日本动画的全套DVD等。妈妈有时会辅导王某的数学、作文什么的。特别是作文，会给予一些条理方面的帮助，否则，据他妈妈讲，作文会很差。家长也常给王某买书，只是许多书王某不愿意读，这些书的共同特点是文字占大部分，王某喜欢看的是漫画类的书，比如《七龙珠》。为了看这些漫画书，王某有时候晚上在被窝里用手电看，也会带到学校与同学交流。节假日时，父母一般会带王某出去玩，看看北京的名胜古迹，有时也会在家里看一些外国的电影，所谓的"大片"（据我们观察，这些片子里有较多暴力场面，不是特别适合该年龄段的儿童）。

与王某的沟通上，妈妈经常与王某交流，但感觉不能交心，虽然与父亲言语交流不多，可感情很好，但同样存在不能交心的问题。而且王某有时候会违抗母亲，与妈妈顶嘴什么的，或者消极对待妈妈的要求。妈妈认为王某只听爸爸的话。

父母认为，目前王某存在的两大问题是：一是学习、生活习惯差。突出体现在一个"慢"上，平日里不仅早晨起床、洗漱慢（往往要用到40分钟左右），写作业更慢，写作业过程中很容易被分心。有时做作业要到半夜12点后。还有自理能力差，书包、卧室很乱，即使父母反复督促，也不去收拾，还经常丢失笔和书什么的。二是语文能力差，不爱阅读，叙事能力差，这点在写作文时尤为突出。家长认为前一个毛病的形成是因为从小被亲人包办所致。

父母对王某性格的评价是：重感情，爱帮助人，介于内、外向之间，爸爸认为王某不够刚强，有些软弱，但有主见。对王某的期望是，克服慢的毛病，增强自理能力，同时把学习成绩提高上去。

1.4 老师眼中的王某

语文老师是班主任，与数学老师一起接受了访谈。两位老师一致认为王某是一个很聪明的小孩，但是很懒，学习上不够努力，所以导致成绩不稳定。但是两位老师都坚持认为只要王某用心学习就一定没有问题，因为其智商水平是正常的（这与我们的测验结果是不一致的——在后文中说明）。据老师说，王某这两科学习成绩都属于中等偏下水平，这与家长访谈时，家长所说情况是不一致的，这说明了家长并不是真的很了解王某在学校中的表现。

在访谈中，老师认为王某的学习成绩不好的主要原因是性格所导致的，因为家长包办了很多事情，导致了王某的懒惰行为，这种懒惰思想让王某在学习上不够努力。另外一个原因是王某的习惯不好。做事情拖拉，不利索。而且对学习没有兴趣，好像任何事情都不能引起他的积极性。而且，在语文听写时，动作很慢。对于平时的学习和作业，都是应付了事，不认真完成。平时在学校中，王某即使是闲着也不愿意写作业。

两位老师都认为王某的智力没有问题，虽然不是很活跃，但应该是属于聪明的那种小孩子。语文老师认为王某的聪明表现在他在回答题目时，一些比较复杂的需要表达的问题解决得比较好，做阅读时，有时也可以做得比较好。但是字词这样的基础知识掌握就比较差,作文不好,因为在作文中错别字多,语句也不通顺。但是王某的字写得不错,特别是在认真写的时候,是写得比较好的。数学老师也认为,王某在一些比较难的问题上的解决能力是比较强的,有时候,班上大多数同学都不能解决的题目,他却可以解决。但是这并不是说某的数学成绩会比较好,相反的,由于王某的计算能力比较差,口算以及笔算分数一般都会很低,有时很粗心,常常会把符号或者是数字看错。

两位老师还分别描述了她们眼中的王某的性格。她们都认为王某是一个比较内向的、慢性子的人。平时生活或者学习时,不善与人沟通,很少说话。但是与此相对照的是,王某是一个很有主见的小孩,心中有自己的一套价值体系。王某比较怕他爸爸。人际关系还不错,但是没有特别交心的朋友,与同学之间的相处比较融洽,没有太大的冲突,也可以在一起玩。王某最主要的不良学习习惯是注意力不集中,上课总是爱做小动作。

老师说,王某很少违反纪律,其主要的问题在于写不完作业,而且"放学后留下"这样的惩罚对他基本上没有太大的作用,因为他已经习惯了,即使老师把他留下,也不会有任何的改变,这与前文讲到的王某对自己的看法是一致的。对其拖拉的问题,老师常常提醒他,但是效果也是一样不明显。而且在老师说他的时候,基本上是面无表情,从表面上看,是一点也不难过的,从来都不会因为受到批评或惩罚而哭泣。

总之,老师认为王某是一个聪明的孩子,但是她妈妈比较宠他,会屈服于他,生活中自理能力不好。很多事情如果他不做,她妈妈就会帮忙他做。但是家长对他的要求比较低,虽然王某成绩比较差,但是好像家长从来都不打他。所以造成了王某现在的性格。老师认为他现在需要解决的问题是:学习积极性问题以及动作慢和拖拉的问题。

1.5 小结

综合以上四方面的信息,我们推测王某是一个比较粗心、上课注意力不太集中、完成作业效率比较低的孩子。这可能在注意力方面存在缺陷,但还需要进一步的评估。另一方面,老师、家长都反映王某很聪明,但他的学习成绩较差也是一个不争的事实，这可能是由于他的一些不好的行为习惯影响了学习成绩，或者是所表现出的反应灵敏等并不能代表智力水平高，也就是说，他的智力也影响了成绩。

2. 对王某的测验评估

2.1 所做测验

韦氏儿童智力量表中国修订本（WISC – CR）

童话故事测验（FTT）

识字量测验

本德 – 格式塔视动统合测验

画图测验

2.2 韦氏儿童智力测验

2.2.1 测验中的行为表现

本测验在王某的卧室中进行，持续时间约两个小时。在测验过程中，王某比较投入，能够认真去听主试的要求，配合主试完成测验。在做每一个分测验时，基本上没有表现出分心行为。在分测验之间，偶尔会有一些小动作，比如从椅子上离开，坐到床上去，或者注意一下阳台外面的情况。但是只要测验开始，他就会立刻集中注意力。在十二个测验中，他对于操作部分的测验较感兴趣，也愿意完成，即使有些项目比较难，也会努力思考。但在言语部分的测验中，如词汇、理解分测验中，他的投入程度相对较低，一感到困难就放弃。

2.2.2 测验总分

10岁2个月的王某在现有常模上属于智力中等一类，言语测验量表分44，对应智商为93；操作测验量表分45，对应智商93；测验总分89，对应智商为92。言语智商（V）和操作智商（P）没有差异。这与我们从老师、家长和学生本人处获得的信息不符。况且由于现有常模的评定距今已经过去20多年，所以在现在的水平上，王某的智商所处的实际位置可能要更低一些。

2.2.3 韦氏测验结果及其解释

王某的韦氏儿童智力测验各分量表得分如表 1 所示：

表 1   WISC-CR 轮廓

言语	量表分	操作	量表分
常识	7	填图	7
类同	11——S	排列	6——W
算术	7	积木	12——S
词汇	9	拼图	12——S
理解	10	译码	8
背数	5——W	迷津	10

注：言语平均分 =8，言语 IQ=93；操作平均分 =9，操作 IQ=93
S：能力强 W：能力弱

第三因素解释

在王某的分数轮廓中，背数是他在言语量表上的显著弱点(分数是 5 分)，尽管他在算术和译码上没有表现出明显的弱点，但量表分 7 和 8 都低于相应的平均分，而且与背数上的 5 分接近。因此有必要对他的第三因素进行解释。我们可以把这一因素的基础能力或特征作为他背数上缺陷的可能解释。

与其言语理解和知觉组织能力形成对照的是在第三因素作业上，显示出薄弱的能力。可能的原因有：他在记忆，精神敏锐度、抗分心、系列化、数量技巧、焦虑和分心等方面的能力较差。根据对王某在完成测验过程中的观察，他没有表现出任何测验焦虑，分心行为很少，不对测验结果造成影响，所以该因素上成绩不佳不能归因于焦虑和分心。他做的最差的作业是含有数量的分测验，言语量表中的两个，一个是背数，一个是算术，第三个测验是在操作量表中的译码，译码要求快速摹写与数字相匹配的抽象符号，由此可以推论：王某在所有包含着数字测验的心理分测验中，都存在着明显且前后一致的缺陷。

针对第三因素可能反映出来的记忆问题，我们做了进一步的考察，让王某分别完成了对图形的视觉回忆和对汉字的视觉回忆。在图形的回忆中，给他呈现一系列简单图形，如三角形、圆形、空心十字等，每一系列 4～8 个图形。给予 10 秒钟的记忆时间，之后撤走图形，让他在另一张纸上画出看到的图形,无须考虑图形排列顺序。汉字的回忆与此类似,所选汉字均是他学习过的,并且汉字间不存在意义联系,相当于一个无意义的汉字串,长度为5~8个。结果如表2所示。

表2　记忆测验结果

刺激个数	图形实际回忆个数	汉字实际回忆个数
4	4	—
5	4	5
6	4	6
7	5	7
8	7	8

从表2可知,在图形记忆中,王某完成情况较差,而汉字的记忆成绩则明显优于图形记忆成绩。这可能是因为在汉字回忆过程中,他可以借助于复述来记忆,而图形难以复述。这与我们在测验中观察到的行为一致,在汉字记忆测验过程中,他不断地快速重复,借助这一策略进行了回忆,使成绩较好。综合考虑他在背数测验中所体现的听觉短时记忆能力,以及我们在算术测验时观察到的他的表现——主试必须为他读两遍题目他才可以进行计算,可以得出,王某的短时记忆能力差。但是如果有充足的时间进行复述,可以部分弥补这一能力的缺陷。

第三因素反映的另一个问题是抗分心能力差。尽管在分别完成各个分测验时,他并没有表现出特别明显的分心行为,但我们认为,"分心"是具有情境性的,韦氏测验对王某而言是一个新异刺激,他表现出较多的兴趣,容易集中注意力,测验间隙也为他提供了足够的放松时间,使他在下一个测验中更容易投入。但是,"抗分心"是一种能力,稳定、不随情境改变,这与我们对他日常生活的观察和父母、老师对他的评价一致,在学习过程中,他总是不能持续集中注意力,很容易被外界细小变化所吸引,而将注意力投注到无关事物上,比如写作业过程中停下来去听别人讲话或者是玩笔等。抗分心能力差也导致他做事缺乏效率,甚至是早晨穿袜子这个简单行为,一般也要花上近十分钟。

第三因素还反映了系列化的问题,所谓系列化能力指将一系列信息按顺序输出的能力。

背数要求儿童按正向或者是逆向顺序回忆主试所读的一系列数字，在这方面王某完成得很差。生活中他妈妈反映，王某做事缺乏计划，没有条理性，这也是系列化能力弱的一个表现。

分测验轮廓分析

王某所得的言语智商为93分，操作智商得分93，全量表智商92。他的言语智商和操作智商得分相同，统计上差异不显著，提示他无论在处理具体物体还是言语表达自己的意思所表现出来的机能水平基本相同。

通过对言语平均量表分和操作平均量表分加减3分的方法，发现三个优点和两个弱点：在类同、积木、拼图三个分量表上的得分较高，表现出明显的优势；而在背数和排列分测验上的得分较低，表现出明显的弱势。我们知道，每个分量表的得分都反映多种能力，这四个分量表上的得分优势也许正反映着相关能力的高低。由于量表考查多种能力，不同的量表考查能力之间相互重叠，因此单从一个量表的高分或低分来判断能力的高低是不科学的，还需要考查其他量表上相同能力的得分。只有当反映相同能力的分量表得分与所在的言语或操作分量表得分差异趋势一致之时，我们才能断定这种能力的优势和弱势。

基于这种方法，我们得出，王某在言语概括、言语表达、抽象思维水平和语言概念形成能力方面具有明显的优势。在聚合思维、视觉组织能力方面存在明显的缺陷。而下面就这些具体的能力做一个简要的分析（由于之前在第三因素的分析中针对背数测验得分较低所反映的能力缺陷已进行了详细分析，在此就不再赘述）。

言语概括和言语表达

王某的类同分测验得分显著偏高，并且由于词汇和理解分测验的得分与言语分测验的平均得分相比都略为偏高，我们有充分理由相信他的言语概括能力比较优秀。并且，由于同类、词汇和理解三个分测验同时也测量了王某的言语表达能力，与言语概括能力是一致的。从对老师的访谈中得知，对于一些较难的问题，王某经常能够回答到重点，能够较好地提出自己的意见，而这正是他言语概括和言语表达能力的体现。

王某的常识分测验虽然并不显著低于言语操作的平均水平，但从他的答题情况来看，有些题却很能反映问题（例如，问他中国是哪年建国的，他竟然说是 1994 年），凸显他的知识积累严重不足。通过进一步跟进的识字量测验，发现王某明显存在阅读方面的缺陷。但由于他的类比分测验得分很高，言语推理能力是没有问题的。这就说明，王某的阅读缺陷主要是由于早期教育不当和知识积累不足引起的。

抽象思维水平和语言概念形成

类同和词汇分测验上的得分共同反映了王某具有较好的抽象思维水平和语言概念形成水平。与言语智力的其他分量表相比，注重抽象推理能力的分量表得分明显高于平均水平，与常识导向的测验得分发生分离。这也进一步验证了王某由于知识积累的不足而造成的阅读缺陷这一结论。类同和词汇分测验的高得分显示了王某具有语言和抽象思维方面的潜在优势，而总体上言语智力的轮廓显示了环境剥夺对其机能的影响。

在对他父母的访谈过程中，我们了解了王某早年的成长环境，可以确知，他早期的言语知识积累确实比较贫乏。上面已经提到，王某在 8 岁前是由姥姥和奶奶抚养的，老人为孩子更多提供的是生活中无微不至的关心，而对他早期教育关注甚少。加之当地缺乏大城市中这种丰富的文化刺激，王某也讲到当时自己除了课本基本上不看课外书，而且那时候玩的游戏（传统游戏，非电子类游戏）也很单调。因此，我们认为，王某的早期知识经验积累不足，学习兴趣不浓厚，是造成言语智力较弱，学习成绩较差的主要原因。然而，王某的语言概念能力和抽象思维能力是不差的，只要良好的教育引导，就完全能够解决目前严重困扰他的阅读缺陷问题。所谓"巧妇难为无米之炊"，只有增加知识的积累，培养王某的学习兴趣，才能使这一问题得以改善。

聚合思维

王某在非言语领域的相对弱点是图片排列和译码。这两个测验的共同要素是：它们需要发达的视觉系列化技巧和好的图形刺激的聚合思维。而且图片排列需要非言语推理技巧，这与他在言语抽象推理测验（类同）中的高水平能力是不相一致的。但是，从测验的表现中王某的表现来看，对于没有完成的图片排列任务表现出很不甘心的态度，因此，不能排除测验时的情境因素对其作业的影响。

　　视觉组织能力

　　王某的排列分测验得分显著低于操作分量表的平均分数，填图分测验的得分虽然与操作平均分并没有达到 3 分的显著差异，但从分布轮廓上来看，仍然是低于操作分量表的平均得分。排列和填图这两个分测验都考查视觉组织能力，因此王某在这两个分测验上的一致低分充分表明他在视觉组织能力方面的弱势。他不能在整体意义上处理图片，分析能力也很差。这一分析能力并不意味着他不能推理，而是意味着他有接受水平的视知觉的困难。他的非言语推理能力是完好的（他很好地解决了迷津问题）。他的视觉-运动协调的发展肯定是正常的。他的问题似乎提示了大脑右半球的神经功能有一定的不足，但这需要进一步的证实。

2.3　投射测验

2.3.1 画图测验

　　我们先后让王某完成了两个画图测验，一个是房树人测验，另外一个是画出父母与自己。在第一次测验时画了又擦，擦了又画！不愿用彩色笔！当开始告诉他要画画时，他吃了一惊，怕自己画不好。整幅图他最先画的是房子，那是一座平房，他解释说是老家的房子。房子有门有窗，还有烟囱，烟囱中没有烟，门上有门把手。由此可以看出两点：一是他可能对在老家度过的那段童年时光很怀念，可能在北京这将近三年的时间里，由于父母生意繁忙，相对于在老家时，老人给予的情感上的关注要少很多。潜意识里，他可能对现在的生活还有着一些不适应。另外也显示出他愿意并且渴望别人了解自己，这与在对他父母的访谈中了解到的父母与王某不能交心是一致的。在我们和王某的私下交谈中他也表示有些事情不愿意告诉父母，认为和父母说也没有用处。但是据我们观察发现他对待父母特别是他妈妈的态度是矛盾的，有时候很依赖妈妈，希望妈妈永远待在他身边。有时候又和妈妈关系疏远，似乎在防范着什么。我们推测这可能和他妈妈的教养方式有关，王某母亲爱孩子时愿意满足他提出的任何条件，惩罚孩子时又会使用暴力，用孩子本人的话来说，就是"好像恨不得打死我一样"。

图中的树的树干很细，没有根，没有树叶，只有一些特别短的树枝。据王某解释是刚种下不久，图中的男孩也就是他自己，正在给小树浇水。房子的旁边靠着一把铁锹。树和人都比较小，王某说那是自己小时候。我们认为这可能是因为他的发展受到了限制，他渴望长大。

第二个测验是在 6 月 2 号的晚上进行的，他明显表示出不耐烦，而且希望我们不要进行这个测验。虽然我们再三强调希望他使用彩笔，但是最终仍然没有用。他画的是父母送自己礼物的情景，也就是前一天——"六一"儿童节发生的事情。画的三个人物都非常简单，看不出他们的表情，他自己说他当然是很高兴的。自己与父母隔在茶几的两边，这可能也说明他与父母间存在着一定的距离。他画图的区域占整张纸六分之一不到。完成特别快，似乎是在应付我们。我们认为这与他做事比较随便有关。

2.3.2 FTT 测验

测验介绍

我们认为画图由于受到他不愿意画画这一事实的影响，可能反映出的问题比较少，所以我们选用了希腊的 C.Coulacoglou 博士编制完成的《童话故事测验》（FTT）作为补充。该测验目前已被世界众多国家（包括法国、德国、英国、俄罗斯、巴西、日本等）的心理学家所使用。在 2001 年，由中科院的张建新老师引入中国，已经进行了一系列的使用以及常模制作，并逐渐开始在中国进行推广。FTT 的突出之处有这样三点：①透射技术更适合于研究儿童的人格；② FTT 中涉及的童话故事《小红帽》《白雪公主与七个小矮人》等已经为大多数中国儿童所熟悉；③ FTT 已经标准化，可进行定量分析，定性分析也具有可操作性。总之，这个测验可以从技术上部分解决一般投射测验的难以客观化、数量化和标准化，测验者的主观判断成分在结果解释中会无法控制等问题。而且由于相对于其他的投射测验来说，我们更容易获得，也更容易掌握其使用方式，而且还有张建新老师的实验室结果分析的支持。所以我们选用了 FTT 童话故事测验对王某的人格以及情绪等问题进行分析。

FTT 童话故事测验是一个专门针对 7 - 12 岁儿童设计的投射测验。它由七套卡片组成，每套三张卡片，这七套图片，包括五个童话人物和两个童话场景，每个童话人物有三张图片，分别是三种不同的人物形象。这样给儿童每次呈现三张图片，而不是一张，让孩子回答一些问题而不是讲故事。编故事对孩子来说太难，尤其是那些缺乏想象力和胆小的孩子。在 FTT 中，故事已经有了，只要求孩子复述某些片段。这也是我们选用该测验的原因，在前面已经看到，王某由于早期教育方面不足，所以限制了想象力。而且 FTT 利用了儿童爱选择的天性，使得测验过程更有意义，更像游戏，也更能引发情感的倾向 (Boekholf, 1993)。FTT 可帮助测验者评估儿童的个性动力系统，而且还可用于特殊教育儿童身上，用于评估学习障碍儿童和轻微智力迟钝者。测验为一对一进行，整个测验大约需要时间为 45 分钟。

测验时的行为

面对图片，王某表现出一定的兴趣，愿意积极配合。但是在测验中也会有分心的行为，比如转头看向其他地方或是用手拨拨书架上的书，需要主试的提醒才能再次集中到图片上。在给女巫或巨人命名时，需要主试再三提醒。回答时语言非常贫乏，而且对于情感的描述很单调，仅仅是着急、生气或高兴。对于主试的追问往往不愿意继续深入。

测验分析

我们记录下王某的反应并进行了分析，发现：王某在以下几个方面的得分与大多数孩子不同：他的攻击性，物质欲望的得分显著高于常模，而性关注方面略高于常模，与童话内容一致性方面的得分低于常模。另外值得关注的是与母亲关系这一部分的回答。

在 FTT 的测验中，一个显著的结果是王某有比较强的攻击欲望，这可以从对如下问题的回答中看出："每个女巫都在想什么"和"每个巨人都在想什么"。还可以从对白雪公主的故事场景进行描述时的回答中看出。在 FTT 测验中，攻击包括两大类，A 类攻击行为主要包括那些没有外部原因，而是由内部动机或个人原因引起的反应，按照安娜·弗洛伊德的观点，这类攻击行为直接释放了内心存在的攻击幻想和冲动，大多数 A 类攻击行为的原因是内在的。换句话说，孩子很难或者干脆拒绝为这类攻击行为找出理由。B 类攻击是对外部打扰源做出的反应，也称为外源反应性攻击行为。

安娜·弗洛伊德认为这是为自我服务的，如保护自己免受他人的攻击。B类攻击可以更进一步分为嫉妒攻击等。在王某的测验中，他更多表现出来的是 A 类攻击，嫉妒攻击稍有反映。这与我们和王某私下交谈中所得信息是一致的，王某和他最好的朋友曾说他们有时在课外向比他们大的学生挑衅，认为打架厉害是一种很大的"成就"，并且以自己的打架能力而自豪。我们认为，这可能是因为王某平时在游戏中习得了一些暴力行为，因为他会经常与同学交流打斗游戏中的动作场面；另外在家中父母经常带他看的所谓"大片"中的暴力行为也可能是他模仿的来源之一。家长也没有注意到这一问题并给予正确的指导，这也是造成这个问题的原因之一。

在 FTT 中还看出王某有较强的物质欲望，包括想得到钱、玩具、衣服、汽车、珠宝以及过富裕生活等物质享受。在回答有关小矮人、女巫和巨人图片问题时经常会反映出来。在实际生活中，我们也发现王某确实对生活有较高的要求，如所有东西都要最好的。这是因为父母认为在早年时期没有能够跟在自己身前，现在要尽力弥补，只要是他提出的物质要求，都会尽量满足，例如在第一时间给他买最流行的"暴走鞋"、游戏机等。

FTT 还反映出，他对故事的回忆与原来的情节不一致，而且据他说这两个童话故事是在学校里经常接触到的，所以我们认为可能是由于他的记忆力出现了问题，但是也有可能是由于以前在学校接触故事时注意力不集中造成的。

与母亲的关系是 FTT 中极难评分的一项，而且没有常模，所以只能通过一些回答进行推测。王某在回答问题时似乎表现出对妈妈生气时的惧怕，但也表现出急切渴望母亲的安慰和对母亲的依赖。这在前面已有分析。

另外，在测验中，他还表现出一些怪异回答，主要表现在世故性上。在回答"你喜欢让哪一个情景作为结尾，为什么"这种问题时，他选择了显示故事还未完的那一张，问其原因他是这样解释的："很多人着急看最后结尾，这样可以写续集，再挣钱"。在场景描述中，他提到白雪公主与王子结婚时，白雪公主所想的是"他以后能不能对我不好啊"，而王子想的是"如果有比你漂亮的，我就找别人"。如此类似的回答在测验中还有多次体现，表现出很强的世故性。这是因为王某过早并过多接受了成人世界，父母经常带他出去应酬,并在他面前谈论生意。

统观 FTT 的测验结果表明,王某在人格发展方面比较健全,对自我评价较好,有一定的助人愿望,较少焦虑和抑郁,但是表现出攻击性较强和较强的物质欲望以及世故性。

2.4 识字量测验

2.4.1 测验时的行为

面对识字量的测验,王某表现出抗拒,不愿意完成。原本应该 50 分钟完成的测验,测验开始 20 分钟以后就表示不愿意再继续。在前十分钟结束后,因为有太多的汉字不认识、不会组词,他就已经有意放弃,是经过主试的一再鼓励与要求才又做了 10 分钟。但在这随后的 10 分钟里,王某注意力明显不能集中,常常是写几个字后就去玩儿其他的东西,比如说拨弄书架上的书。并一再恳求主试不要让他写了,说自己不会写。其实,有将近 1/3 的题目是在他经过主试鼓励后做出来的。

2.4.2 测验分析

测验结果表明王某的总识字量仅为 736.48 个,明显低于该年级也就是 3 年级第 9 个学月的平均识字量(2063 个),而只相当于 2 年级第 1 个学月的平均识字量(762 个)。这与语文老师描述的"错别字多、不识字"是有关系的。这可能也与早期教育中不太注意基础知识的教授有关。

分析他在识字量测验中表现出来的错误,更多的是多一撇少一划或不能正确书写笔划。而且还存在抄写错误的情况,这些与他的视知觉有关系,是视知觉较差的表现。这与王某自己提到的在考试中他经常看错运算符号相一致。

但是我们也要看到,他的视觉-动作协调能力较好,在比较小的格子中也能较工整地书写,而且老师提到过如果王某认真写,字还是写得不错的。这也与本德-格式塔视动统合测验的结果是一致的,在视动测验中,他对于图形的结构和相互关系把握得比较好,总体来说完成得不错。

2.5 小结

综合所有测验结果及其分析，我们可以得出。

(1) 王某的智力水平偏低，言语智商与操作智商没有差别。

(2) 王某在记忆、系列化、抗分心等能力上有明显缺陷，注意力也存在问题，不能自觉把注意力投注到所要求的任务或活动中（电子类游戏除外）。

(3) 王某的言语概括和言语表达能力比较强。

(4) 王某具有较好的抽象思维水平和语言概念形成水平。

(5) 王某的聚合思维能力较差。

(6) 王某在视觉组织能力方面较差。

(7) 王某的识字量水平极低，同时反映出视觉学习能力较差。

(8) 王某在阅读量和阅读能力上都较差，早期知识积累不够。

(9) 王某在人格发展方面比较健全，但是表现出较强的攻击性、物质欲望，还有世故性。

(10) 王某与父母的关系是矛盾的，既希望得到父母更多关注，又不愿意与父母交心。

3. 教育建议

根据对王某的测验结果以及分析，我们向老师及家长提出如下建议。

3.1 对老师的建议

(1) 对王某投入更多的关注。

(2) 为了改变王某错识字多、识字量少的问题，老师可以布置一些抄写课文或生字之类的作业，如果完成情况较好，给予奖励或表扬，在这一点上，可以与父母配合完成。

(3) 对王某阅读能力差这一问题，请老师在阅读方面给予更多的关注，比如让他在语文课上有更多的机会当众朗读课文以及给予阅读技巧的指导。

(4) 针对王某阅读量少，不爱阅读这一问题，可以提供更多的趣味性强的书，并尽量激发他的阅读兴趣，比如在班级中展开一些阅读比赛，或者是让学生在班级中分享自己的阅读经历。

(5) 针对王某记忆力差这一问题，老师可以多要求他背课文，如果可能的话，教他一些记忆的策略。

(6) 针对王某算术能力较差这一问题，我们认为有效的方法是适当地增加他这一基本能力的练习。

(7) 老师可以运用行为矫正的技术管理王某的行为，也就是说，对他好的行为给予奖励，不好的行为予以惩罚或忽视。

3.2 对家长的建议

(1) 父母应该认识到孩子现在的教育对于他以后的成长是相当重要的，应该正确认识孩子的这些问题，也应该意识到孩子现在的这些问题很大程度上是因为早期教育不当造成的，但是仍然应该对孩子充满信心，王某还是具有上进心的，从现在起给予孩子更多的关注。

(2) 在对孩子的教育方式上，父母应该达成较为一致的认识，这样有利于孩子去执行要求。

(3) 父母适当控制王某提出的物质要求，同时多与孩子进行沟通，关注他的内心世界。

(4) 父母可以经常与孩子的老师进行沟通，了解孩子在学校中的行为及学习上的表现，这也有助于父母随时调整自己的教育计划。

(5) 为了改善王某的阅读情况，父母可以与孩子进行"分享阅读"，也就是和孩子一起读书，可以是父母和孩子读同一本书，也可以是不同的书。

(6) 应当正确认识游戏给孩子的成长带来的孩子巨大危害。它不仅影响孩子身体的发展，如影响视力；更严重的是，它会明显转移学生的学习兴趣，而且游戏还会使思维僵化，使人变得迟钝，对孩子的长期发展造成很大的威胁。另外，游戏中包含着大量的关于暴力、色情的内容，这些都不利于孩子心理健康的发展。

(7) 注意孩子接触到的信息内容，比如尽量减少他看不适合青少年（如暴力、凶杀）的电视、电影的机会，应尽量增加孩子接触到的信息的知识含量。

(8) 尽量减少带王某出去应酬的机会，过早地参与成人的应酬，可能会增加他的特质欲望，而且使之过早地看到社会的阴暗面。

(9) 保证王某睡眠的质量和时间，保证王某的生活规律，因为这对孩子的生理成长十分重要。

(10) 孩子在记忆力、条理性、算术能力等方面的问题，家长可以给予更多的关注，与老师相互配合。

(11) 家长可以尝试使用行为矫正的方法改变王某的一些不良行为，尤其是在注意力方面。

附录三
对一个注意力障碍儿童的评估报告

应班主任宋老师和家长的要求,我们对刘明进行了心理教育评估。

基本情况

刘明是一个男生,生于1990年4月24日,今年上三年级。父亲为工人,母亲是某单位会计。父母亲感情不和,一年前开始吵架并离婚,因住房问题现仍然住在一起。在教育孩子的问题上,两人的分歧很大。

学校表现和目前存在的主要问题:班主任和家长认为刘明上课注意力不集中,且不能自觉完成作业,成绩很差。刘明的家长很是着急。据母亲介绍,刘明小时候很聪明,9个月时就可以模仿电台的发音,从成绩上看,一、二年级还能跟上,但自从三年级上学期开始成绩急剧下降。由于他在课堂上精力不集中,为了便于管理,新到任的班主任让其坐在第一排的靠门位置上。为此,家长和教师还有过几次纠纷。

班主任老师介绍说,刘明听讲时很容易被外界事物所打扰,当课堂上有什么声音时,他总会抬起头来看看发生了什么,经常走神,爱做小动作。经常不能按时完成作业,常常要在课后采取强制措施才能促使其再补交上。作业中错误严重,其主要错误为马虎,丢三落四,考试成绩不好,无论是在课上还是课下都显得多动。

目前,刘明的自觉性和自我管理能力很差,课堂作业经常要带到家里补做、家长坐在旁边监督才能完成。现在减负了,每天的作业并不多,可就是这一点作业每天都拖到最后才很不情愿地完成。有时候出去玩时间过长，竟长达 7 个小时。

据母亲讲，刘明一直胆子比较大，小时候有一次一个人在家过夜，并且由于父母亲的矛盾，他很少得到爱抚。

行为观察

刘明在同年龄人中个头属于中等，衣着整洁。初见面时，他显得不怕生，很爱说话，易于陌生人交往，并很快就熟悉起来。看上去他活泼，大胆。在课堂上看似听课或写作业，但半个小时过去了，仅能写几个字。自己述说刚写几分钟就觉得过去了很长时间，就想到了玩或动画。上前交作业时，慢慢吞吞，不时招惹别的同学，特别是女同学。通过课余时间观察，发现他很少能安静下来，行为冲动，不停地有"跳舞"动作，好像有使不完的精力。在另一节自习课上观察到，他刚写两个字就做一个无关的动作，比如咬笔头、玩弄桌椅、扯鞋带、把书往空中抛、玩弄矿泉水瓶、漫不经心地翻书。当问他问题时，他的反应很敏捷，但具有很幼稚的特点。

心理测验中的行为表现

针对他学习注意力不集中的情况，我们给他做了识字量测验、韦氏智力测验和注意力问卷测评。

在识字量测验中，他做得很慢，也显得比较慌张，遇到不会写的字就停下来，很长时间后才意识到要往下做，有时一些明明会做的题也因为精力不集中而中断。

在韦氏智力测验中，他的表现有些冲动，尤其是拼图时，还没等主试说完，就已经跃跃欲试想动手做了。做数学题目时，他认为题目太难，却不愿用竖式计算，只用心算，结果错误很多。测验的前 20 分钟还能集中注意力，但后面的部分，表现得不安静，需要有人在旁边提醒和督促，对于有些题目也不做细致的思考，如做词汇测验时，遇到不会的词就说不会、没学过，并没有试着猜出词意。可见，他缺少独立解决问题的经验和能力。

测验结果

刘明智力发展正常，见下表：

语言智力	操作智力
常识：7	填图：13
类同：15	排列：14
算术：10	积木：11
词汇：14	拼图：12
理解：15	译码：17

智商分数超过同年龄人的平均水平，只是知识面窄，读书少，可以肯定刘明不是因为智力落后而导致注意力不集中。

在识字量测验中，刘明的得分较落后，比同年龄人落后一年，相当于二年级上半学期的水平，说明他的记字方面能力与其智力测验的水平不匹配。

"注意力问卷"结果表明，刘明在注意力保持、冲动和多动方面的得分高于同年龄人，说明他是一个多动类型的注意力障碍儿童。

教育建议

通过评估，我们认为刘明学习时，注意力的集中和保持都存在严重的问题，落后于年龄人的发展水平。他的智力与同年龄人相比并不落后，而自控能力和心理成熟方面表现为落后，在对学习活动的组织和学习自觉性方面，尤其是学习的自我管理和自我监控方面明显落后。这一落后导致他的成绩下降，并出现人际关系问题。针对这一结果，对家长提出如下建议：

（1）建议去有关的医院进行进一步的诊断确认，如果有必要可以听从医生的安排。

（2）针对刘明自控能力落后，可以进行自我监控能力培养，家长可以将每天要完成的任务让孩子大声说出来，边说边做，也就是说，事先将做事情的程序明确化，按照这一程序做事情。

（3）培养孩子的时间感。首先，可以让孩子写作业之前估计一下自己用多少时间，然后记录自己实际用的时间是多少，并帮助他分析为什么不能遵守自己定时间。其次，可以让孩子对自己的时间做出计划安排，一定要以孩子为主，比如，孩子可先把玩时间留出来，并根据自己的现状制定一个学习计划，比如现在他需要玩两个小时，则规定好只能玩两个小时，如果他做到了，则再可以适当增加玩的时间。第三，要让孩子自己评价计划完成实施的情况，决定给自己什么样的奖励。

（4）家长可以与孩子的学习活动或整理家务的活动签订一个协议，并指明强化的方式和内容。家长监督孩子完成协议的情况。

（5）家长应当随时看到孩子的进步和优点，不要一味指责和批评孩子，要尊重孩子的个性，要认识到孩子的毛病并非是有意的，而是可能出于神经活动的特点，是不由自主的，鼓励和表扬应当是教育的重点。要改善业已成型的亲子关系，由怨恨到爱，由贬低到尊重，这是一个长期的过程。

（6）可以让孩子适当参加体育活动，一方面可以培养与他人相处的能力，培养社会技能，另一方面使孩子的身体的协调能力和精力得以提高。

（7）家中应当提供一个安静的学习环境，家长应当避免孩子学习时发出声音，加强孩子的阅读能力，多读书，扩大知识面。

附录四
一些常见行为问题的教育对策

一、如何教育经常反抗权威、不善于接受批评的学生

1. 进行小组讨论，练习如何尊重别人，如何以适当的反应应对权威人士的批评。
2. 建立友好的班级气氛，使用建设性批评，避免恶语伤人式的批评与指责。
3. 不要歧视和强迫学生做事，当学生服从时，可以适当给他一个选择的余地。
4. 教会学生区分什么是批评，什么是中性的陈述，不要搞混两者。如"请不要再讲话了"，可能有两种含义，如果是在课堂上则是一种批评，而在小组游戏时则可能是一种提醒。
5. 学生进步时，要给予肯定，不要立即增加命令和批评的次数。
6. 教会学生区分什么是建设性批评，什么是破坏性批评。
7. 用角色扮演的方法教给学生以权威的角度想问题。
8. 不以威胁的方式提出批评，不要在众人面前公开批评某人。
9. 对于学生的正确行为和他人权威的行为立即给予肯定。
10. 批评学生后，让学生提出一个改进行为的计划，并对于自己能否遵守有所预期。
11. 给学生机会，让他们表达对教师的看法和对批评的看法。

二、如何教育经常破坏纪律的学生

1. 对班级事先建立一个规则，阐述这一规则的建立理由及破坏规则的后果。
2. 要求学生在对规则提问、评价和实施之前，认真听老师的解释，保证每个学生都了解规则。
3. 与学生讲话时保持目光的接触和交流。
4. 当学生破坏纪律时，老师要利用目光、暗示和手势等非语言手段提醒学生。
5. 留给学生讨论和提问时间，讲课时要倾听学生的反应。
6. 讨论和提问时，多听学生讲话，少做出评价。
7. 让不守纪律的学生养成上课记录要点的习惯，把自认为重要的地方记录下来。
8. 主动关注不守纪律学生的特殊需要，有空与他们专门交流。
9. 可以与学生签订协议，让他们自己就课堂纪律问题提出一个切实的解决方案。
10. 可以建议这些不守纪律的学生接受心理辅导。

三、如何教育不能按老师要求完成任务的学生

1. 明确告诉学生做任何事情都是有时间限制的。
2. 安排一个学生能够按时完成任务的情境，以培养学生的自信。然后再逐渐缩短时间，并给予及时强化。
3. 消除不必要的浪费时间的行为，如改错、发呆，保证提高时间效率，缩短学习时间。并帮助学生分析耗时长的原因，针对这一原因提出改进对策。
4. 保证在学生做事情之前对所做事情有组织性，说出做事情的先后程序。如果学生不会，则帮助他们组织学习材料。
5. 给学生一个可以指示时间的工具，如秒表，以便学生及时知道时间。
6. 给学生一个具体任务的核对表，放在手头，完成一件任务就划掉一个。
7. 让家长进行强化，如果遵守时间就给予奖励。

8. 开始时不要给学生过重的负担，一点点增加作业量，对于学生的进步及时强化。

9. 可以让善于遵守时间和秩序的学生与问题学生组成一对，让问题学生向好学生学习。

10. 让学生通过日记形式监控自己的活动。

11. 经常对学生的守时行为进行评价，让学生知道自己努力的结果。

四、如何培养学生的计划性和组织性

1. 帮助学生建一个记事本或备忘录，将自己要做事情写到一个本子上，并给它起一个名字。

2. 在黑板上或本子上写上任务过期的日子。

3. 将任务限定在一段特定的时间内，用最短的时间完成第一件事情，将用时长的任务放在后面。

4. 为学生制订完成每个任务所需的时间表。

5. 对学生的学习时间进行监督。

6. 为学生提供一个每天或每周要做事情的计划表，同时将这个表给老师一份，并给其他同学一份。

7. 让学生准备计划表的备份，以防丢失。

8. 与学生一道评估完成任务所需的时间，鼓励学生自己建一个时间表。

9. 让学生对自己的每日活动进行记录。

五、如何克服学生注意力保持时间短

1. 讲课时提供运动的线索，如让学生抄写黑板或利用图表，以帮助学生的注意力集中到课堂上。

2. 利用个人的线索，如目光的注视、拍学生的肩膀，吸引学生的注意。

3. 为学生提供一个讲课纲要，讲课不要偏离纲要太远。

4. 讲的时间要缩短，不要长篇大论，在两次讲话期间插入一些动手的活动。

5. 改变指导的技术，利用演示、手势、合作式学习、实验演示或木偶演出等形式讲课,以吸引学生的注意。

6. 让学生重复学习的步骤,重复主要观点,激发学生的思维。

7. 鼓励学生利用想象力消化教师的讲课,将他的思维过程的步骤告诉老师。

8. 不要走题,要不断提示主要观点。

六、如何让学生将注意力保持在学习任务上

1. 清楚地表达什么是学生要完成的学习任务,越具体越好。

2. 保证让学生知道教师对他的学习时间的期望,并要让学生报告离开座位的原因。

3. 将学生安置于安静的学习环境中。

4. 在教室中巡视,距离学生近一些,回答学生提出的问题。

5. 给学生制造适当的活动机会。

6. 了解学生离开座位或分心的原因并与之讨论。

7. 记录学生分心的次数,并将之报告给学生,与学生一道制订增加学习时间的对策与方法。

8. 用手势、目光等方式让学生知道自己学习时经常分心走神。

9. 重新设定学习任务,不要给学生超过年龄发展的课业负担。

七、如何让学生主动学习

1. 保证所制定的学习任务是学生能力范围内的,遵循先易后难、循序渐进的原则。不可拔苗助长。

2. 尽量避免教室里的噪音,如果有条件,可将学生隔离开。

3. 对于注意力集中的行为给予强化与表扬。

4. 告诉学生为什么要完成当前的作业,向他们讲明该作业与整个学习任务的关系。

5. 让学生们组成对子,相互监督、帮助。

6. 对于枯燥的学习任务可以提供简短的休息时间,根据任务完成情况适当引入休息时间。

7. 将整体任务分解成小的任务，并规定完成任务的时间，考虑使用定时器。

8. 经常检查学生是否分心，提供积极的强化。

9. 让学生记录每天完成的学习任务。

10. 对今天作业进行检查。

八、如何教育带着情绪学习的学生

1. 提供一个单独的学习场所。

2. 休息时让学生放松肌肉，消除紧张。

3. 提供一个学习进步的图表。

4. 对于精力集中的学习给予强化。

5. 将学生任务分成一个个小的单元，相继呈现给学生。

6. 为学生提供一个线索，如手势、目光，使他们知道自己已经走神。

九、如何教育欺侮别人、屡教不改的学生

1. 建立一个基本规则，不断地要求所有学生遵守。具体规定课堂上的纪律约束并描述违犯纪律的后果是什么。

2. 教师要提供一个自我控制和尊敬别人的榜样，避免挖苦和讽刺学生。

3. 在班级建立一个合作的气氛，鼓励学生彼此尊敬，友好相处。

4. 利用角色扮演，为学生提供一个观察某人受到口头贬低的情境，让他们体验受贬低的感受。并鼓励学生创造性地想出解决这一问题的方法。

5. 与学生私下讨论哪些行为是破坏性的，是不可接受的，让学生解释这一行为的原因及为什么构成了对其他人的妨碍。

6. 让学生学会从被贬低和欺侮的环境中躲开的方法，指明什么是建设性的谈话，什么是贬低人的行为。

7. 用手势或目光表明哪些行为是出格的、贬低别人的。

8. 帮助学生如何在紧张的情绪中选择适当的说话或行为方式。

9. 不可容忍贬低别人的行为，一旦发现要立即制止。

10. 与不良学生建立约定，耐心地开导，循序渐进地改变学生的破坏行

为，坚持强化与惩罚并举的方针。

11. 对于屡次欺侮别人的学生可进行隔离。

12. 对于尊敬别人的行为给予奖励。

13. 不要让同学对于戏耍别人的行为发笑，让同学对这种行为或采取不理睬的态度，或批评抵制。一旦该名学生停止了这种消极行为，则给予表扬。

十、如何提升学生的学习自信心

1. 发现学生的长处，向他们提问，关注他们的回答及表现，对学生表现出浓厚的兴趣，将学生的优点与学习联系起来。

2. 交给学生足以胜任的任务，如收拾计算机房，在黑板上布置班级事情，组织扫除等。

3. 用亲切的话语鼓励学生的好习惯、好行为，对微小的进步都给予鼓励。

4. 鼓励学生谈论自己，对于他的课堂上的进步做记录。

5. 经常与他打招呼，问候他周末或节日快乐。

6. 不要将学生的缺点作为典型展示给其他同学。

7. 一开始少留一点作业，当学生进步后，渐渐增加作业量。

8. 与学生一道讨论四个星期内的特殊目标，形成一个计划，评价这一计划是否能够实现。

9. 与学生讨论他的能力特点，强项与弱项。

10. 营造公正的气氛，鼓励所有的学生进步。

11. 加强班级的合作气氛，可以适当减少班级的竞争压力。

十一、如何帮助学生完成阅读作业

1. 确认阅读材料编制清楚无误，光线充足，无分心刺激。

2. 以生动活泼的形式介绍阅读材料。

3. 教会学生扫描和浏览。

4. 让学生学会读开头、结尾和关键句子。

5. 不要强调时间和速度,要强调准确性和理解深度。

6. 对于阅读困难的学生要降低难度。

7. 对于阅读水平差的学生,要给他们额外时间,在家要多读。

8. 预先制定阅读的材料和安排。

9. 对于重要的词汇、关键事实和主要概念等,要提供一个表格。

10. 组织学生讨论,对所读的东西进行讨论。

11. 强调阅读材料的重要部分,可以就这一部分为学生在书中标出来。

12. 可以将书本内容录音让学生听。

13. 将阅读材料分成不同的部分,让学生每一天完成一部分。

14. 给学生安排一定的自由选择时间,可以选择自己想要读的书。

15. 让学生都有机会给全班同学读书,培养阅读信心。

十二、如何帮助依赖性过重的学生

1. 向学生强调独立学习的重要,减少对他们的过多关注。

2. 与学生约定何时老师会前来检查作业,告诉学生不要没事总找老师。

3. 当学生不寻求关注时给予强化。如果学生独自一个人做作业时,就给予表扬。

4. 忽视学生的寻求关注或注意的行为表现,向学生解释当你完成了手头的工作,再回过头来到教室。

5. 利用微笑、手势和目光接触等非语言的方式向学生传递信号,你在注意他。

6. 当学生不要求你的注意(如独自学习)时,给予关注。

7. 与家长取得联系,帮助学生在家克服依赖行为。

8. 鼓励所有学生彼此强化,在班级中建立合作气氛。

9. 课后组织活动,给每个学生表现自己的机会。

十三、如何帮助学生获取信息

1. 教给学生从何处获取信息,如手册、课本或指导书等,通过示范、讲解等方式告诉学生并给学生实践的机会,给他们提供榜样。

2. 在教室中安排一些信息资源，如地图、手册、指导书等。

3. 专门利用一些课讲解如何查阅手册、指导书等。

4. 根据班级学生的情况安排各种信息资源，如针对学生经常遇到的问题，指明去何处可以找到解决问题的方法。

5. 教给学生如何看图表、读表格、读索引。

6. 鼓励学生就自己的学习情况学会获取信息，如去图书馆、上网等。

7. 鼓励学生学习浏览的技能。

8. 教学生学会使用查询方法：如按字母、按主题、按关键词等。

9. 鼓励一些学生报告自己是如何查到资料的，在哪本书的哪页上。

10. 鼓励学生参观图书馆或浏览网站，请教有经验的人员。

十四、如何帮助数学困难的学生

1. 认清当前章节的最低要求，家长、教师和学生讨论学生的基本水平和前提知识，进行练习。不可超过学生的现有水平。

2. 可以利用算盘等工具辅助学生计算。

3. 对于学生不会做的题利用种种形象直观的或不同于教材的形式，改变题目呈现的方式。

4. 鼓励学生动脑思考问题，解决数学题时可大声说出自己的解题步骤，教师可以及时发现他在哪步发生错误。

5. 引导学生先指出题目中给出的条件是什么，哪些条件没有给出，先把题读懂，然后再做。

6. 教师应当将数学与生活联系起来教给学生。

7. 尽量利用图形直观地呈现数学公式。

8. 提供具体的实例，将课堂上所学的东西迁移到具体作业上。

十五、如何帮助记忆力不好的学生

1. 以引起学生注意的方式将所要记的事情呈现给学生。如将主要观点列在黑板上，讲课中重复你的观点、用图表表达主要观点。讲课之前，先把今天讲课的要点告诉学生，讲课时经常回到这些要点上。

2. 如果你希望学生记住这些重点，讲到这些内容时可以改变声调，以引起学生的重视。让学生知道你在有意地强调这些要点。

3. 整个讲课过程中不断重复最重要的地方：开头时讲到这些要点，中间时和结尾时都要再三强调重点，让学生提问。

4. 循序渐进式地先引入一两个新概念让学生记住，然后再增加新内容。一次只让学生记住最简单的要点。

5. 可给学生制作知识核对表，帮助他们记住重要的活动和信息。

6. 帮助学生练习一些基本的记忆方法。

7. 告诉学生哪些内容是必须记住的。

8. 让学生培养记笔记的习惯，或者在教科书上画重点。

9. 经常复习所学之物。

10. 每一天都让学生重复一种必要的记忆活动，将之固定化，到了这个时候就是记东西的时间。

11. 告诉学生所学之物是有内在的逻辑联系的，不理解的记忆是机械的，注定要忘记。复习时理解前后联系。

12. 让学生给你讲一讲他所理解的课业内容，谈谈他的解释。

13. 鼓励学生成为一个主动的学习者，学习之前提出问题。

14. 将所从事的学习活动设计成固定的程序，即每天都遵守一定的程序。

15. 把重点放在奖励记住的知识上，而不是放在惩罚忘记知识的活动上。

十六、如何教育不听从老师口头指令的学生

1. 将指导语按照逻辑顺序呈现。

2. 不要说过长的和难以理解的指令，如不要说"从现在开始你要注意，拿起笔和纸，将自己的名字写在一张纸上"，而是说"请在纸上写上你的名字"。

3. 重复你的指令，将之配以图表。

4. 口头发出指令时应当配合以目光的注视、表情或动作。

5. 渐渐增加指令的复杂性和长度,当学生完成某一指令后,再布置第二个,给学生适当时间完成你的要求。

6. 在发布指令之前,保证学生的注意力没有分散。当你要发布指令时,要引起学生的注意,如停一段时间,拍一下手,或者直接说:"同学们注意了,有重要的事情要说,看谁认真听讲"。

7. 发布指令时,用眼睛盯着学生。

8. 让学生重复你的要求或指令。

9. 发布指令时,语言表达要具体,可以提供一个例子说明什么样的行为是符合你的期望或要求的,并讲明如何的做和怎么做。

主编简介

刘翔平，男，现任北京师范大学心理学院教授，博士生导师，北京翔平中小学生心理教育培训学校校长，中国学习障碍研究会副会长，北京市健康促进会常务理事，国际学校心理学会会员。先后就读于吉林大学哲学系，南京师范大学教育系，获得心理学博士学位。曾访学美国和欧洲。

刘翔平教授主要研究兴趣和领域为儿童学习障碍和注意力障碍的诊断与矫正，儿童青少年情绪与人格障碍的诊断与矫正。

目前主持国家社会科学基金项目"阅读障碍的亚类型的认知机制和干预"，全国"十五"教育规划教育部重点项目"阅读障碍研究"，教育部"十五"教育规划博士点基金"学习障碍的认知机制、诊断与矫正"、和北京市"十五"教育规划重点课题"学习障碍的诊断与个别化教育方案"，"儿童注意力缺损多动障碍的亚分类及其干预"等课题。

出版《紧急援助学习障碍儿童》《学校心理学》《中学生心理素质训练教程》《注意力障碍的诊断与矫正》《学生心理障碍的诊断与矫正》《紧急援助学习障碍儿童》《让学习障碍儿童突破学习困难》《分心不是孩子的错》《不会阅读的孩子》等学术著作多部，发表《学习能力与学习障碍》《儿童心理语言评估模式》《ADHD：概念与进展》《ADHD的影响因素》《儿童注意力－多动障碍量表的编制》《阅读障碍儿童的语音转录研究》《学习障碍的评估模式》《阅读障碍与注意力障碍的相关研究》《阅读障碍儿童的视觉工作记忆》《阅读障碍儿童的识字能力研究》等论文100多篇。

曾为广大家长举办家教讲座200场，中央电视台、中央人民广播电台、北京电视台、人民日报、北京青年报、北京日报、北京晚报、光明日报生活周刊先后介绍了他的学术成果。

刘翔平教授创办国内第一所专门诊断与培训儿童学习障碍的学校——北京翔平中小学生心理教育培训学校。成立10多年来，为成千上万名学习障碍儿童进行了测评与训练，该学校被评为北京市最佳社会影响力学校，被誉为克服儿童学习障碍的摇篮。

学校地址：北京市东城区，东公街9号，东城教育分院院内，主楼

咨询电话：010-64002630